宗教の起源

私たちにはなぜ〈神〉が必要だったのか

How Religion Evolved
And Why It Endures

Robin Dunbar
ロビン・ダンバー

長谷川 眞理子［解説］
小田 哲［訳］

白揚社

宗教の起源

日本の読者へ

どんな社会にも、なんらかの宗教が存在する。これは普遍的な真実だ。ここでいう宗教とは、私たち人間を見守ってくれている高みの霊的世界を信じることを指し、私たちもある程度その利益にかなう行動をとらねばならない。キリスト教やイスラム教のように、単一の神がすべてを支配し、人間の行動に深く関与する宗教もあれば、ヒンドゥー教のようにたくさんの神がいて、それぞれが人生の異なる局面（出産、幸福、戦争、収穫など）を司る宗教もある。古代中国で誕生した二大思想である儒教と道教のように、神という形ではなく、漠然とした調和の感覚を重んじる宗教も存在する。このように体系は異なっても、人間より偉大な霊や力を信じ、人間の行動に影響を与える点はすべての宗教に共通している。

もちろん宗教といってもその形態はさまざまだ。伝統的な社会の素朴な宗教もあれば、大がかりな哲学理論を有するキリスト教や仏教といったおなじみの世界宗教もある。ヨーロッパのキリスト教や中東のイスラム教、チベットの仏教のように、多くの社会では単一の宗教を「国教」として掲げている。そのいっぽうで、いくつもの宗教が混在するインドのような社会では、人びとはそれぞれの宗教のあいだで分断される。めずらしいのは日本だ。というのも、多くの人は起源がはっきりしない日本古来の神道と、およそ一五〇〇年前にインドから伝来した仏教という、かなり異なる二つの宗教の両方に属しているからである。一〇〇〇年近く前に鎌倉幕府が開かれ、それまでの天皇に代わって武家が国を支配するようになると、仏教にも日本の文化や生活に合った独自の宗派が登場する。たとえば浄土宗や禅宗などだ。

だが日本の宗教で興味ぶかいのは、やはり二つの異なる宗教が日常生活で混在していることだろう。挙式は祝祭色の強い神前式で、葬式は厳粛かつしめやかな仏教の方式で行なうことが多い(もう何年も前のことだが、私は犬山にあった京都大学霊長類研究所に客員研究員として所属していた。そのころ参列した仏式葬儀の厳かな雰囲気は、いまでも脳裏に焼きついている)。

人類最古の宗教は、いまの狩猟採集民の宗教に近いものだったのだろう。人間の営みに関わる神が概念として存在していなかったので、神から与えられる道徳規範は持ちようがなかった。こうした社会では、数多の世代を重ねながら道徳を形成していった――こんな風にふるまうのは、それが正しいふるまいだからで、これがここでのやりかただ、というわけだ。歌や踊りなどの身体活動のほか、ときには精神に作用する薬物を通じて得られるトランス状態がそういった宗教の基盤であることも多い。規模はせいぜい数百人と小さく、カリスマ的な指導者やシャーマンが中心的役割を果たしていた。

トランス状態（瞑想《めいそう》中に体験する精神状態も含む）のときに覚える至高の存在とひとつになった感覚は、強烈で感動的だ。感情を揺さぶられるこの感覚こそが、すべての宗教の土台ではないかと私は考える。信仰の道に入るきっかけとなるのは感情面での体験であり、知性に訴える理論ではないのだ。これはトランス体験を基盤とする宗教にも、現在の世界宗教にもいえることである。事実、今日世界を席巻する宗教の歴史をひもとけば、そのはじまりはすべて、宇宙の真理を見つけたと主張するカリスマ指導者と、それを取りまく小さなカルトであることがわかる。そしてそのすべてにトランス状態をつくりだす儀式や慣習があり、信者に驚嘆をあたえ強烈な忠誠心を生みだしていた。

世界的な規模の宗教は、その歴史を通じて内部の信者集団が形成するカルトの存在に悩まされてきており、それは今日まで続いている。宗教指導者がカルトにいい顔をしないのは、その信仰が誤りだったり、異端だったりすることも関係している。それでも、熱狂的に支持されるがゆえに押さえつけることも難しく、母体の宗教の存続まで脅かされることもある。非常に成功したカルトはときに、その母体となる宗教から離脱して新たな宗教を生みだす。キリスト教はユダヤ教のごく小さなカルトから始まっているし、イスラム教も、キリスト教とユダヤ教、それに現在のサウジアラビアで信仰されていたアラブの伝統宗教が融合して誕生した。またときには、もとの宗教の一部として残りつづけ、新たな教派や分派となるカルトもある。実際プロテスタントは、キリスト教を一新した宗教（新教）として出発したにもかかわらず、いまだにキリスト教徒を名乗っている。さらにはスンニ派とシーア派とのあいだで生じた大分裂は、預言者ムハンマドの死後わずか数年でイスラム教の分断を招いた。シーア派はその後も数世紀にわたり細かく枝わかれして、一〇を超える分派が出現し、それぞれが信仰における数多くの重要な点で対立している。仏教も大乗仏教、上座部仏教、密教（チベット仏教）などに分かれている。

日本でもこの傾向は見られ、しばしば伝統的なシャーマニズム宗教の儀式や信仰を取りこむ形で、主流派の宗教から新しい宗教運動が出現する。一八三八年、貧しい農家の嫁だった中山みきに、「月日（つきひ）」と呼ばれる神が乗りうつった。この体験をきっかけに、中山はその後数十年かけて、伝統的な治療師として、また優れた教えを説く女性として信奉者を増やしていく。一八八七年に世を去るころには、天理教という宗教運動にまで成長し、その信者数は現在約二〇〇万人とされる。一九三〇年代に入って、天理教に改宗していた大西愛治郎がその教えに不満を抱き、天理本道と名づけた独自の分派を設立した。一九五八年に愛治郎が死去すると、娘の大西玉が独立して「ほんぶしん」を設立、「ほんみち」と改称していた天理本道の教義に浄土真宗の瞑想を組みあわせた、独自の宗教をつくりだした。分派からさらに枝わかれした宗教でありながら、約一〇〇万人の信者を集めている。

私たちが宗教を信じるかどうかはともかく、宗教が共同体意識を醸成するのに重要な役割を果たしてきたことはまちがいない。信仰に積極的な人は満足感と幸福感が強く、健康であることも事実だ。宗教に所属することで共同体の一員という感覚が得られ、困難に直面した際に、それが心の支えになるのだろう。同じ村の仲間ということだ。この帰属意識があるからこそ、膨大な数の人が巨大な世界宗教に参加するのだ。いま出あったばかりで名前も知らないけれど、同じ宗教を信じているのだから、あなたは私の兄弟姉妹。同じ教えを信じ、同じ聖典の文句を知っていて、儀式や祈禱《きとう》でどうふるまえばいいかわかっている。その知識は、あなたが何者かを伝える合図にもなる。同じ村の人間であることを示せば、信頼してもらえるというわけだ。困っているときにも助けてもらえるだろう。実際、世界宗教の多くは、貧しき者に心を寄せて施しを行ない、身近な社会の役に立つ善行を積むように説いている。

この本には、私自身が学生や共同研究者と半世紀にわたって続けてきた研究の成果が盛りこまれている。信仰を持つ能力がなぜ人類で進化し、ほかの動物では進化しなかったのか。宗教には、個人の幸福と健康を増進するだけでなく、外からの脅威に立ちむかうときに共同体の団結を強める働きもあるが、それはどうしてなのか。現代の世界宗教——仏教、神道、ヒンドゥー教、キリスト教、ゾロアスター教——が、特定の時期（一五〇〇～三〇〇〇年前、枢軸時代とも）に、非常に限られた範囲（北半球の亜熱帯地方）で集中して出現したのはなぜか。ここではそんな疑問を取りあげ、説明を試みている。

＊　＊　＊

今日信仰されている宗教と、すでに姿を消して久しい宗教の教義や儀式について、多くのことを学びながら執筆する作業はとても楽しく、知的な気づきに富んだ体験だった。日本の皆さんにもこの本を楽しんでもらえたら幸いだ。

オックスフォード大学進化心理学名誉教授　ロビン・ダンバー

目次

・本文中の〔　　〕は訳者による補足を示す。

はじめに

人類の歴史が始まってから、宗教はつねに重要な営みのひとつだった。民族誌学や考古学で実在が確認されている文化には、形はどうあれかならず宗教が存在している。数世紀前からは、宗教と一線を画す世俗社会が世界の主流となってきたが、それでも信仰心があると自負する人びとが、宗教の儀式を積極的に行なっている。宗教といっても、形式、流儀、規模はいろいろだ。カリスマ指導者と数百人程度の信奉者がつくる小さなカルトもあれば、世界中に何千万人、何億人と信者がいて、国ごとに拠点を持つような組織もある。仏教のように、救済されるかどうかは自分しだいという個人主義的な立場の宗教もあれば、もっと古いアブラハムの宗教[1]のように、集団が一連の儀式を遂行することが救済につながると考えるものもある。またユダヤ教のように、明確な死後の概念を持たない宗教もわずかにある。キリスト教とイスラム教は全能の唯一神[2]を信奉するが、ヒンドゥー教や神道は大小さまざまな神々を一堂にまつる。仏教のように、少なくとも正式にはいかなる神も信じない宗教も少しは存在する（ただし仏教のほとんどの宗派では迷える凡夫に配慮して、菩薩[3]という仏に準じる存在を拝むことを認めている）。

他者と関わりながら道徳的に生きることが正しい道だという考えは広く見られる。いっぽうでヒンドゥー教やジャイナ教の一部の禁欲主義者は、虚飾をすべて捨てさり、衣服さえも排除しないと救済は得られないと信じている。キリスト教の歴史においても、ローマ帝国時代終盤のエジプトに出現したアダム派は、全裸で儀式を行なったという。[4]ロシアにはその名も去勢教というさらに過激な一派があって、[5]エデンの園時代のアダムとイヴ本来の状態を回復すると称して、女性の乳房と性器、男性の陰茎と睾丸《こうがん》を熱した鉄ごてで焼ききっていた。このように宗教は驚くほど多様であり、一見すると支離滅裂だ。創意と想像力の許すかぎり何でもありで、部外者からすると全体を貫く主題があるようにも思えない。

もちろん宗教は近代に始まった現象ではない。人間ははるか昔から、死後に生きる世界があると信じていたようだ。死後に使う副葬品を墓に入れる習慣は、およそ四万年前から少しずつ定着していった。なかでも目を見張るのが、ロシアはモスクワの東にある約三万四〇〇〇年前のスンギール遺跡だ。クリャージマ川に面する小さな土塁の近くに、墓が集まった場所がある。そのなかには一〇～一二歳の二人の子どもを、頭をくっつけるようにしていっしょに埋葬した墓がある。

この時代のヨーロッパとアフリカに多く見られた墓と同様、この墓もひときわ手のこんだ豪華な埋葬がされており、二人がこれからも別の世界で生きつづけると信じていたことがうかがえる。

この時代の埋葬によく見られる特徴として、子どもの骨は真っ赤に染まっている。レッド・オーカーを身体にたっぷり振りかけてあるのだ。レッド・オーカーは赤鉄鉱を含む岩石からつくられる顔料だが、細かくすりつぶすのはたいへんな労力だ。それでも、死後の遺体に重大な役割を果たすと思われていたから、手間を惜しまなかったのだろう。さらに骨の上には、マンモスの牙からつくった約五〇〇〇個のビーズが残っていた。ビーズの形にして穴を開け、子どもたちに着せる服にひとつずつ縫いつけるには、高い技術と途方もない時間が必要だったはずだ。ホッキョクギツネの歯を約四〇本つなげた輪は頭飾りの一部だったと推察される。腕には象牙の腕輪もはめている。喉元にある骨製のピンはマントの留め具だったのだろう。男子と思われる年長の骨のほうは、キツネの歯を二五〇個つなげたベルトも腰に巻いていた。遺骨の周囲には、彫刻をほどこした象牙の槍が全部で一六本置いてある。長さは四六センチメートルから二・四メートルまでいろいろだ。さらにレッド・オーカーを詰めた人間の大腿骨が一本、末端に錐で穴を開けたシカの角《つの》、模様が刻まれた象牙の円盤数枚、動物をかたどったペンダント、マンモスの彫り物もあった。要するにこの二人の死を周囲は深く悼《いた》み、贅《ぜい》を尽くした衣装を遺体に着せ、何千時間もかけてこしらえた品々を副葬品として墓に入れてやったようだ。財産を持たない者からすれば、気前がいいにもほどがある――だがそれは、ひとえに子どもたちがあの世で使うと信じていればこそだった。

こうした埋葬の様子からは、死後の世界の存在を信じていたことしかわからないし、それもあくまで間接的な証拠だ。これだけでは、共同体がどうやって宗教を実践していたかについてはまるでわからない。人びとがまつる神は複数だったのか、それとも地上と霊界を支配する絶対神だったのか。祭壇の前でひざまずき、祈りを唱える祭司のような者がいたのか。行動は化石で残らないから、どんな儀式を行なっていたかも推測するしかない。

古代の埋葬例からは、根本的な疑問が浮かびあがる――私たちは何をもってして「これは宗教だ」と認識するのか。ここでひとつ問題になるのが、私たちの宗教観が、ここ数千年に主流となった、教義主体の啓示宗教に色濃く影響を受けているということだ。それは仏教、キリスト教、イスラム教、ヒンドゥー教など片手で数えられるほどしかない。いずれも精緻な教義を軸として、死後世界を信じ、祈禱や典礼《てんれい》、ときに供犠《くぎ》をともなう複雑な儀式を行ない、特定の文化を背景としている。だがこれらの啓示宗教は、いまでこそ信者の数で圧倒しているが、歴史においてはたかだか数千年の新参者だ。いまも続く世界宗教のなかで最も古いのはゾロアスター教とされており（現代ではインドでパールシーと呼ばれる人びとが信仰している）、紀元前一千年紀〔前一〇〇〇〜前一年。千年紀は一〇〇〇年を単位とした時代区分。百年単位の世紀に対していう〕、もしくは紀元前二千年紀のどこかでペルシャの預言者ゾロアスター（ザラスシュトラ）が創設したという。その歴史だけでなく、ほかの世界宗教への影響力という点でもゾロアスター教は傑出していた。しかし、いかんせんこうした啓示宗教は、人類が過去に信仰し、一部はいまも続いている多種多様な宗教を代表する存在ではない。

宗教の定義は、宗教研究において最も激しく議論されてきた題目だ。なかには宗教という概念そのものが、啓蒙主義以降の西欧を特徴づける、特殊な思考様式の産物だとする過激な意見もある。この時代を支配していたのは、肉体と魂を分けて、人間がいる地上世界と、神のいる霊的世界に一線を引くキリスト教的二元論だという[6]。しかし多くの小規模な民族誌的（部族的）社会においては、霊的世界も人が生きる世界の一部だ。あらゆる局面に霊が宿っており、けっして別世界ではない。霊も人間と同じ世界にすみ、壁を通りぬけたり、人間の運命を左右したりするが、実体を持つことに変わりはない。特定の文化が持つ信仰や儀式の慣習を調べることは可能だが、できるのはそこまで。別の文化の宗教との関係までは掘りさげられない。なぜなら文化ごとに、目に映る世界の姿はまるで異なっているからだ。その意味で私たちはただの観光客だ。見物して感想を述べ、ときに感心もして、旅の雑感を残す以上のことはできない。

個人的には、そこまで悲観的にならなくてもと思う。これでは探究も始めないうちに可能性を放棄しているし、究極的には独我論[7]に陥って何も生みださない。対して科学は、目に見える世界をそのまま受けとめる。途中の解釈が誤っていても、さらに知識を獲得していく過程で修正される。そして知識は、観察と、理論や考えを実証可能な事実に照らして検証することによってのみ得られる。詰まるところ、多くの宗教学者は自らが信仰するアブラハムの宗教の視点からこのテーマを論じてきたために、人類が積みかさねてきた豊かな宗教経験の多くを見すごしてきたのだ。だからといって、宗教経験の本質を議論しようとすることすら不可能だといってしまうのは、まったく的外れな話なのである。

たしかに現実世界のさまざまな現象と同じく、宗教もつかみどころがない。そういう漠然としたものの定義を考えるとき、哲学では「連帯して真である」という表現をする。言い換えれば、どんな例でも、定義のどこかの部分が当てはまるが、どの部分が該当するかは、例によって変わってくるということだ。これは良い方法だ。定義の細かいところをめぐって、大仰な主張を延々と展開しなくてすむ。理解したいのはあくまで現実世界の現象であって、定義ではないのだ（定義は頭のなかにしか存在しない）。ということで、宗教の構成要素は思いきり広くとらえることにして、それでどこまで行けるかやってみよう。

これまでの宗教の定義については、二つの大きな流れがあると考えていいだろう。ひとつは一九世紀に活躍した社会学の父、エミール・デュルケームに始まったものだ。宗教を道徳的共同体――同じ一連の信念を共有する集団――で実践される慣行体系と位置づけて、人類学的な立場から、儀式などの慣行が果たす実用的な役割を重視する。宗教は「行なうもの」という考えだ。もうひとつはより哲学的、心理的な視点から、宗教を包括的な世界観ととらえる。共同体のなかで、さしたる証拠もなく受けいれられている一連の信念であり、この場合の宗教は「信じるもの」である。

両者は正反対の定義のようだが、どちらも正しく、信念と儀式がそれぞれ宗教の異なる側面を表わしていると受けとるのが、より現実的な解釈だろう。両方を高く掲げているか、どちらかだけか、両方とも軽視しているかは、個々の宗教によって異なる。いっぽうが正しく、もういっぽうは誤りという話ではなく、宗教という多面的な現象で、別個の側面に注目しているだけの話だ。

ある意味これらの定義は、以前は「アニミズム」宗教（起源もたどれないほど古くから存在した普遍的な宗教形態）と呼ばれていたものと、数千年前から登場した教義宗教または世界宗教とのあいだに、宗教史家たちが引いた一線と対応している。二つを区別するのは、儀式か信念か、行動か思考か、ということだ。一九世紀アメリカの偉大な心理学者ウィリアム・ジェイムズは、これらをそれぞれ「個人的宗教」「制度的宗教」と表現した。そして両者を統一するのが、すべてではないがほとんどの宗教が、見えない生命の力の存在を認めているという事実だ。その力が私たちの生きる世界に影響をおよぼし、ひいては私たちの生活にも影響を与えると考える。

以上を踏まえて宗教を最小限に定義するならば、霊もしくは力が存在する超自然的世界に対する信仰、ということになるだろうか。この超自然的世界は、目に見える物質世界と一致することもあればしないこともあるし、そこにある霊や力は、私たちが生きる物質世界に関わって影響をおよぼすこともあれば、そうでないこともある。この定義であれば、神の存在を信じていない仏教も含めて、世界宗教はすべて含まれる。宇宙の見えない中心に神秘の力が存在して、私たちの生活を動かしているというニューエイジなど、実際には宗教と呼べないようなあいまいな運動も当てはまってしまうが、とりあえずはよしとする。こうした擬似宗教については、本物の宗教を理解し始めたところで、あらためて検討していこう。

＊　＊　＊

総じて宗教は難問だが、この本ではとくに基本的な二つの問題を考えていきたい。

ひとつはその普遍性だ。宗教らしき形式を持たず、人智がおよばないものをいっさい信じない文化は、ほぼ存在しないといっていい。いまの世界は世俗化が強まる傾向にあるが、それでも宗教信仰は根強く残っており、いくら弾圧されてもしぶとく続いている。一九世紀フランスの実証主義哲学者たちは（博識家ピエール＝シモン・ラプラスや、哲学者オーギュスト・コントの先導で）、宗教はおおむね迷信であり、教育の欠如の産物だと考え、科学を中心とする普通教育が行きわたれば、最終的に宗教は消滅すると主張した。革命後のロシアでは、宗教を禁止して国家無神論に置きかえようというさらに過激な試みが行なわれた。教会の財産は没収され、信者はいやがらせを受け、宗教は嘲笑された。のちに共産党体制の中国でも宗教は非合法化され、聖典を持っているだけで犯罪者になった。モスクや歴史ある仏教僧院はブルドーザーで破壊され、宗教的少数派は不当に扱われて「再教育」施設に送られ、聖職者は投獄の憂《う》き目にあった。しかしどんなに徹底的な弾圧を受けても、宗教や信仰は地下に潜伏して存続し、制約がなくなればすぐに息を吹きかえす。どうして人間はこれほどまでに宗教を信じようとするのだろう。

もうひとつの疑問は、なぜ宗教はこんなにたくさんあるのかということだ。ひとつあればよさそうなものだが。宗教が時代とともに分裂していく傾向は、今日も新しい宗教運動が次々と生まれていることから明らかだが、既存の世界宗教もすべて、同じ分裂の過程に直面してきていまも直面している。ときには分かれた一派が勢いを増していき、独自の宗教に成長することもある。キリスト教とイスラム教が、ユダヤ教から派生したことはよく知られているし、シク教（一五世紀に北インドの諸宗教から発展した）やバハイ教（一九世紀にイスラム教シーア派から分かれた）もそうだ。ただ妙なことに、誰もが分裂した事実を当たり前のように述べるだけで、そこにはなぜすぐ袂を分かつのかという問いかけがない。世界宗教の多くは、自分たちこそ真の宗教だと信じているが、もし真の宗教がすでに啓示されているのであれば、なぜ人びとはそれに納得せず、ついには別の宗教を立ちあげるようなことをするのか。

この本では、主にこれら二つの疑問に対する答えを探っていく。ひとつは信念、もうひとつは歴史に関するものだから、まったく別の疑問のようにも思えるが、くわしく見ていけば、実は密接な関連があることがわかるだろう。どちらも宗教が先史時代の社会に果たしてきて、いろいろな形で現代社会にも果たしている役割、もしくは機能に関係しているからだ。まずは二つの疑問にどう取りくむのかを大まかに説明しておこう。便宜上、具体的な研究や主張の出典は、註と参考文献にまとめている。さらに参考文献には、特定の問題に関する文献のほかに、より全般的な情報源も収録した。

第1章では、宗教の発展と、宗教の研究に用いられてきた手法について、歴史的な視点で見ていく。続く二つの章で議論の土台を据える。なぜ人間は宗教を信じる傾向にあるのか、宗教を信じることがなぜ実際に有益なのか――この二つをそれぞれ少し変わった切り口で考えていきたい。前者の軸となるのは、人智を超えた世界を信じたがる人間心理、いわば「神秘志向」であり、そこに宗教の起源があるというのが私の考えだ。後者に関しては、進化論を重視する人たちにはひっかかりがあるかもしれないが、宗教を信じることは個人の利益になると私は考えている。たしかに宗教は人を健康にする可能性があり、実際に効果も認められているが、あいにくそういうことではない。本当の利益は社会レベルで存在し、宗教によって共同体の結束が強まれば、組織が有効に機能するようになり、ひいては個々の構成員の利益になるという話だ。

これは続く第4章でくわしく見ていく、人間の共同体の性質の話につながる。共同体の規模は実際のところとても小さい。私たちが維持できる社会集団の大きさには限界があり、それが宗教の信徒集団や共同体の大きさにも関係してくる。第5章はそれを心理学的に説明し、社会的結束の基盤となる神経生物学上の仕組みを紹介する。第6章では、共同体の絆を深める過程で宗教儀式が果たす役割と、第5章で触れた神経心理学的な仕組みがいかにそれを支えているかを探っていく。

宗教的性向とその働きを理解する枠組みが整ったところで、第7章では人類の進化のなかでこの宗教的性向がいつ出現したかという、歴史的な疑問に立ちかえる。神秘志向について神経心理学的側面からわかったことを考えると、この疑問については従来では考えられなかったほど正確な特定が可能になった。ここまでは本質的にシャーマニズム宗教と呼べるもので、その時代は数十万年にわたって続いた。第8章では、約一万年前の新石器時代の到来によって一連の人口変動が生じた結果、教義宗教が誕生した背景に迫る。人びとが密集した環境で暮らす大規模な共同体での生活は、こうした形態の宗教があったからこそ可能だったと私は考える。第9章ではカルトやセクトをめぐるより一般的な現象を取りあげ、宗教の歴史とカルトの起源におけるカリスマ的指導者の役割を見ていこう。最後の第10章では、なぜこれほどたくさんの宗教が存在するのかという疑問に戻る。その答えはこれまでの章で学んできたように、社会の結束を強める過程で宗教が果たす役割と、カリスマ的指導者の性質にある。

この本で私が採用した手法は、従来の宗教研究とは多くの重要な点で異なっている。伝統的な宗教研究は、神学に注目するか（この宗教は何を信じるのか）、歴史に注目するか（この宗教はどんな経緯で生まれたのか、以前のどの宗教に影響を受けているのか）のどちらかで、近年は認知科学や神経心理学から宗教的行為に関心を向ける動きも出てきている。ここでもときおりそうした話題に触れるが、この本の主眼ではない。宗教を論じる際に不可欠とされる領域もあえて素通りしているが、それも承知のうえだ。宗教研究で取りあげられることが少なかった論点に踏みこむことが、私の最大のねらいだからである。それによって、人間はなぜ、そしてどのように宗教を信じるのかを説明する包括的な理論の土台が築かれ、この分野にひしめきあう無数の主張を統一する足がかりになるのではないかと思っている。

第1章　宗教をどう研究するか

これから宗教について細かく探究していくわけだが、その前に二つの重要な準備をしておこう。ひとつは、駆け足になるが宗教の歴史を振りかえることだ。そうすれば、宗教がどのようにしていまの形になったのかという大きな問いのなかで、なにを説明すればいいかが見えてくるだろう。もうひとつは、宗教研究の代表的なアプローチとそこから学べることを、これも思いきり駆け足で見ておくことだ。私が採用する視点は進化論を軸としたもので、多くの宗教研究者と異なるだけに、この準備はとくに重要になる。そして進化論の最新の解釈が土台になっている関係上、最後に進化論的な視点の何たるかも簡単にまとめておく。

駆け足でたどる宗教の歴史

宗教の歴史は初期のアニミズム時代とその後の教義時代に分かれるというのが、一九世紀末から続く定説だった。「アニミズム」という言葉は一九世紀半ばにつくられたが、原始宗教を指すようになったのは、イギリスの人類学者エドワード・タイラーが一八七一年の著書『原始文化』で使ってからだ。この言葉は、一八、一九世紀にヨーロッパ人探検家が遭遇した部族の多くが、人間以外の生物はもちろんのこと、泉や川、山や森にも霊（古代ギリシャ語およびラテン語で *anima*《アニマ》）が宿っていると信じていたことに由来する。

この「原始宗教」という概念は、二〇世紀に入って人類学者から帝国主義的、人種差別的なレッテル貼りだと厳しく攻撃された。だが実際には、この批判は的外れの感がある。理由は二つあり、まずこの批判が混同していたのは、素朴心理と、大学教育を受けた学者の思考のちがいだ。素朴心理とは、日々の生活での経験（先祖から受けついだ文化も含めて）と、人間本来の精神構造から自然に生まれてくる世界観のことである。もうひとつの理由は、こうした「原始」的な信念は、人間の精神、つまり「素朴心理」が進化していくなかでデフォルトとなったようであることから、誰もがその影響をまぬがれないという点だ。「原始」か「先進」かという話ではない。むしろ生来の素朴心理という土台の上に、教育が層をなしていることを反映しているのだ。

実際には、これは西洋人と非西洋人というより、科学主体の本格的な教育を受けてきた者とそうでない者のちがいだ。皮肉にも一九世紀の学者たちは、後世の批評者よりも研究主題を正しく理解しており、自ら行なった民族誌的な調査から、「アニミズム」はかつてヨーロッパのケルト人やゲルマン人に根づいていたのみならず、二〇世紀になっても各国で広く信じられていることを知っていた。実際アニミズム的な信念はいまも身近で、たとえばウィッシング・ウェル〔願いの井戸。コインを投げこむと願いがかなうとされる〕がそうだ。

泉や井戸を神聖視する北ヨーロッパの伝統は、遠くケルト人やゲルマン人の時代にまでさかのぼる。病や傷を癒すとされるものもあれば、願いをかなえてくれるというものもある。硬貨や貴重品を泉や池に投げて願をかける慣習は、純粋に信じているわけではないにせよ、いまもさかんに行なわれる。願いがかなう木というのもおなじみだ。願いごとを書いた紙や奉納物を枝や幹につける風習は、ブリテン諸島をはじめ北ヨーロッパの各地に見られる。インドではほぼすべての村の中心にベンガルボダイジュ（クワ科イチジク属）が植えられており、カルパブリクシャ（「願いがかなう木」の意）としても知られる。このように超自然の世界を信じる姿勢は、人間の精神に深く浸透している。

イギリスでは、「ワッセリング」という伝統行事が二〇世紀以降も長く続いていた。りんごの木に持ち上げられたワッセル・クイーン（思春期前の少女が選ばれる）が、木の精に酒を供えて豊作を願う。ジェニファー・ウェストウッドとソフィア・キングズヒルが書いた『スコットランドの言い伝え（*The Lore of Scotland*）』には、ブリテン諸島のほんの一角に伝わる土着信仰の概要が延々と記されている。その多くは一九世紀に熱心な民俗学者が収集したものだ。丘の上、洞窟、泉、川、樹木に精霊や妖精が宿るという信仰は、ヨーロッパ北部では当たり前のように存在しているし、近代的な教育が定着しても完全にすたれることはない。

実際に、この世界に精霊がいるという考えは、後世に登場する教義宗教のより格式ばった儀式や信念とも仲よく共存してきた。こうした考えの多くは、精霊のみならず、精霊世界とつながっていたり、つながるための奥義を知っている者（魔女、魔術師、呪術医、シャーマン）が、良くも悪くもこの世界に影響をおよぼすという信念に基づいている。人類学者ジョン・デュリンは、二〇一〇年代にガーナ南部で調査をしていたときにこんな体験をした。

伝統を重んじる祭司が私のことを神に相談したところ、知らない人間から食べ物をもらうなと指示された。毒を盛られるかもしれないし、魔法をかけられて、意に反して金を差しだすようなことになるからだ。年配の女祭司の家に招かれて食事を出されたときは、カリスマ派キリスト教徒の友人たちから、私が彼女に恋するかもしれないから食べるなと止められた。心が曇って妻がいることがわからなくなるというのだ。自分が自分でなくなり、外からよこしまな力に侵入されたとしても、いけないものを食べて妻のことを忘れ、八〇歳の老婆に恋をするなんて、ありそうもないことだ。(1)

似たような話は世界のどこにでもある。ヨーロッパの地中海地域では二〇世紀に入っても、「邪眼」の持ち主と視線が合うと、それだけで病気になると恐れられていた。

迷信ともいえるこうした信念はしっかり根を張っていて、いまも人びとの行動にひそかに影響を与えている。よく知られているのは肩にひとつまみの塩をかける魔除けで、二一世紀の今日でも行なわれている。塩を使うまじないはたくさんあるが、ちょっとめずらしいのが、ウェールズおよびイングランドのウェールズ国境地帯で一九〇〇年代初頭まで続いていた「罪食い」だろう。(2)遺体を居間に安置して、そのひざの上にパンと塩を入れた皿をのせておくと、故人の罪が塩とともにパンに吸いとられると信じられていた。葬儀のために遺体を運びだすとき、罪食いにそのパンを食べてもらうことで、故人は「きれいな」魂になって最後の審判に臨めるというのだ。皿は遺体といっしょに埋葬する。(3)罪食いはパンにありつけるだけでなく、ビールが飲めて謝礼までもらえるとあって、引きうけるのはもっぱら高齢の貧しい男女だったが、魔術や悪魔との連想が働いて、ふだんは共同体からはじかれることが多かった。同様の慣習はヨーロッパのほかの地域にもあり、当初の目的は薄れたものの、形だけは葬送の儀式として二〇世紀になっても続いていた例がある。ドイツのバイエルン州の「死体ケーキ」は、死者の胸にのせておき、あとで近親者が食べる。オランダでも葬式には「死のケーキ」を焼いて列席者にふるまう慣習があった。バルカン諸国では、故人をかたどった小さなパンを集まった家族で食べるのがならわしだった。

私たちはこうした迷信を本気で信じているわけではないが、万が一本当だった場合に備えて、完全にやめるつもりもない。星占いに頼る人が多いのもうなずける。迷信を信じる傾向は、ほかにも人生のさまざまな場面で見ることができる。物理学者が宇宙を説明する複雑な数式を考えだしても、多くの人があてにするのは、もっと単純な「素朴物理学」――私たちが日々の生活のなかで経験し、何千年にもわたる民間信仰と個々人の実社会での体験から生まれた物理学――である。たとえば扉を構成するのは、多くの何もない空間と少しばかりの原子であると物理学は説明するが、私たちの日常が教えてくれるのは、扉とはぶつかったらかなり硬いものということだ。このように科学の世界と日常生活の世界は、かならずしもうまくつながっていない(4)。

結果、これまでの考えでは、初期の宗教形態はかなり一般的な信仰の形をとっているとされてきた。霊やそれに類する何かが、私たちが暮らす世界と並行して存在する超越的な世界に住むこともあれば、私たちと同じ物理的空間を占めることもある。人間世界に無関心なこともあれば、人間を病気にしたり、あるいは病気を治したりすることもある、というものだ。そうした信仰は魔力と結びつくことも多く(かならずというわけではないが)、それが幸運や多産、恋愛成就、狩りの成功を願うお守りを生んだのかもしれない。

この種の古い宗教は、一般信者との仲介役を務める専門職が形式的な儀式を執りおこなう宗教ではなく、没入体験による宗教である。音楽や舞踊でトランス状態を誘発することも多い。その点では、すべての教義宗教に見られる神秘主義と共通する部分も多い。一般的に神秘主義には、トランス状態で神を直接体験することが含まれるとされており、中世キリスト教の神秘主義者が表現したように、言葉では言い尽くせないほどの「一体感」に浸りきる個人的な宗教経験だ。そして近代になると、神秘体験はそれぞれの宗教の特定の思想を反映するようになる。キリスト教、イスラム教のスーフィズム、シク教の神秘主義者は神との一体感に浸るが、仏教ではタターガタガルバ（如来蔵《にょらいぞう》）と呼ばれる輝かしく普遍的な精神に包まれる。こうしたトランス体験は「幻視」とも呼ばれ、自然発生的に起こることもあれば（アビラの聖テレサ、中世ドイツのドミニコ会の神学者マイスター・エックハルトなど、キリスト教の歴史的な神秘主義者に多かったようだ）、音楽をともなう集団儀式を利用することもある（サン人のトランス・ダンス）。南米の部族のあいだでは植物から抽出した向精神性物質の助けを借りているし、伝統的なヨガのように個人が瞑想を通じてトランス状態になることもある。

アニミズム宗教のなかには、トランスに入る能力を持つシャーマンが大きな役割を果たすものがある。「シャーマン」という言葉は東モンゴルの文化に由来する。シャーマンとは、モンゴルおよびシベリアの伝統文化で人間世界に影響をおよぼす霊とのあいだを取りもつ者を指し、彼らは長年の修行でその知識と技能を身につけ、予言、病気の治療、豊猟祈願、災厄回避などを行なった。病気を治す儀式では、シャーマンは病の原因である霊と患者の仲立ちをする。これを「狭義のシャーマニズム」と定義してもいいだろう。ただシャーマニズムという語には、治療や予言とは無関係に、ただトランスに入って霊界を旅するだけの現象も含まれることがある。こちらは特別な訓練は必要なく、集団儀式のなかで見よう見まねで習得できるため、広く普及している。

これは「広義のシャーマニズム」ということになるだろう。アニミズム宗教では何らかのトランス体験を利用することがとても多いため、私はまとめて「シャーマニズム宗教」「没入型宗教」と呼んでいる。

こうした宗教も、歴史のどこかでより形式的な宗教へと移行していった。信仰の場が常設になり、神（人間世界に積極的に介入する）を拝むようになる。専門職つまり祭司（ときにトランス状態になりながら共同体と神の橋わたしをする）が登場し、神学が体系化され、神から道徳律が与えられた――モーセは十戒《じっかい》が刻まれた石板をシナイ山で神から直接授かったし、預言者ムハンマドは神からクルアーン（コーラン）を聞きとったし、ジョセフ・スミスは黄金の板に書かれたモルモン書を受けとっている。こうした教義宗教の多くには、教祖である人物が啓示を受けたという起源譚がある。古代ペルシャで生まれたゾロアスター教であればザラスシュトラだし、仏教ならばガウタマ・シッダールタ（釈迦《しゃか》）、キリスト教ではイエス・キリストになる。イスラム教ならば預言者ムハンマドで、シク教ではグル・ナーナクだ。これらの宗教にはかなりはっきりとした神学的教義があるので、教義宗教と呼ばれることもある。また信者数が多く、世界をほぼ網羅していることから世界宗教としても知られる（世界的になったのは最近だが）。

ほとんどの教義宗教は組織の形が整っており、聖職者集団もしくは長老会議のような委員会が、寺院や教区の活動を監督する。なかには大規模な階層構造を構築して、教義の保持に努めたり、あるいは権威ある立場（キリスト教のカトリック、ルーテル教会、英国国教会では司教と大司教）が信者に義認〔神が人間の罪をゆるし正しい人と認めること。また、キリスト教に入信すること〕を与えたりする宗教もある。そうかと思えば、イスラム教や仏教のように、非公式の形で忠誠を誓う宗教もある。

もっともシャーマニズム宗教（あるいは「原始宗教」）と教義宗教は、強固な壁で仕切られているわけではない。部族宗教や、さらには今日のカルトには、どちらかの枠に収まりきらないものがたくさんある。しかし、それはあらゆる進化の過程でも予想されることで、生物の世界を見てもわかるように、進化は絶対的なものではない。あいにく人間は複雑なことを扱うのが少々苦手で、厳密には二項対立でない現象も、都合よく二つに分けたがる傾向がある——背が低いか高いか、黒か白か、東洋か西洋か。ただしわかりやすい二分法は説明したい現象を単純化できるのは利点だし、少なくともシャーマニズム宗教と教義宗教の二つに分けることで、長い歴史の過程のなかでどちらが先でどちらが後だったかをはっきりさせることもできる。

重要なのは、この過程はかならずしもある宗教が別の宗教に置きかわるというものではないということだ。むしろ宗教のひとつの形態（教義宗教）が、それ以前の形態（シャーマニズム宗教もしくはアニミズム宗教）の上に、積みかさなったと見るべきだ。近代キリスト教の中心的な祝祭の多くに、その証拠が残っている。たとえばローマ・カトリック（ギリシャ正教ではなく）で使われるイースター（復活祭）という語は、ゲルマンの女神の名で、彼女に捧げる月という意味も併せもつ古英語のエオストレ（Eostre）に由来する。さらにたどればエオストレは古代インド・ヨーロッパ地域の女神で、春の日付と関連づけられていることから豊穣の女神だったと考えられる。クリスマスの一二月二五日も都合よく冬至にあたり、古代ローマでサトゥルヌス神を祝って盛大に酒を飲んだサトゥルナリア祭と重なっている。(5) 初期キリスト教会が主要な祝祭に既存の異教の祭日をいくつも当てはめたのは、改宗者の関心を以前の信仰から逸らすためとも思える。あとでくわしく述べるが、ここで大事なのは、新しい宗教は古い宗教の形式を一掃するのではなく、むしろそこに接ぎ木しているということだ。古い宗教は人びとの精神に深く根をおろしていて、完全に消しさることは難しい。

つまり教義という立派な表看板の下には、いにしえの神秘的な異教の土台が隠れているのだ。実は本書の核心はそこにある。この点を理解することで、宗教とその進化に対する私たちの認識がいかに変わるのかをこれから説明していきたい。

宗教研究のこれまでのアプローチ

人類学は、学問分野として成立してから少なくとも一世紀のあいだ、宗教とその社会的機能に一貫して関心を寄せていた。血縁関係に次いで最も重要な題材だといってもいいだろう。先ほども触れたように、その始まりは一九世紀、ヨーロッパの民間伝承と伝統的な小規模社会の民族誌への興味が高まったことにある。草創期の代表的な研究には、ジェイムズ・フレイザーの『金枝篇――比較宗教の一研究』（一八九〇）や、エドワード・タイラーが一八七一年に発表した『原始文化』がある。フレイザーの手法は、（主にヨーロッパの）民間伝承や伝統的信念を収集し、そこから原始宗教に共通の原理や概念をあぶりだすというものだった。いっぽうタイラーは世界各地の部族社会の民族誌を比較して、まだ新しい発想だったダーウィンの進化論を文化に応用することをめざした。タイラーは人間の精神を普遍的なものと見なし（全人類が同一の精神および知的能力を有する）、宗教は伝統的な小規模社会で、地域に根づいた信念――地域の諸条件と経験に進化論的に適応した信念――の文脈のなかで世界を説明し、制御する試みとして進化していったと考えたのだ。

その後、人類学の形成に重要な影響を与えたのが、ウィリアム・ジェイムズの『宗教的経験の諸相』（一九〇二）と、エミール・デュルケームの『宗教生活の原初形態』（一九一二）だ。どちらも部族社会は対象にしていない。ジェイムズが心理学的な立場を固持したのに対し、デュルケームの視点は社会学的だった。ジェイムズは宗教の起源と有用性をはっきり区別して、どちらかに関する疑問に答えが出ても、それがもういっぽうの答えになるとはかぎらないとくぎを刺した。（これがいかに重要かは次節で述べる。）さらに、「健全な精神」の宗教と、「病んだ魂」の宗教を区別した点も重要だ。前者は満足と幸福を得られる宗教で、後者は深い苦悩を抱えた人が、いわば「危機の転化」として経験する宗教だ。宗教体験の中心には神秘主義があるとジェイムズは考えた。いっぽうデュルケームの視点は、宗教儀式がつくりだす興奮と畏怖《いふ》、すなわち「集合的沸騰」が軸になっている。宗教を社会構築の土台として考えたデュルケームだが、のちの人類学者は因果関係をひっくりかえして、伝統的宗教の儀式や信念は、ある社会の社会的・政治的構造を複製あるいは強化するものにすぎないと主張した――つまり国家と教会が政略で結婚したのである。これはたしかに正しい面もあるが、デュルケームの洞察の核心部分を見のがしている。

さらに時代が下り、一九八〇年代には認知人類学（人間の世界観の根底にある心理を探る試み）も登場したことで、宗教認知科学として知られるようになるものが台頭し、進化心理学に深く根ざした研究も出てきた。(6) そこで支配的だったのは、宗教は適応度〔ある個体が生きのびてどれだけの子孫を残せるかを示す尺度〕を高めるのに寄与しないという考えだ。宗教は社会レベルの現象で、個人的な利益がしばしば犠牲になるからという理由である。進化生物学者は集団レベルの利益を疑っており（次節で詳述）、宗教は別の有用な目的のためにデザインされた、非適応的な副産物にちがいないと主張した。そのため宗教認知科学は、人間の自然な心理的メカニズムと、それがいかにして私たちを宗教的にふるまわせるかに焦点を当てていた。

具体的な例としては、「行為主体過剰検出装置（HADD）」説がある。人類学者パスカル・ボイヤー、心理学者ジャスティン・バレットがそれぞれ異なる形で支持している概念だ。動物には、適応度にじかに関わる現象を察知する感覚が備わっている。たとえば森のなかで小枝が折れる音がしたとき、捕食者が接近しているなと勘づくことができれば、捕食者や敵の餌食にならずにすむ。取りこし苦労のこともあるが、ほんとうに捕食者が近づいているのに小枝の音を聞きながすよりは、まちがいなく危険は回避できる（「パスカルの賭け」[7]の一例）。その結果、私たち人間もすぐに説明できない現象を見えない神秘的な存在で説明するようになった。これは人間の行動全般に浸透していて、海が怒っているとか、空模様が険悪だとか、物理現象にまで動機を当てはめようとする。こうして考えると、宗教は生物学的システムに組みこまれたエラーということになる。

神の「最小限の反直観性」も古典的な例だろう。神ともなれば日常的な物理法則を破ることはたやすいが、やりすぎると信憑《しんぴょう》性がなくなるから最小限にとどめているというのだ。水面を歩く、壁を通りぬける、宙に浮かぶ、空を飛ぶ、未来を予言する、病気を治すといった人間にはできないことも、神ならばできるはず。それがやれない者はただの人間なので、災害を防いだり、未来を変えたりしたいときにすがってもむだだ。そしてもちろん、神は私たちに危害を加えないということでもあり、多くの霊的存在が元来邪悪なものと見なされていることを考えれば、この点は重要だ。

進化論を下敷きにした宗教認知科学では、宗教がなぜ、どのようにして進化したかを説明する立場がおおむね二つに分かれる。ひとつは、宗教は人間の精神がもっと重要な機能を進化させる途上で、しかたなく出現したおもしろみのない現象だというもの。進化的な適応度を最大化するために支払った代償ということである。あるいは、宗教は文化的進化の一例だとする考えもある。寄生された心によって個体の適応度に負の影響をおよぼしながらも、ヒトの心の仕組みを利用して文化的な適応度を最大化していったというのだ。次節で見ていくが、どちらも従来のダーウィン進化論的視点からすればもっともな説明である。

宗教認知科学は、信仰心のさまざまな側面を人間の認知がどう支えているか、信仰心のために認知がどんな形で利用されてきたかについて、納得のいく説明を与えてくれる。だが主眼はあくまで信仰なので、宗教の屋台骨であり、宗教体験の重要な特徴でもある儀式や、共同体構築に宗教が果たす役割を見すごしている。ひとつには適応度を構成するものについての理解が狭いことも関係しているが、そのあたりは次節で説明したい。

それでも宗教認知科学は重要な論点を浮きぼりにした。たとえば儀式に関しては、私たちの世界のとらえかたを変えることで、特殊な宗教経験へと誘う精神状態をつくり出すようにデザインされていることを示唆する。[8] この指摘は、宗教をたんなる信念の集合とする見かた（この半世紀の宗教研究で主流になった）を離れ、実践の集合ととらえる古い宗教観にふたたび立ちかえる意味でとても好ましい。この点は重要であり、以降の章でも繰りかえし触れていくつもりだ。

進化論的背景を荷ほどきする

宗教とその進化をくわしく見ていく前に、進化論的な切り口について短くまとめておこう。[9] なぜかというと、これから述べることの正しい理解を妨げる旧弊な思いこみを追いはらいたいからだ。その多くはダーウィン進化論に対する誤解から生じている。

自然選択を柱とするダーウィン進化論は、自然界を納得できるように説明し、新奇で意外な特徴を予測するという意味で、科学史上、物理学の量子論に次いで成功をおさめた理論だ。生物学的（つまり遺伝的）な継承が繰りかえされるなかで、種は生存と生殖の問題を解決するのに最も適した形態（つまり適応度を高めていく形態）に進化していく。また、その目的にかなう形質や特徴が選択圧を受けて進化していくことを「〜に適応する」、または「〜の適応である」という。これが進化論の基本となる前提だ。クジャクのオスの豪華絢爛《ごうかけんらん》な尾羽はメスを惹きつけるという適応であり、長い脚は早く走るという適応である。

重要なのは、適応度は、専門的にはある形質もしくは遺伝子（わかりやすく個体と言いかえてもいい）における特性ということだ。集団や種全体における特性ではなく、したがって、進化では集団（種全体）の利益は実現しない。集団選択を勝ちぬいて存続するにはまた別の戦略が必要であり、利他的行動や個体数調節はそれで説明されることも多い。食べ物が枯渇して種が絶滅するのを防ぐために、あえて繁殖を停止する動物もいる。問題はそれを行なう遺伝のメカニズムが見つかっていないことだ――繁殖を停止することで利他的にふるまっても、自分勝手に繁殖を繰りかえす個体が台なしにしてしまうだろう。だからといって集団選択が起こらないわけではないだろうが、それには集団の消滅率がきわめて高く、なおかつ集団間の移動率が低いことが条件になる。いまのところ、集団選択が発生するほど高い集団（あるいは文化）の消滅率は確認されていない。そのため生物学者は、個体の利益を犠牲にして、集団全体の利益だけを追及するという考えにかなり懐疑的だ。

非適応形質ももちろんありうるし、ダーウィン進化論では一般的だ。ただしそれによって個体がこうむる損失が、ほかのすべての形質から得られる適応度を超えないことが前提となる。次世代に遺伝子をつなげるために、個体は相反するさまざまな要求を解決しなければならないのだから、自然なことだろう。生きるために充分な量を食べつづけ、なおかつ誰かの餌食になることは避けながら、良いお相手を見つけて子づくりする。これらすべてをうまくやり遂げたら、子どもたちを育ててあげ、今度は彼らに孫を産んでもらう。子どもは好きなだけつくればいいし、みんな死んでしまっても孫さえ生まれていれば、進化の観点では気に病む必要はない。進化生物学者ジョン・メイナード＝スミスが言ったように、進化が興味を持つのは子どもではなく孫だからだ。問題はこの一連の流れが互いに相いれないものばかりであり、すべてを同時に、そして完璧にやりとげることは不可能ということだ。だからそれぞれの個体は、いくつかの要素を並行したりまとめたり、天秤にかけたりして妥協策を見つけなければいけない。現実世界では妥協が不可避だから、ダーウィンの描いた理想的な適応ができる生き物はむしろ少数派だ。

宗教では自らに苦痛や禁欲、さらには犠牲を強いることから、進化心理学や宗教認知科学では、宗教と信仰心は適応的ではないとする研究者もいる。生物学的に完全に理にかなった目的が別に存在していて、そのために進化した形質や認知プロセスの非適応副産物にちがいないと考えたのだ。その実例は日常生活にいくらでもあり、誰もが経験する腰痛もそのひとつだ――四足歩行だった先祖が二本脚で立ちあがり、腰の関節が不安定になったがゆえの意図せざる副産物である。腰椎を大きく頑丈に進化させる選択肢もなくはなかったが、それでは背骨の柔軟性が失われ、走ったり槍を投げたりすることはできなかったはずだ。その結果、ふだんは問題なく過ごせるが、たまに激痛が走るという妥協策に落ちついた。それもこれも、自然選択という進化の原動力に先見の明がないためだ。いま目の前にある問題に対応するだけで、未来は予測できないのである。

サルや類人猿など社会性の強い種では、集団レベルで利益が生じるように思えることがある。単独ではなく協力することで各個体の得られる利益が大きくなれば、その利益は集団レベルで生じたことになる。集団生活もそのひとつだ。動物が集団で生活するのはみんなが好きだからではなく、適応度に影響を与えるいくつかの問題を解決するという、具体的な目的があるからだ。ライオンやハイエナは食べ物を効率よく手に入れるためだし、一雄一雌の鳥や哺乳類の多くは、子孫を効率よく残すためだ。霊長類やレイヨウ、シカの場合は、捕食される危険を減らすためである。いずれも集団があってこその利益だが、それが適応度に与える影響は、つねに個体や遺伝子のレベルで生じる。もし個体にも何らかの利益がなければ、集団生活ゆえの損失を個体は容認できないだろう。進化生物学者はこのプロセスを集団レベル（もしくは集団拡張）選択、あるいはたんに相利共生と呼ぶ。

異なる種が調和した共生関係を保ち、おたがいの生存の可能性を高める現象も本質的に同じだ。

たとえば地衣類は単独の植物ではなく、藻類と共生する菌類の総称だ。この共生関係はきわめて密接で、外見上はひとつの生物にしか見えない。その意味では、私たち人間も異なる生命体が集まった複合体だ。人間の遺伝子の大多数は、進化の過程でウイルスや単細胞生物が自らのゲノムを人間のゲノムにもぐりこませたもので、そうすることで人間の生殖能力に便乗して進化していったのだ。なかには生きた細胞にエネルギーを供給するミトコンドリアのように、多細胞生物の生命維持に不可欠になったものもある。つまり、協力によって個体が成功するのであり（適応度が高まる）、集団が個体の利益に反して成功するわけではないのだ。

もうひとつ重要なのは、形質そのものとその継承の方式はまったく別物であるということだ。形質が個体から個体へと伝わっていくメカニズムはダーウィン進化論どおりであり、個体間に生物学的関係があってもなくても、遺伝子が共有されていてもいなくても構わない。学習や文化伝播も同じなので、遺伝による形質の進化を探るのと同じ数式で分析することが可能だ。文化もまたダーウィン進化論の過程をたどるので、文化の形質（あるいは文化全体）も個体や種と同じように選択圧を受けながら進化していく。ただ文化の場合は、個体の生物学的適応度に影響を与えながら進化することも、特定の文化的要素[10]の適応度に影響を与えながら進化することもできる。理論的には文化現象は、自らが寄生している身体（あるいは心）の遺伝子を絶滅に追いやることも、進化の観点からはありえなくはない——ただし宿主の身体が死ぬよりも早く、ある心からまた別の心へと（文化伝播で）飛びうつることができればだが。それをやっているのがウイルスだ。

もちろん長い目で見れば、宿主を死なせることは文化にもウイルスにも得策ではないから、宿主とは折りあいをつけることがほとんどだ。(11) 蔓延《まんえん》するウイルスがしばらくすると毒性を失うのもそのためで、そうしないと寄生する宿主がいなくなり、自らも絶滅するはめになる。

最後に重要なことを指摘しておこう。ダーウィン的生物進化は、完璧な最終状態をめざしてすべての種が同じ段階を踏む一本道のプロセスではない。連続した段階を経て高度な最終状態に到達するという直線的な進化論も複数あるが、それはダーウィン進化論ではないし、ほとんどがすでに否定されている。最も知られているのは、一九世紀初頭にフランスの偉大な動物学者ジャン＝バティスト・ラマルクが提唱したもので、「存在の大いなる連鎖」という概念が土台になっている。この概念は古代ギリシャの哲学者アリストテレスの生物学に起源があるが、のちに中世キリスト教の神学者・哲学者たちによって神と天使が連鎖の最終段階に追加され、私たちがいま知る形となった。それによると、すべての種の出発点は微細な生命体であり、それはいまこの瞬間にも自然発生している。それらはみな、単純なものからより高度なものへと共通の段階を経て人間になり、少なくとも中世キリスト教の解釈では次に天使となり、最後に神性と一体になるのだ。(12)

この過程は完全に固定されていて、必然的である。私たちがいま目にするそれぞれの種は、この普遍的な旅路の異なる段階におり、どの段階にいるかはどれだけ前に創造されたかで決まる。ヒトが単純な生物と異なるのは、たんにヒトがほかの生物より大昔に創造されたから、つまり「大いなる連鎖」を進む時間があったからであり、だから私たちは複雑なのである。ほかのすべての種も、いずれは進化の頂点に到達するはずだ。

しかし一八五七年、ダーウィンの革新的な理論がラマルク説を完全にくつがえした。ダーウィン進化論の世界では、すべての生命の起源はひとつしかない。進化の方向と速度を決めるのは、生物がたまたま直面する課題と、偶然見つけた回避策しだいであって、必然性が入る余地はない。進化はまっすぐに進むのではなく、さまざまな種が新しい状況に適応しながら少しずつ変化していく枝わかれのプロセスなのだ。

進化論についてはここまでにしておこう。ほかの生物学的、あるいは文化的現象と同様、宗教もダーウィン進化論で考察できることがわかれば充分だ。要はダーウィン進化論が扱う現象は、遺伝子による継承にとどまらないということである。先祖と子孫（教師と教え子でもいい）において、論点となっている形質を互いに似せる何らかの仕組みがあるかぎり、継承の仕組みが遺伝子によるものか（生物学的進化）、学習によるものか（単純な学習のほかに文化的進化もある）は問題ではない。ダーウィン進化論の規則は、これらすべての事例に適用できるのだ。

最後にひとつ述べておきたい。これまで何度かほのめかしてきたことだが、先に進む前に説明しておこう。生物学者たちは質問を四つの種類に区別する。これは、動物行動学者のニコ・ティンバーゲンが一九六三年に発表した著名な論文にちなんで「ティンバーゲンの四つのなぜ」と呼ばれている。本来は四つの異なる「なぜ」の問いからなるが（ちょうど小さな子が「でもどうして？」と問いつづけるような形だ）、「なぜ」「どんな」「どう」「いつ」という疑問詞で考えるほうがわかりやすい。ある形質はなぜその機能もしくは目的を持ったのか。その効果を生みだすのはどんな仕組みなのか。個体発生の過程（受精卵が成長して成体になるまでの過程——遺伝子、学習、環境の組みあわせが関わってくる）でその形質はどう現われてくるのか。その種は歴史のなかでその形質をいつ獲得したのか。

ティンバーゲンが強調したのは、これら四つのなぜとその答えは、論理的にも生物学的にも互いに独立しているということだ。ひとつのなぜを考えるとき、ほかのなぜの心配は無用で、それに合わせて答えをゆがめる必要もない。最終的には四つの項目に解決ずみの印を入れたいのはもちろんだが、とりあえずはひとつずつ見ていこう。ある形質の機能（なぜ）については、その伝達方法（どんな）を抜きにして検討できる。何らかの合理的な継承の仕組みが存在するとわかっていればいい。このように役割を分ければ、生物学的な形質の進化と文化的現象の進化を、自己矛盾に陥ることなく同時に論じることができる。

第三のなぜ（子どもはいかにして宗教的になるのか、言いかえれば宗教心は、どれほど遺伝によって生来的に備わっているのか、もしくはどれほど幼児期の学習によるものなのか）については、くわしい研究があるのでこの本では多くを語らないでおく[13]。代わりになぜ、どんな、いつを掘りさげたい。宗教が人間に果たしてきて、いまも果たしている役割、それを可能にする心理学的・神経生物学的仕組み、そして宗教が誕生した時期だ。

第2章　神秘志向

主要な宗教は例外なく、神秘体験が重要な構成要素になっている。ここでいう神秘体験とは、個人がときおり経験する神聖で超越した感覚のことで、自然に生まれることもあれば、儀式的な活動に自ら関わった結果生じることもあり、恍惚や熱狂とも呼ばれる（熱狂は英語でenthusiasmだが、これは古代ギリシャ語で「神にとらわれた」という意味のenthousiasmosに由来する）。最も極端な形では、日常の世界から離れて別次元の意識に移動し、何も見えず、何も聞こえなくなって、時間の感覚も消失した平穏な心境が訪れる——神秘主義の文献で「精神の静寂」とも表現される状態だ。もちろん誰もが同じ感覚を経験するわけではなく、その意味では恋に似ているかもしれない。恋は普遍的なものであり、世界のどんな文化にもそれに類するものが存在する。だが同じ文化のなかでも、全員が同じように恋をするわけではない。惚れっぽい人もいれば、後押しがないと心が動かない人もいるし、まったく恋をしない人もいる。トランス状態についても同じことが言えるだろう。

こうした神秘的な体験を求める姿勢を神秘志向と呼ぶことにしよう。神秘志向はトランス状態に入る能力に重きを置くが、宗教の文脈においては三つの特徴を持つ。トランスのような状態に容易に入れる感受性、人智を超えた（もしくは霊的な）世界の存在に対する信仰、隠れた力が味方になるという信念の三つだ。神秘志向とは、自らの精神を通じてこの隠れた存在を直接経験できると信じることなのだ。

神秘志向を構成するこの三要素は、かならずしも相互に強く結びついているわけではないし、それぞれが等しく信じられているわけでもない。それがどのように経験されるかは、文化にもある程度左右される。それでも神秘志向はすべての宗教に当てはまるものであり、起源も古代までさかのぼる。人間を人間たらしめる要素のひとつと言ってもいい。進化心理学の正しき伝統においては、トランスに入る能力は外適応[1]、すなわち人間の精神を構築した際の副産物にすぎないかもしれない。この章では神秘志向の何たるかを描き、宗教を語るうえでなぜ重要なのか説明していこう。

神秘主義者の心をのぞく

ほとんどの宗教は、この種の神秘的な要素か、あるいは明らかに神秘的な性質を有する教派や分派を持っている。ヒンドゥー教やジャイナ教は、サマーディ（三昧《さんまい》。「精神の集中」という意味）をめざしてヨガを実践するし、仏教の修行も多くは瞑想を基本にしている。シク教の神秘的伝統、シムランでは、神の名をひたすら唱えて思いだす。ユダヤ教にはメルカバーとカバラ、イスラム教にはスーフィーの伝統がある。キリスト教にも昔から神秘主義者がいたし、神秘主義的な教派も出現していた。

キリスト教は成立直後から神秘主義が根を張っていた。新約聖書の使徒行伝《しとぎょうでん》には、磔刑《たっけい》直後にユダヤ教の五旬節《ごじゅんせつ》を祝おうと集まった使徒たちの舌に、聖霊が降りてきて話しはじめる場面がある。これは異言《いげん》と呼ばれる現象で、当時もいまも神秘体験と結びつけられることが多い。ただし神秘主義が勢いを増したのは、イエスの死後一世紀たったころだった。現在のトルコ西部でキリスト教に改宗したモンタヌス（アポロン神殿の祭司だったともいわれる）が、てんかんの発作に襲われたのをきっかけに、自分の言葉は聖霊が語らせていると言いはじめた。そしてプリスカ、マクシミラという二人の女性とともに、当時「新預言」として知られた、恍惚状態を利用するキリスト教神秘主義を布教しはじめた。恍惚状態に入ることで神と直接つながり、神がつまびく竪琴《たてごと》になるのだとモンタヌスは信じていた。それから三世紀のあいだにモンタヌス派は民衆の支持を得て、小アジアから北アフリカにかけて広く信仰された。その後は数世紀にわたり神秘主義的な文献も次々と発表され、なかでも五世紀後半には偽ディオニュシオス・ホ・アレオパギテースの著作[2]が地中海東岸でさかんに読まれ、のちの中世キリスト教の神秘主義に多大な影響を与えた。

これらキリスト教の神秘主義運動の多くはグノーシス主義で、一連の「福音書」外典《アポクリファ》と直接または間接的に関わりがあった。そうしたグノーシス文書の大半は、キリストの死後一世紀以内に書かれ、トマス、ピリポ、マグダラのマリア、ヨハネ、ヤコブによる福音書外典や、ヨハネのアポクリュフォン、ヤコブのアポクリュフォンなどがある。そのほとんどは一九四五年にエジプトでナグ・ハマディ写本が発見されて初めて日の目を見た。「グノーシス」という言葉は、「知識」を意味する古代ギリシャ語に由来し、人生の意味や神自身に関する秘められた知識を指している。その知識は、トランス状態を誘発する儀式を通じて直接手に入るものだ[3]。

こうした初期の神秘主義運動は、とりわけカトリック教会内部に神秘主義の種をまき、そこから長い伝統が始まることになる。数多くいる神秘主義者のなかでも、マイスター・エックハルトや、偶像化されているアッシジの聖フランチェスコ、ヒルデガルト・フォン・ビンゲン（「私は神の息に吹かれる羽根にすぎない」という名言を残し、美しい宗教音楽を多数作曲した）、一五世紀のイギリス人女性マージェリー・ケンプ、オランダの修道士で福者[4]となったヤン・ファン・リュースブルクあたりが代表格だ。だが最も偉大な神秘主義者といえば、一六世紀スペインの貴族出身の女性で、カルメル会修道女となり、修道院改革に尽力して教会博士(5)の称号を受けたアビラの聖テレサだろう。神秘主義の伝統は一九世紀後半に入っても絶えることはなく、聖ジェンマ・ガルガーニ、リジューの聖テレーズといった人物を輩出、二〇世紀ではカプチン会のピオ神父が知られる（二〇〇二年列聖）。いずれも神やイエス・キリスト、聖母マリアについて瞑想を重ねるうちにトランスを経験し、奇跡を起こしたとされる。なかにはトランス状態のときに空中浮揚したとか、同時に二か所に現われたと伝えられる者もいる。彼らは生前から熱心な信奉者にあがめられ、多くの人が助言や治療、霊的指導を求めて集まった。マイスター・エックハルトやアビラのテレサは神学面でも信仰面でも多大な影響を残しているが、それ以外はよほどくわしい人でないと知らないだろう。またピオ神父のように、聖痕《せいこん》が出現した神秘主義者も多い。手や足、ときに脇腹にとつぜん新しい傷痕ができる。これはキリスト磔刑時の傷であり、キリストが触れたり、祝福を与えた証拠と見なされて、聖痕ができた者は特別視されるのだ(6)。

迷信にとらわれ、規律がゆるみきった旧弊なローマ・カトリックと一線を画し、厳格で骨太の信仰を自負していたプロテスタントだが、神秘的な要素からは逃げきれなかった。典型的なのはペンテコステ派で、いまでも礼拝のときには熱狂したり、異言を発する。もう少し一般的なプロテスタント、たとえばメソジスト派、バプテスト派、クエーカー派なども、一七世紀から一八世紀のヨーロッパで数多く誕生した神秘主義的な教派に起源を持つ。同時代のほかの教派、たとえばイギリスの喧騒派、自由心霊兄弟団、ミュールハウゼン血の友人団、ミュンスター再洗礼派などは、それぞれの地域で支持を得たものの、一世紀もたたないうちに消えてしまった。教義がかなり異色だったことに加え、熱狂のあまり放縦な自由恋愛に走るという過ちを犯し、聖俗両方の地元有力者の心証を害したからだ。今日まで続いている教派は、かならずどこかの段階で規律をつくり、極端な信念や慣行を排除している。たとえばメソジスト派の創設者ジョン・ウェスレーの日記を読むと、元気が良すぎる信者たちを憂《うれ》えて、どう手綱《たづな》を締めるか頭を悩ませていたことがわかる。

反対に事態があっというまに制御不能になり、主流派の宗教的権威からきついお仕置きを受けた典型例がミュンスター再洗礼派だ。とくに評判を落としたのが一五三四年で、ミュンスターの町を占拠して千年王国の樹立を宣言し、市民に再洗礼を強制し、容赦ない規律を押しつけた。指導者が殺害され、後任となったオランダ人のヤン・ボッケソン（ヤン・ファン・ライデンとも呼ばれる）は、自分こそダビデ王の後継者であると宣言する。そして追放されたミュンスターの司教領主率いる世俗の軍隊に町を包囲され、市民が飢えに苦しむあいだも、新エルサレム王を自称するボッケソンは王族のような暮らしを続けていた。ボッケソンが公布した妙な勅令《ちょくれい》の最たるものは、女性は結婚の申込みを拒絶してはならないというものだった。それにより男たちが妻をたくさん手に入れようと奔走するのは当然の流れであり、あるいはそれがねらいだったのかもしれない。ボッケソン自身も一六人の妻を持ったという（そのうちのひとりは自分に逆らったという理由で公開で首をはねた）。最終的に再洗礼派の反乱は鎮圧され、ボッケソンを筆頭とする首

謀者たちは処刑された。その死体は檻に入れて、教会の塔から吊るしたという。(7)

イスラム教にもスーフィズムという神秘主義の伝統がある。イスラム教初期、苦行者がまとった毛織の白衣（スーフ）がその名の由来だ。イスラム教が東へと伝播《でんぱ》し、ペルシャを越えてさらにムガール帝国期にインドまで広がった結果、スーフィズムはイスラム教シーア派との結びつきを強めた。そこでは、演者と聴衆の両方を宗教的恍惚状態へといざなうカッワーリーという驚くべき宗教歌唱が生まれた。トルコでは、スーフィズムの流れを汲むメヴレヴィ教団のいわゆる「旋回する修行僧」が、祈りを唱えながらアッラーに思念を集中し（ジクル）、旋回舞踊（セマー）をひたすら続けるうちにトランス状態に入る。いにしえのペルシャでは、スーフィズムからロマンティックで宗教性もある詩が生まれ、ウマル・ハイヤームやジャラールッディーン・ムハンマド・バルヒー（西洋ではルーミーの名で知られる）といった傑出した詩人が輩出した。

自らの精神を通じて人智を超えた境地に到達するという考えは、世界宗教だけのものではないし、かつては教育がなされていなかったという単純な事実を反映するものでもない。東洋の信仰や宗教行為、とりわけ神秘的な洞察をもたらすとされるものに対しては、西洋は昔から関心を寄せてきた。一九世紀後半に始まった心霊主義や神智学《しんちがく》が代表例だし、一九六〇年代のヒッピーたちも東洋の宗教に強く感化され、人生の意味と悟りを求めてインドに渡り、コミューンやアシュラムと呼ばれる僧院に加わる者も多かった。ひと握りの熱烈な信者だけが知りうる、隠された知識が存在するというのがこうした運動に共通の認識だ。神智学では、精神と知性がはるかな高みに到達することによって、透視や体外離脱、超長寿など超自然的な力が備わった人を「大師（マスター）」と呼んだ。

神秘志向は、たがいに関連する二つの心理的要素から生じるようだ。ひとつは、人間の生活における霊的な側面の存在を信じたいという欲求。死はあくまで死でしかなく、生命と存在はそこで終わると思いたくない感情が根底にある。もうひとつは意識状態の変容と関係していて、トランス状態が誘因になったり、偶然のできごと（てんかんの発作など）や向精神薬などが引き金になったりする。

肉体が死んでも、生命力や霊魂のようなものが生きつづけるという考えは、普遍的とはいわないまでも広く定着している。そうした生命力は手で触れたり、直接交流できたりするわけではないので、物質世界には存在しない。だがどこか別の、霊的世界のようなところにいるはずだ。そんな信念が生まれる理由のひとつが、死に接したときの精神的な変化だ。私たちは近しい家族や友人に深い愛着を抱くため、そうした人びとを失ったときには誰もが悲嘆に暮れる。そんなとき、死者がどこかで生きていて、いつかまた会えると思うことが慰めと希望になる。そうでなければ、多くの人が死んだ家族と会話を続ける理由が説明できない。メキシコのポムチュでは、万聖節前夜、一〇月三一日の死者の日がくると、人びとは墓地から祖先の骨を取りだしてきれいに洗い、新しい服を着せて墓に戻す。「これが祖先とつながる方法なのだ」と現地の人は話す。イタリアの一部にも似たような風習が残っている。

トランス状態に入るすべも、あらゆる文化に存在するといっていいだろう。世界の四八八の部族社会を対象に行なった調査では、信仰体系に意識状態の変容が組みこまれている社会がほぼ九〇パーセントを占めていた。[8] トランス状態に入ると、精神的には現実感がありながら、自分が存在しているはずの物質世界と異なる感覚を覚える。これこそが、霊的世界が存在し、たまにそこに行くことができることを示す揺るぎなき証拠だろう。ただしこのトランスの世界では、この世にいない懐かしい人（先祖など）だけでなく、日常の世界で怖れている存在（鬼や悪霊など）にも出あってしまうのが謎であり、そこは説明が必要だろう。

トランス状態では何が起こるか

宗教的な現象を語るときに最も頻繁に出てくるのがトランスだ。トランスとは、自発的かそうでないかにかかわらず、常軌を逸した心理状態に陥ることを指す。本人は完全に覚醒しているが、外部刺激には反応せず、物質世界との関わりが消える。白日夢や、恋人に夢中になってまわりが見えない状態とよく似ている。通常の感覚はスイッチが切られているか、少なくとも極端に弱くなっている。[9] 手足や身体の激しい動きがともなうこともあるが、かならずというわけではない。たとえばヨガの瞑想のように、きわめて静穏なトランス状態も存在する（「精神の静寂」）。

臨死体験もトランス状態とよく似ている。臨死を経験したあと、「生まれかわって」宗教に目ざめることも多い。二〇〇例以上の臨死体験を分析した研究では、体験中に現われるさまざまな心理状態が明らかになっている。不死身感あるいは宿命感、自分を偉大に思う感覚、神や運命から祝福されている感覚、そして死後も存在が続く確信などである。[10] レイモンド・プリンスはこれを「全能感演出」と呼んだ。[11] 最悪の事態になってもひるむことなく、世界をわがものにできると感じるのだ。この特別な知識をみんなに伝えなければという使命感もかならずともなう。

トランスの形態とそれに入るための手法が高度に洗練されているのが、ヨガや仏教だ。いっぽうでシャーマニズム宗教では、極度の困苦、激しい運動（舞踊）、向精神性の薬物など手荒な手段が用いられる。中世カトリックの著名な神秘主義者たちは、自然発生的にトランス状態に入っていたようだ。あまりにもバラエティに富んでいるので細部にとらわれがちだが、その罠にはまる前に、一歩下がって全体像を眺めよう。これはもともと、著名なルーマニアの宗教史学者ミルチャ・エリアーデが、トランス状態の民族誌的証拠を概観する研究を行なった際に用いたアプローチだ。[12]

ボツワナとナミビアに暮らす狩猟採集民族、サン人が行なっているのは、いろんな意味でトランスの原型といえるだろう。ここでは舞踊がきっかけになる。踊るのは男で、女は手拍子と歌で伴奏を務める。多くの場合、男たちは輪になって踊りつづけ、疲労が頂点に達したところでトランスに入る。アフリカの狩猟採集民族だけでなく、ネイティブ・アメリカンや、シベリアや東アジアのシャーマニズムでも音楽がトランスを引き起こすのに使われている。西アフリカの部族文化では、かならずしも明確なトランス要素をともなわなくとも（男女の治療師が行なう儀式は別だが）、社会的、宗教的な儀式の多くで音楽と舞踊が重要な柱になっていたし、いまもそうだ。

もちろん、音楽と舞踊だけがトランスのような状態に入る方法ではない。南アジアには、瞑想をともなう儀式を用いて、トランスを誘発するさまざまな技法を試行錯誤しながら生みだしてきた長い歴史がある。その多くは呼吸を制御し、蓮華座《れんげざ》などの身体的に負担の大きい姿勢をとり、聴覚や視覚の刺激を断って自分の精神に意識を集中する。相当な修練が必要だが、一度会得《えとく》してしまえば、トランスに入るうえで絶大な効果を発揮する。また困苦もトランス状態を誘発することが知られている。シャーマニズムの祭礼では、事前に断食を行なったり、厳しい熱さや寒さに身をさらしたりする。アメリカのグレートプレーンズや中西部に住むネイティブ・アメリカンが行なうスウェット・ロッジという儀式では、断食、苦痛、暑熱の要素が含まれる。

これらの行動によって、なぜ、どのようにしてトランスに入るのか。それは第5章で詳述するとして、ここでは熟練者がトランスに入るときの状況を説明しておこう。暗い穴またはトンネルに入る感覚から始まるのは、どの部族社会でも同じである。この現象は聖なる木と結びつけられることもある（「宇宙の木」と呼ばれることが多い）[13]。強烈な光も共通の現象で、サン人はトランスに入る過程（キアと呼ばれる）を、爆発のように踊り手は宙に舞いあがると語った。感情が高ぶり、「熟したさやのように勢いよく開く」という証言もある。ヌムという精神エネルギーが「沸騰」するすさまじい熱さを感じることもあり、そのときは経験豊かな達人ですら苦痛と恐怖を覚えるという。達人の指導のもとで修行を積まないと、この心理的、身体的な重圧に対応できないとサン人は考える――シャーマニズム文化の多くに共通する見解だ。

ひとたび霊界に入れば、通常は自由に動きまわれる。ただし霊界には鬼や半人半獣、また過去に怒らせてしまった祖先がいて、霊魂が来るのを待ちかまえて、現世への帰還を阻止しようとするかもしれない。現世への帰り道は同じトンネルだが、その入り口が見つからないことは最大の恐怖だ。霊魂が切りはなされたままで、ふたたび合体できなければ、現世に残した身体は死ぬだけである。これは現実味を帯びた考えだ。トランス・ダンスは体力を使いはたすので、踊り手は意識を失って死んでしまうこともたまにあり、見物人からは踊り手が霊界に行って戻れなくなったと解釈される。ここで重要になるのが霊界の出口へと導いてくれる案内役で、たいていは善良な祖先だ――踊り手が無事に現世に戻れば、次の子孫をつくって進化のビジネスを続けてくれるから、つねに進化的な関心を抱いている彼らにしてみれば、それは自分のためでもあるのだ！

トランス状態から復帰したあとは、俗世の雑事が肩から落ちて、穏やかな心境になる。これはどの文化でも同じだ。トランスに入るための激しい運動で疲れきったからというだけではない。サン人はこの体験（「カベ」と呼ばれる）を「気分爽快でとても愉快」と表現する。「心が甘くなる」感覚は一日中続くというのだ。ヨガのように瞑想からトランスに入るときも、同じように平穏で満ちたりた気持ちになる。

実際のところ、トランスはどの程度一般的な体験なのだろう。この点はよく議論になってきた。

共通の神経作用で起こるのだから普遍的な現象にはちがいないが、その解釈に文化ごとの特徴が現われるとするトランス研究の権威もいる。これに対して、トランス状態を誘発する方法が変われば、経験内容もちがってくるという意見もある。細かい相違点はなるほど興味ぶかいが、トランスという現象の基本的な事実が変わるわけではない。トランスはトランスであり、それをどう解釈するかは当人しだいだ。

現代のキリスト教団には、トランスが特徴になっているところが多い。人類学者ジョン・デュリンは、西アフリカのガーナ沿岸のカリスマ派教会で、ファンテ族の憑依《ひょうい》体験を観察した。「聖霊が降りてくると、［異言で］話し、祈りの言葉をがなりたて、身体を痙攣《けいれん》させて倒れるというのが基本的な内容だ」とデュリンは記録している。一八世紀、ヨーロッパのプロテスタント教会で行なわれていたことそのままだ。いまでこそおとなしく座っているが、クエーカー教徒がその名で呼ばれるようになった理由もここにある（クエーカーとは「震える人」の意。かつては神秘体験の際に身体を震わせていた）。トランスなどの神秘体験は、いろんな意味で宗教的意識へと誘いやすいということだろう。

トランス状態をともなう習合型の宗教は、新世界に数多く出現した。奴隷貿易を通じてもたらされたアフリカの伝統宗教と、西欧のより格式ばった宗教が出会った結果である。たとえばブラジルには、一世紀ほど昔に「白魔術」を意味するウンバンダが誕生した。これは西アフリカ伝統の精霊信仰、正統のカトリック、フランスのカルデシズムが混ざったものだ。汎神《はんしん》論を掲げ、西アフリカ（主にヨルバ族）に起源を持つ多数の神々が、キリスト教の神や聖人と対応している。礼拝の中心はトランス・ダンスで、男女の祭司がそれぞれの神の口寄せとなって言葉を伝える。霊的存在は信者の日常生活にまで干渉してくるため、ときに一晩中続くこともある礼拝の主な役割はさまざまな神をなだめることにあり、儀式の一環として食べ物や飲み物を捧げることが多い。

シャーマンの世界

小規模な狩猟採集社会には、占い師および治療師として特別な役割を持つシャーマンがほぼかならず存在する。サン人のトランス・ダンスが共同体の者全員が参加する公開儀式であるのとは対照的に、シャーマンは特定の目的のために、しばしば対価と引き換えにその腕を求められる専門職だ。シャーマンの儀式にはトランスとともに、音楽と踊り、立ちこめる煙、一風変わった派手な挙動がともなうが、そこには演出の要素も多分にあるだろう。それゆえシャーマンはペテン師であるとか、何らかの精神疾患の患者であると言われることも多い。もしくは実際には何の効果もないのに、暗示によるプラセボ効果で患者を治してしまう、ただの幸運な治療師と決めつけられることもある。これらすべての説にはその裏づけとなる実例があるものの、すべての場合に理屈が通るような説明は見当たらない[14]。要は例外が多すぎるのだ。とりわけシャーマン自身は自らの能力を固く信じているし、シャーマンが行なう儀式のなかには、トランス状態をよそおったり患者をあざむくためだけにしては、あまりにも苦痛が大きすぎるものもある。ともかくシャーマンが何をどのように行ない、そこでどんな経験をするかは、文化や言語や部族がかけはなれていても、世界中で驚くほど似かよっている[15]。シャーマンを定義する数々の特徴は、共通の心理的基盤から発生したものにちがいない。それが何であれ、シャーマニズムは明らかに整合性のある現象だ。

シャーマンになるには長く厳しい修行が必要だ。適性のある者が修行を通じて知識と技能を身につけて、初めて治療師なり占い師として認められる。サン人の場合、修行を終えて治療師になれるのは成人男性で約半数、女性では一〇パーセントほどだという。またシャーマン養成課程があるのはまれで、各自が達人に弟子入りして実地で学んでいく。指導についていければいいが、途中で音をあげて脱落する者もいる。修行を積んで自信がついたらひとりだちするところは、昔の徒弟制度とよく似ている。

シャーマンの役割は予言と治療が中心だが、社会のいろいろな場面で助言や介入が求められることがある。狩猟や雨乞いのまじないを行なったり、出産や結婚、死に際して儀式を挙行する。経済や軍事そのほかの社会政治的なできごとで助言をしたり、魔法をかけたりすることもあり、ときにはカリスマ指導者の役目を果たすこともあった（北米の平原先住民では、ラコタ・スー族のシッティング・ブルを筆頭に多くの有名な「呪術師」がその役目を担った）。

小規模社会でのシャーマンの役割は大きく三種類に分けることができる。生活の不確実性に関連するもの（予言、治療、狩猟採集の成功）。通過儀礼および社会的現象に関連するもの（出産、死、結婚、戦争、紛争解決、雨乞い）。そして共同体運営に関連するものだ（カリスマ指導者として法的、政治的問題にたずさわる）。図1からは、最初の役割（生活の不確定要素を軽減する）が圧倒的に重要であることがわかる。対象となった社会のおよそ半数で、シャーマンが生活の儀式に関わっていたが、社会政治的な問題への関わりになると割合が大きく下がる。こちらは村長や政治的な代表者、あるいは民主的な話しあいにまかされる傾向があった。[16]

未来を予測することは、歴史が始まったときからの人類の課題だった。いまもそれは同じで、だからこそ私たちは星占いや天気予報を気にかける。未来は往々にしてでたらめで気まぐれなものだから、未来のことがわかるという者がいれば当然頼りたくなる。一度の災害であっというまに消失しかねない小さな部族社会ならなおさらだ。シャーマンの予言が的中するかどうか、病人が治るかどうかは、実際のところさほど重要ではないのかもしれない。大事なのは切迫した事態を乗りきる心がまえを持たせることなのだ。

未来を言いあてる占い師、少なくともそういう評価を得ている占い師には信奉者も多い。デルポイにあったアポロン神殿の巫女《みこ》は有名だ。巫女は月に一度、公開でトランス状態になり、助言を求める人びとに謎めいた予言を伝える。[17] 巫女は、地面の割れ目の上に腰をおろし、川から立ちのぼって神殿に流れこむ蒸気を吸ってトランスに入る。託宣《たくせん》の儀式は体力を消耗するのと、おそらく蒸気に有害物質が含まれていたせいもあって、巫女は若くして死ぬ者がほとんどだった。巫

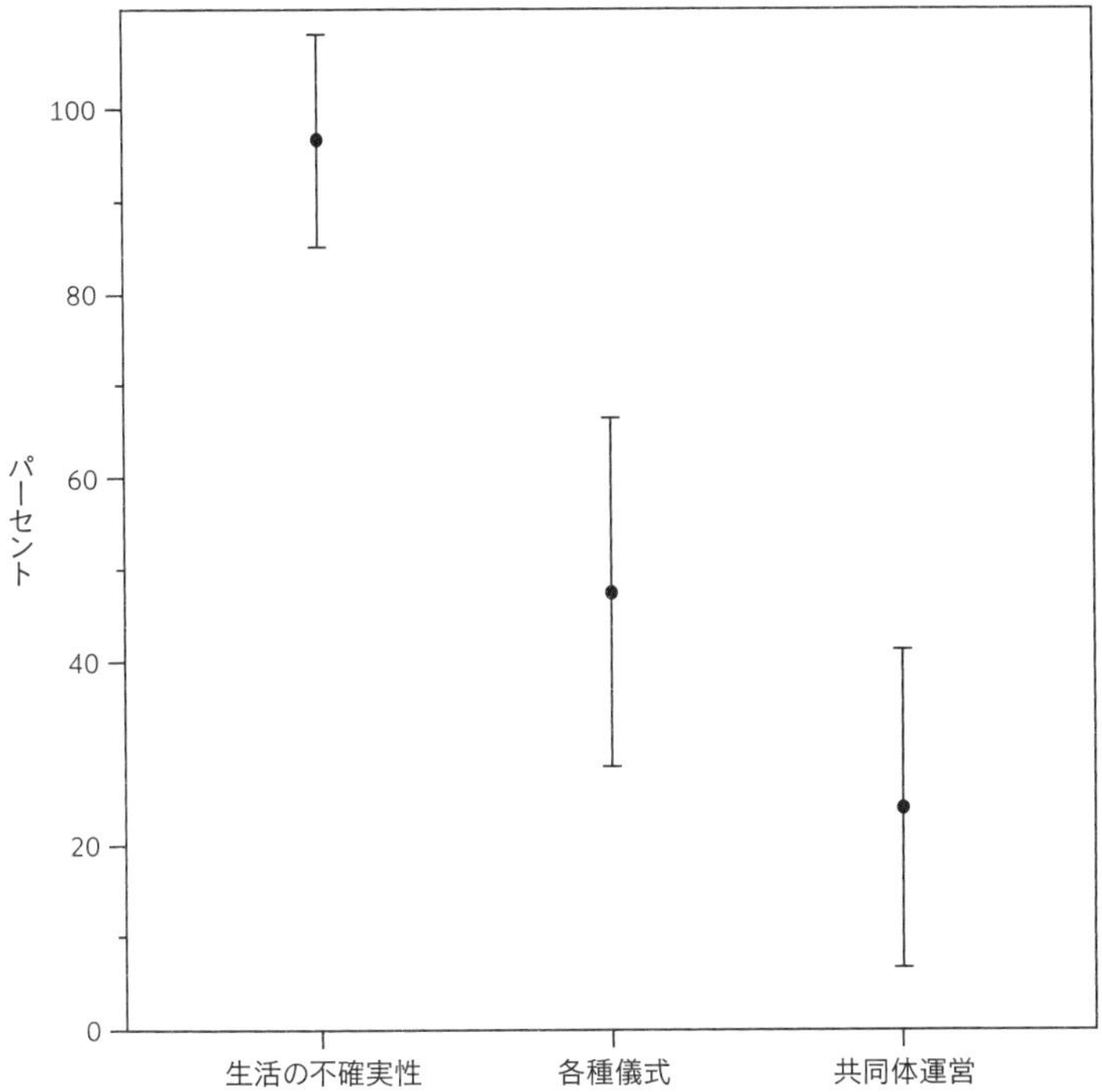

図1　生活のさまざまな場面で、シャーマンがまじないや儀式を行なう役割を担っていた小規模狩猟社会の割合の平均値（標準偏差 ±2）。出典 Manvir Singh（2018）。

女による託宣は紀元前一四〇〇年ごろに始まり、ローマ皇帝テオドシウス一世が、キリスト教化したばかりの帝国から異教徒を一掃する活動の一環として、紀元三九〇年に神殿を破壊するまで続いた。全盛期のデルポイの託宣は、正直なところ理解不能な予言が評判となり、東地中海全域から嘆願者が集まってきた。

予言は謎めいていることが重要だ。受けとる側が各自の状況に応じて解釈するので、はずれても依頼人の読みまちがいのせいにできる。その証拠に、一六世紀の医師で占星術師だったノストラダムス（ミシェル・ド・ノートルダム）の予言も不明瞭なことで有名だが、死後五世紀の時を経てもなお高い関心を集めている。

シャーマンのもうひとつの重要な役目は治療だ。世界のどの地域でも、原因が明白でない事故、病気、死に直面したとき、共同体のなかに悪霊や悪い魔術師（それもたいてい魔女）がいるからだと考える。降りかかってきた災難を自分以外のせいにしたがるのは、非常に人間らしい普遍的な反応だ（「外在化」と呼ばれる心理現象）。いまでも中南米とアメリカ合衆国南部の先住民やヒスパニック、それにアフリカの大半の地域では、病気を魔術のせいにする人が多い。一七世紀のヨーロッパ北部で魔女狩りの嵐が吹きあれたことを思えば、実際はもっと広範囲で見られる傾向だろう。スコットランドだけでも、一五九〇年から一七〇六年のあいだに約五〇〇〇人が魔女裁判にかけられ、およそ一五〇〇人が処刑された（女性が四分の三を占めていた）――当時のスコットランドの総人口は四〇万人ほどだ。成人人口でいえばおよそ四〇人にひとりが裁判にかけられた計算になる。

とりわけ伝統的な社会では、儀式による治療が根づいていた。シャーマンが行なう治療では、まずトランス状態になって病気を引きおこす霊と「面会」する。そして霊を自分の身体や動物に乗りうつらせたり、霊界に戻したりする儀式を行ない、原因を取りのぞくのだ。カラハリ砂漠のサン人の場合は、トランスの達人が身体を激しく揺らしながら、カウワディディと呼ばれる嘆きの絶叫を通じて悪霊を追いはらい、患者から病気を引きずりだして自分に取りこむ。

当然のことだが、治療師としてのシャーマンは伝統的な社会に限定されない。キリスト教では、ペンテコステ派やカリスマ派のあいだで信仰療法が一般的に行なわれる。地中海から近東の地域では、古代から「生ける聖人」や男女の聖者のもとに、幸運や多産、治癒を求める人びとが集まってきた。かのイエスも、ガダラ人にとりついた悪霊を豚の群れに乗りうつらせて、健康体に戻した――豚の群れは近くのガリラヤ湖に飛びこんで溺死《できし》した。キリスト教では、主流派を含む多くの教派で悪魔ばらいが正式な儀式として残っているが、ときに面倒事も引きおこしている。

仏教の厳格な密教の世界でも、チベットのラマ教にはシャーマニズムの流れがある。チベット仏教の起源は、中世のインド北部にいた放浪の聖者マハシッダ（大成就者）にある。彼らは、タントラの教義と儀式（歌唱と舞踊、性的儀礼、アルコールなどの向精神性物質の摂取）と仏教を融合させた。チベットではそこから発展した密教が、シベリア・シャーマニズムに独自の起源を持つ土着のボン教と混ざりあった。

天国の扉、地獄の扉

小説家オルダス・ハクスリーは、カリフォルニアで幻覚剤メスカリンを試した体験をもとに、一九五四年に『知覚の扉』『天国と地獄』という二つの短い著作を出版し、メスカリンを使えば高次元の意識に入れると考えるようになった。これをきっかけとして、一九六〇年代のカリフォルニアでカウンターカルチャーが花ひらく。メスカリンはサボテンの一種ペヨーテから抽出されるアルカロイドで、メキシコ西部の先住民は幻覚を誘発したり、治療効果を高めたり、「内なる力」を強化するために五五〇〇年以上前から使ってきた。脳内のセロトニン受容体を活性化させるので、思考が変容し、時間感覚と自己意識がゆがみ、幻覚が見える。

こうした効果を生むのは、むろんメスカリンだけではない。LSD（麦角菌《ばっかくきん》成分の誘導体）やシロシビン（二〇〇種以上のキノコに含まれる）もよく似た効果をもたらすし、天然の植物由来の幻覚剤ジメチルトリプタミン（DMT）は、先コロンブス期からアマゾンの部族がシャーマニズムの儀式で広く用いてきた。DMTを含む植物の葉を乾燥させ、火をつけて吸うこともあるが、アヤワスカという飲み物にして摂取するのが一般的だ。

一九六二年に行なわれた有名な「マーシュ礼拝堂の実験」では、聖金曜日の礼拝に参加した神学生を対象に、シロシビンとプラセボ（無害なビタミン剤を使用）のどちらかを投与した。(18) シロシビンを投与された学生は、礼拝中に深遠な宗教体験をしたと報告しており、なかにはかつてないほど強烈だったとあとで語った者もいた。この実験はその後少なくとも二回実施されている。シロシビンのような天然由来の幻覚剤は、効果が出るのが早く、しかも長時間続くのが利点だ。譫妄《せんもう》に陥る危険もあるが、経験豊かな指導者がしっかり監督すれば、有害な副作用が長びくことはあまりない。

シャーマンの儀式や幻覚の誘発に向精神性物質を使う慣行には長い歴史がある。「聖なる薬草」をひとつかみ火にくべて煙をおこす光景は、シャーマニズムではおなじみのものだ。キリスト教や、古代ユダヤ教の礼拝(19)でも、香はさかんに焚かれていた。ネイティブ・アメリカンは、祈りは煙に乗って空の聖霊に届くと信じており、聖俗どちらの儀式でも喫煙が行なわれていた。紀元前一五〇〇年のヒンドゥー教の聖典ヴェーダには、大麻《たいま》（大麻草の抽出物）の煙を吸う、あるいは食する記述が見られ、憂いから解放してくれる五種類の植物のひとつに数えられている。今日のヒンドゥー教でも儀式で使われ、サドゥー（修行者）やヨガ行者は瞑想の助けに用いるので、捧げ物として提供されることも多い。仏教の経典では酩酊《めいてい》を招くものは禁じられているが、ヒマラヤの一部のタントラ教団は瞑想体験を高めるためにやはり大麻を使う。そして当然現代のラスタファアリ運動〔一九三〇年代にジャマイカで始まった社会宗教運動〕では、宗教的な礼拝で大麻が重要な役割を果たす。

古代中国の占い師や魔術師も大麻を用いていた（大麻は新石器時代から栽培されており、タリム盆地で発掘された紀元前一八〇〇年の墓から副葬品として出土している）。中央アジアでは紀元前五世紀の墓から、またエジプトの歴代ファラオ（とくにラムセス二世）の副葬品として、さらに地中海東岸全域の遺跡でも大麻が見つかった。アッシリア帝国統治下のバビロンの神殿では大麻を燃やし、その匂いが神々を喜ばせるとされていた。古代ヘブライ人も大麻を燃やした。古代ギリシャの歴史家ヘロドトスは、ヨーロッパ東端のユーラシアステップに暮らすスキタイ人とトラキア人が、社会的・宗教的な目的で大麻を使っていたと記している。近隣地域に暮らしていたダキア人も、紀元前一千年紀に大麻を使ったシャーマニズム的な祭儀を行なっており、その信者はギリシャ人からカプノバタイ（「煙のなかを歩く人」を意味する）と呼ばれた。古代の北欧では、愛の女神フレイヤを称える性的な宗教儀式で大麻を使った。イスラム教スーフィズムの一部の教団も、礼拝に際して大麻を使用した。

　向精神性物質の多くには医学的な有効性があり、薬としても広く使われた。大麻は気分を高揚させて不安をやわらげることから、古代中国では外科手術の麻酔や便秘治療に用いられている。中東では古代からイスラム時代を通じて、大麻はてんかん、炎症、熱の治療薬だった。アヘンも同様に中東で薬として使われており、大麻とともに五世紀ごろイスラム商人が中国[20]とインドに伝えた。アヘンは麻酔薬、治療薬として古代の医学書にたびたび登場する。ヨーロッパでも二〇世紀前半まで神経症の治療薬として推奨されていた。シャーマンが治療師として評価を得ていたのは、ひとつにはこれらの向精神性物質に薬効があったからだろう。とくに従来の治療法では改善しない心理面の病態には効果があったはずだ。とはいえやはり本来の目的は、神々と直接交わるために意識状態を変性させることである。

＊　＊　＊

シャーマンの活動を正当化したり、彼らの主張の信頼性を検証したりすることが、この章の目的ではない。霊的世界への信仰（神秘志向）は遠い昔から存在し、現代の世界でも広く認められるが、その根底にあるものを明らかにすることがねらいだった。神秘志向が私たちの心から引きだすのは、言葉では説明しがたい圧倒的な「生身の感情」だ。向精神性物質の助けを借りるかどうかはともかく、強烈な感情を呼びおこすこの神秘的要素は、どれだけ洗練された宗教であっても、すべての宗教行動の土台となっていると私は考える。それは信仰心の原動力であり、それゆえ宗教的な経験から生じるあらゆることに生彩を与える。ここを出発点として、以降の章で議論を展開していきたい。

第3章　信じる者はなぜ救われるのか？

第1章で述べたように、進化論重視の傾向が強い研究者は、宗教的信念、ひいては宗教それ自体が、しごく正当な進化的理由で存在する心理機構の非適応副産物だと主張してきた。この考えにはあながち根拠がないわけではない(1)。人間の生物学的、心理学的側面には、まことに正当な理由を持つ進化の思わぬ副産物として出現し、非適応的特徴を強く残しているものがたくさん存在するのだ。とはいえ宗教のように時間と感情とお金を浪費するものが、完全に非適応的で何の役割も持たないというのはありえないように思える。さすがに進化はそこまで非効率ではない。宗教には何かメリットがあるはずだ。

宗教は私たちに何をしてくれるのだろう？

この疑問に対して、過去一世紀のあいだ多くの研究者が答えを提案してきた。それは大きく五つのテーマに分類することができる。

・宗教は原始的な科学の一形態である。
・宗教は医学的介入の一形態である。
・宗教は協力の強制手段である。
・宗教は政治的抑圧の仕組みである（カール・マルクスの言葉を借りれば民衆のアヘンだ）。
・宗教は共同体結束の仕組みである。

どの説にも熱心な支持者がおり、どの説も中心的な提唱者が語るともっともらしく聞こえる。おそらくどの主張も、少なくとも部分的には真実だろう（つまり裏づけがある）。だが、ほとんどの人がそうするように、進化の原動力として個人レベルの直接的な利益にのみ焦点を当てると、最も根本的な生物学的視点が抜けおちてしまう。とはいえ、まずは五つの古典的な説を三つに振りわけて、それぞれの根拠にざっと触れておこう。個人レベルの利益をもたらすもの（世界を説明する手段としての宗教、医学的介入手段としての宗教）、社会レベルの利益をもたらすもの（正しい行動をさせるための宗教、上層部の利益のために大衆を抑圧するための宗教）、そして共同体結束の仕組みとしての宗教である。

個人レベルの利益

宗教は世界に統一された枠組みを与えるものだとよくいわれる。宗教を通じて世界を理解することで、その不安定さを制御でき、私たちはうまく暮らしていくことができる。自然は予測がつかない。とくに陸地は気候に左右されやすい。地球が誕生して以来、生命進化をうながす最も重要な要因は気候の不安定さだった。気候変動は洪水や旱魃《かんばつ》、高潮、落雷を引きおこし、凶作の原因となり、生態系を破壊して食用になる動植物を消滅させる。そのうえ、捕食動物、伝染病と病原体、有毒な植物、ほかの人間の襲撃など、さらに致命的なできごとにいつ遭遇するかもわからない。自然界のあちこちに（いまも）潜む邪悪な霊も恐ろしい。

この点、伝統的な宗教は予言を行なったり、お守りをつくったりして、自然災害に対抗する重要な役割を果たしている。たとえば利害がとても大きいできごと（たとえば生死に関わるようなこと）や、不確実なこと（雨が降るかどうか、生まれる子どもが男か女か）ほど、人びとはシャーマンや宗教組織、さらにはただの迷信にまで頼る傾向がある。人類学者ブロニスロウ・マリノフスキーは、第一次世界大戦中にメラネシアのトロブリアンド諸島で調査を行なっていたとき、漁師がまじないをするのは遠洋で漁をするときだけで、環礁《かんしょう》内ではやらないことに気づいた。遠洋での漁は先が読めず、生命が危険にさらされるが、近海での漁はほぼ安全だからだ。

ヨーロッパの教会の多くは、十字軍の遠征から戻ったら、あるいは冒険に成功したら教会や教団を設立すると誓いを立てた中世の騎士によってつくられた。紀元六五五年のウィンウェッドの戦いでは、アングロサクソン七王国のひとつ、イングランド北東部に位置するバーニシア王国のキリスト教徒の王であるオスウィ王が、イングランド最後の異教徒の王であるマーシア王国のペンダ王との対決を控えて、もし勝ったら娘を修道院に入れ、一二の地所に修道院を建設すると誓った。この願かけは効果絶大だった。オスウィ王はみごと勝利して、イングランドのキリスト教化完遂への道をひらいたのだった。

だが願かけはいつも成功するわけではない。一三四〇年代にヨーロッパを黒死病が襲ったときは、社会全体が良きキリスト教徒の務めを果たせなかった神罰であると多くの人びとが考えた。そこで鞭打《むちうち》苦行者として知られる悔悛者《かいしゅんしゃ》の一団が町から町へと渡り歩き、賛美歌を歌いながら自らを鞭で打ち、神の許しを乞うた。けれども彼らが町や村に病気を広めて歩くので、ついには多くの町が門を閉じて悔悛者を拒絶するようになった。

時代が下っても、部族社会は侵略者や自然災害に打ちかつためにまじないに頼った。最も有名な例は一八九〇年にサウスダコタ州で起きたウンデッド・ニー虐殺事件だろう。ネイティブ・アメリカンであるラコタ・スー族はパイユート族の宗教家ウォヴォカに、伝統のゴースト・ダンスを踊れば白人植民者が出ていくと説かれた。儀式の踊りで使うゴースト・シャツを着れば、その霊力は弾丸を通さず、かならず勝利するというのである。彼らはウンデッド・ニーで第七騎兵隊と対峙《たいじ》したが、悲しいかなこの策は当然失敗に終わり、女性と子どもを含む三〇〇人近くが殺さ

れた。(2)

一九〇五〜〇七年にも、ドイツ領だったタンガニーカ南部（現在のタンザニア大陸部）で同じような事件が発生している。呪術医キンジキティレ・ングワレが、ドイツ軍の弾丸を水（スワヒリ語でマジ）に変える秘薬があるといい、宗主国に対して反旗をひるがえすよう地域の部族に呼びかけたマジ・マジの反乱だ。(3)現地民はこの秘薬（正体は水とひまし油と雑穀を混ぜたもの）を飲み、「マジ、マジ！」と叫んで戦いに赴いた。迎え撃つのはドイツ植民地政府によって訓練された現地民の軍隊で、いうまでもなくこのまじないは、彼らの近代的な兵器の前では何の役にも立たなかった。

一八五六年に南アフリカの東ケープ州で起きた事件はさらに悲惨だった。現地民のコサ人はヨーロッパの侵略におびえ、牛肺疫《ぎゅうはいえき》の流行で家畜も減るいっぽうだった。そのとき一六歳の預言者ノンガウセが、すべての牛を殺し、作物を焼きはらうよう説き伏せた。(4)そうすれば災厄は終わるというお告げを二人の先祖から受けたという。牛肺疫は早い段階で収束し、影響も限定的だったが、それは大規模に行なわれた牛殺しのおかげだろう（今日でも牛の口蹄疫《こうていえき》が発生したら殺処分で対応する）。けれども作物を焼いてしまったために食料難に陥り、住民の四分の三が自ら招いた飢饉《ききん》で死亡した。こうしてひとつの文化が永久に失われたのである。

宗教は個人の健康にも利益をもたらすとされる。神が私たちの面倒を見てくれるという考えは、現代の宗教にも根づいており、イスラム教では「インシャラー（神のご意志なら）」という言いまわしが多用される。キリスト教やほかの世界宗教でも、人びとは病気の快癒から商売繁盛まであらゆることを祈り、お供えをして、あげくに自分のために祈ってくれと赤の他人に伝言を残したりもする。

この世界で起きること、なかでも悪いことは、見えない力が働いたせいだ——そんな信念は時代と文化の区別なく、さらには今日でさえ広く見られる。多くの宗教儀式はたしかに特定の病気や症状に効くが、それはプラセボ効果であったり、呪術医が与える薬草や植物に実際に薬効があったりするためだ。最後の点に関していえば、そんなに驚くようなことではない。相互関係を見つけだすのは人間の得意技だし、野生のチンパンジーでさえ虫くだしになる薬草を選んで食べることを学んでいる。[5] 効くかどうかを見極めるのに科学的な理由を知る必要はないわけで、そこに宗教的な説明が入りこむ。

シャーマンや呪医が行なう治療は、毎回でなくとも効果が出ないと腕が疑われる。ではどのくらいなら認めてもらえるだろうか？　アンデス山脈のケチュア族を調査したある研究によれば、伝統的な治療師が精神疾患患者を正しく識別できた割合は、約六五パーセントだったという。[6] 世界のどこでも、シャーマンが治療にあたるのは大多数が精神疾患だ。[7] 診断が容易であることに加え（私たちにもなじみ深いものが多い）、専門的な技能が求められる身体的な疾病よりとっつきやすいのだろう。とくに心因性の病状では、プラセボ効果も大いに期待できる。

また一般的な傾向として、宗教を信仰する人は幸福で、人生に満足していることがわかっている。このことは一世紀以上も前にウィリアム・ジェイムズによって初めて指摘されており、その根拠についてはあとで詳述しよう。信仰に積極的な人は、そうでない人より健康であることも確かめられている。アメリカ人の成人二万一〇〇〇人を対象に行なった調査で、宗教礼拝に一度も出席したことがない人は、最低でも週に一度は礼拝に行く人よりも、八年間の追跡期間中に死亡するリスクが一・九倍も高かったのだ。(8) 過去の四二件の研究でメタ分析を行なった研究もある。合計一二万六〇〇〇人の対象者のうち、宗教に積極的に関与する人は、一度も教会に行ったことがない人にくらべて、追跡期間内に生存している確率は二六パーセントも高かった。社会人口学的な変数や持病を加味したうえでの結果である。(9)

つまり進化関連でよく見られる主張とは逆に、宗教を積極的に信仰することが個人レベルでの利益をもたらすことには明らかな証拠があり、ひいては個人の適応度にも直接的な効果がある可能性が高い。シャーマンや聖人の介入を通じた間接的な効果よりも、宗教が健康にもたらす直接的な効果のほうが、その証拠はより確かなはずだ。もちろん宗教の自己宣伝どおりに効果があるかどうかは問題ではない。重要なのは効くかどうかだ。たとえそれがプラセボ効果であったとしても。

社会レベルの利益

人間社会は基本的に社会契約で成りたっている。いっしょに暮らして生存と生殖の負担を分けあいましょうという契約だ。そうすることで、「全体は部分の総和に勝る」効果の恩恵にあずかる。あなたの畑の刈りいれを手伝うから、私の畑のときも手伝っておくれ。親切に対して親切が返ってくるかぎり発展の方程式は崩れず、人びとはそれに沿った行動を選択する。

しかし問題もある。ダーウィン進化論の世界では、利他的行動はつねに利用される危険がともなうのだ――こっちは犠牲を払って助けてやったのに、お返しがないじゃないか。つまり相手は利他的行動から得た利益と、浮いた返礼分で利益が二倍になり、こちらは損失が二倍になる（相手を助けた損失と、受けとれなかった返礼分だ）。ほかの条件が同一であれば、利他的行動をうながす遺伝子は淘汰《とうた》され、利己的行動の遺伝子だけが残り、あっというまに利己的な個体だらけになる。この種のフリーライド（ただ乗り）問題は、すべての社会的な種が抱える永遠の課題だ。フリーライドが横行すると社会の結束は劇的に弱まり、ひいては共同体をつくった意味が薄れる。この問題から自分を守るには、利他的に接する相手を本当に信頼できる数名に限定するしかない。つまり、少しでもフリーライダーが紛れこんだ共同体は、たちまち利己的な個人に支配されるか、もしくは内向きの小集団に分裂することになる。

人間が生まれつき向社会的でないことも問題だ。これは私たちが聖俗双方の権威や家族から圧力を受けていないと、社会の義務を果たそうとしないことからも明らかだ。子どもにはおもちゃを独り占めしないこと、おとなには社会的に合意されたルールに則り行動することを繰りかえし教えなくてはならないのだ。現実には、社会的、宗教的に諭されないかぎり、向社会的な行動（助けの手を差しのべるなどの利他的行動）の対象は、ごく近い家族や友人に限られる。[10]「内輪の集団」に属する何百人かの家族や友人に対しては、見返りを求めることなく援助するが、その集団をはずれた相手には、返礼の約束や交換条件を明確にしないかぎり援助しない。このことは民族誌学の多数の研究で確認されている。[11] とくに超大型共同体での生活は、ほかの構成員とのやりとりにおいて寛大さ——最低でも中立性——を強く要求するようになった。そうしないと犯罪や義務の不履行が、共同体をつなぎとめる脆弱な結束を引き裂いてしまうのだ。

この問題をくわしく調べるために行なわれてきたのが、「公共財のジレンマ」と呼ばれる実験だ。[12] 参加者が手持ちの金をゲームに投資すると、掛け金が増えて戻ってくる。戻ってきた金は各人の投資額に関係なく全員で等分する。望ましいのは全員が手持ちを全額出すことで、そうすれば儲けは最大になる。にもかかわらず、行動経済学や進化生物学の分野で行なわれた無数の実験では、ゲームを繰りかえすうちに参加者はかならず投資を最少額に減らしていた。フリーライドされるのを嫌ってリスク回避の道を選ぶのだろう。

だが私たちは、相手が赤の他人であっても、協力したり、寛大な態度で接することがある。これに関しては数十年にわたって実験と研究が行なわれているが、経済学と進化生物学のどちらの観点からも、納得できる説明はまだない。そんななかでも最も有力なのは、評判と懲罰、二つのメカニズムのどちらかが働いているという説だ。私たちはおたがいの行動をつねに監視している。相手がどれだけ支援してくれたかも覚えていて、自分が手助けする立場になったときは、信頼できる相手を選んで支援する。たしかにこれでうまくいくこともあるが、完璧な解決策とはいえない。なぜなら目に見えないところで相手が何をしでかしているか見当もつかないからだ。人間はこの制約を克服するためにうわさ話をする。いただけない行動の現場にあなたが立ちあっていなくても、あとでご注進が入る。

少なくとも経済実験の観点からは、人びとには裏切り者を罰する許可を与えるほうがうまくいくだろう。たとえフリーライダーを罰するのに費用がかかっても、喜んで払う者はかならずおり、事実それがフリーライドの抑止になる。だがこれにしても、「利他的な罰」の問題が浮かびあがる。もしひとりが利己的な者を罰するのに進んで金を払い、その者の行動が改善された場合、ほかの者は一銭も払わずしてその恩恵を受け、たったひとりで全額負担することになる。なぜそんなことをわざわざする必要があるのか。こうしてすぐさま出口のない悪循環にはまり、誰も協力したがらない状況に逆もどりする。

このジレンマを解決してくれそうなのが、「高みから道徳を説く神(13)」を設定して、すべてお見通しの警官のような役目を果たしてもらうことだ。人間には見えないようなときでも神にはすべて見えているので、脅威としては効果ばつぐんだ。神がいなかった(あるいは、自分の社《やしろ》のお供えにしか興味のない小さな神々だけだった）状態から切りかわって、高みから道徳を説く全知全能の神が人間の営みに関心を向け、道をはずれた者を罰するようになった理由も、これで説明できる。

ある研究では、独自の文化や歴史を持つ一八六の社会の標準異文化間サンプルをもとに、一〇〇〇以上の変数を用いてこの説明が有効かどうかを検証している。それによると、高みから道徳を説く神がいる社会は、納税や金の貸し借りをいとわず、警察力や裏切り者への世俗的制裁を容認する傾向があった。そのいっぽう、高みから道徳を説く神を信じることが部族全体の規模や個人が生活する共同体（村や狩猟集団）の規模、あるいは近隣集団や共同体内部で紛争が発生する頻度と関連することを示す証拠はなかった――ほかの研究者によって示唆されてはいたものの。[14]

宗教に積極的な人ほど利他的行動への意欲が高い傾向があり、これには多くの裏づけがある。最近のある研究では、実験経済学でよく用いられる信頼ゲームを使って、宗教的な人はそうでない人より寛大で、他者を信用するかどうか調べてみた。信頼ゲームには送り手と受け手という二つの役割がある。送り手には金銭が与えられ、そのうちいくらかを受け手に渡す決まりだ。実験者は、送り手が決めた金額を三倍にして受け手に渡し、そしてお返しにいくら送り手に金を渡すつもりかたずねる。送り手が全額を渡し、三倍になった金を受け手が送り手と山わけすれば、双方の利益は最大になる。だがこのゲームは一回かぎりだから、受け手にとっての最善の策は受けとった金を全額独り占めするか、はした金を返すことだ。つまり相手への信頼が問われるゲームなのだ。実験では、自分が宗教的だと自認する人が送り手になると、そうでない人より多くの金を渡す傾向にあり、受け手も宗教的だとさらに金額が増えた。信仰心は人物保証の役割を果たしているようだ。(15)

こんな実験もある。イスラエルで同じキブツ（生産共同体）に属する二名に現金の入った封筒を示し、ここからいくら取るか個別に質問する。たがいに相手が誰かはわからない。取った金額の合計が封筒の中身を超えたら、二人とも金はもらえないという条件がつく。(16) 宗教色が濃いキブツの構成員（当然信仰心が強いと思われる）は、世俗的なキブツの構成員よりも、封筒から取る金額は少なかった。この結果は男性の行動によるところが大きい。この実験では、（少なくともシナゴーグに通う頻度で考えると）女性より男性のほうが信仰心が強く、男性でも信仰心がより強い人のほうが、封筒から取る金額が少なかったのだ。対して女性は、信仰心の強さは金額に影響しなかった。また共同食堂での食事といった世俗的なイベントも、男女ともにほとんど影響を与えなかった。この実験からは、宗教儀式に定期的に参加することで、（こうした経済ゲームのみならず、日常生活でも明らかに女性より寛大さに欠ける）男性が向社会的になることがうかがえる。できればもっと欲しいけど何ももらえないよりはまし、ということなのだろう。

もうひとつ実験を紹介しよう。一五の部族社会や都市部の社会で、二人組になった被験者に三種類の経済ゲームのうちひとつをやってもらった。独裁者ゲーム、最後通牒《さいごつうちょう》ゲーム、それに懲罰付き最後通牒ゲームである。独裁者ゲームは、いっぽうが相手に渡す金額を決めてしまうもので、基本的な寛大さや向社会性がわかる。最後通牒ゲームは、ひとりが金額を決めるが、それが少なすぎると思ったら相手は拒否できる。人間関係における公平性の判断基準を探るものだ。懲罰付き最後通牒ゲームでは第三者が登場し、金額がケチすぎると思ったら金を出して支払者を罰することができる。これは社会における公平性の判断基準を知る手がかりになる。この実験では、市場経済に組みこまれている社会ほど、金は等分される傾向にあることが明らかになった。また社会の規模が大きくなるほど、最後通牒ゲームで拒否権が発動され、懲罰付き最後通牒ゲームでは第三者が罰を与える可能性が高くなった。さらに興味ぶかい事実もわかった。懲罰付きのゲームは別として、教義宗教（この実験ではキリスト教か仏教のどちらか）を信仰する人は、無宗教もしくは部族的なシャーマニズム宗教を信仰する人よりも、公平に等分する傾向があったのだ[17]。

だがこの結果に飛びつくのはまだ早い。実験結果は慎重に解釈すべきだ。この種の実験の多くは、プライミングによって設計されている。プライミングとは心理学の用語で、被験者を無意識のうちに特定の心理状態に置くものだ。たとえば宗教的、あるいは世俗的なテーマの文章を書かせたり、祈りの文句、あるいはただの童謡を唱えさせたりすることで、宗教的、あるいは世俗的な感情が呼びおこされる。宗教的、非宗教的プライミングを用いた二五の実験研究（被験者は合計五〇〇〇人近い）を分析したところ、相反する結果が出た[18]。宗教的プライミングは多くの利他的行動を引きだしてはいるが、有意な効果がはっきり認められたのは二五件の研究のうち九件だけで、逆に負の効果が認められた（宗教的プライミングで利他的行動が減少した）研究も五件あったのだ。宗教的プライミングが、もともと宗教的な人をさらに利他的にするのかどうかははっきりしない。仮にそうだとしても、効果はささやかなものだ。この結論は、最近の数多くの実験研究やレビュー論文で支持されている。[19]

それでも宗教が必要とされるようになった背景には、協力行動の利益があったのだろう。社会を正しい状態に保つことで屋台骨を守り、社会生活ならではのさまざまな利益も提供する。八七か国を対象に異文化データ分析を行なった研究を見ると、神の存在、死後に受ける賞罰の可能性をどの程度信じるかで、現世での道徳違反への態度も変わってくることがわかる。[20] ここでの道徳違反とは、他人の車を傷つけて黙っている、自己利益のために嘘をつく、不倫をする、酒を飲んで車を運転するといったことだ。文化や宗派や教育程度が同じであっても、神を信じると明言する人ほど、道徳違反は非難されるべきだと考える傾向にあった。これと同じ傾向は、天国と地獄を信じる人や人格神を信じる人を、より普遍的な霊的存在を信じる人と比較しても見られた。漠然とした超自然の存在よりも、人格神からのほうが行動を見張られている感覚があるのだろう。

いっぽう、大規模な民族誌的異文化サンプルを使った別のデータ分析では、超自然的な懲罰への恐怖と、超自然的な存在や（超自然の作用を引きおこす存在としての）魔女や魔術師がどれだけ信じられているかのあいだに相関関係は見られなかった。また超自然的な懲罰への恐怖と、典型的な共同体規模には関連があると示唆されていたが、実際に分析すると一貫した関係は認められなかった。[21] 最初の仮説で想定していた以上に、複雑な現象なのかもしれない。

魔女裁判に関しても同様に、治安維持の役目があったという指摘がある。魔女の疑いで告発されるのは、ほとんどの場合擁護してくれる親族もいない老女だった。彼女たちの運命は共同体の人びとを震えあがらせ、道徳規範からはずれないようにさせる効果があった。一六九二〜九三年のセーレムの魔女裁判は、アメリカ合衆国初期の歴史を象徴する事件であり、ひとたび生じた魔女疑惑に共同体がいかに染まりやすいかを物語っている。[22] マサチューセッツ州の片田舎の小さな村で、二〇〇人の村人が、一〇代の少女たちの話をうのみにした捜査判事に呼びだされた。このうち三〇人が有罪を宣告され、二五人が処刑されるか、刑の執行前に獄死した（残る五人は裁判がいちばん遅かったおかげで、翌年判決が取りけされた）。その多くは年配の女性で、裁判にとまどい、自分の立場を弁護することもできなかった。折りしも村では面倒なもめごとが重なり、同時にマサチューセッツのピューリタン植民地では対外的な脅威もくすぶっていて、信仰の規律をいま一度徹底させる必要に迫られていた。北アメリカ史で最も悲惨な戦い（人口ひとり当たりの犠牲者という意味で）となったフィリップ王戦争の記憶はまだ新しかったし、カナダでのフランスとの摩擦は半世紀にわたり、一六八九年にウィリアム王戦争が勃発したばかりだった。

同様の例は世界中どこにでもある。ニューギニア島のゲブシ族における殺人では、犠牲者の八〇パーセントが魔術師として告発されていた。[23] 魔術師は怖れられる存在で、不可解な死や負傷、病気、事故はしばしば魔術師のせいにされる。このように魔女や魔術師の告発は、不穏な人物を始末したり、恨みを晴らしたりする手段でもあった。

宗教は民衆のアヘンだというマルクスの有名な言葉は、この節の見出し（「社会レベルの利益」）の第二の可能性を示唆している――手に負えない大衆をおとなしくさせるために、支配層がこしらえたというものだ。だから宗教が大衆に説くのは、支配層に都合のいい行動だ。「汝、盗むなかれ」はすべての者がおたがいに盗みを働いてはならないということではなく、領主の土地を耕す農民だけが対象なのである。これがほんとうなら、宗教は社会の規則にそむいた者の末路を見せつける、脅しの道具ということになる。たしかに、説教には地獄の責め苦を織りこんだほうが効果的だ。

この説は、宗教と世俗権力ががっちり手を組む特殊なケースを説明しうるものかもしれない。たとえばファラオが支配していた古代エジプト王国や、歴代の皇帝が自ら神になろうとしたときのローマ帝国がそうだし、アステカ、中世後期のイスラム帝国、さらには神聖ローマ帝国、スペイン帝国も入るだろう。だがオスマン帝国や大英帝国など、圧倒的な政治力を誇る多くの大国は鷹揚《おうよう》にも信教の自由を認めており、後者などは植民地の文化を保護する観点から、自由な信仰を奨励さえしていた。さらに重要なのは、宗教、とくに新しい宗教は、底辺から発展していくということだ。宗教の始まりは貧困にあえぐ虐げられた大衆からであって、支配層ではない。

つまりこの説は、宗教が発展していく一般的な説明としては成りたたない。大衆のなかに宗教的な素因があれば話は別だが、支配者が大衆に宗教心を植えつけ、規則に従わせることはできない。表向きは黙従するかもしれないが、悪いことをしないのは取り締まりが怖いからであって、信仰心からではない。いずれ大衆は反旗をひるがえす。言いかえれば、国家が宗教心を利用するには宗教心は国家の成立に先だって生まれている必要があり、国家（あるいは支配層）の利益のために宗教的傾向が生じることなど起こりえないのである。

それでも国家や支配層の影響力を強化するために、国があとから宗教儀式を取りこむことはある。国に逆らったらどうなるかを示すことは、服従をうながす強烈なメッセージになる。人身供犠《じんしんくぎ》もその一例だ。人身供犠を行なっていた社会の多くは階層構造を持ち、頂点に君臨する少数が大衆を支配して、中間層が執行部隊となっていた。アステカが典型例だ。歴史資料によると、一四八七年にテノチティトランの大ピラミッドを再奉納した際には、八万人の囚人が生贄《いけにえ》にされたという。仮にこの数字が誇張されたものだったとしても、アステカでは大小の儀式で定期的に大量の人身供犠を行なっていたことがわかっている。犠牲者の多くは戦争捕虜だったが、犯罪者、奴隷、妾《めかけ》（偉大な指導者の埋葬時はとくに）のほか、子どもを含めた社会の構成員から無作為に選ばれることもあった。神をなだめるためというのが建前だが、供犠の光景は強烈な印象を与え、大衆は政治的、社会的な一線を踏みはずさないよう心したにちがいない。

神をなだめるために人間を生贄にする儀式は、カナダ北極圏、中南米、オーストロネシア、アラビア、アフリカ、インド、中国、日本の歴史資料に記載がある。禁忌を破った罰として生贄にされる慣習は、少なくともオーストロネシアには存在した。オーストロネシアの九三の文化を対象にした調査では、人身供犠の存在は階層社会と強い関連があった（太平洋のハワイとタヒチ、ボルネオのガジュ族、ミャンマーのカヤン族）のに対し、平等社会（ジャワ島のオンロン族、パプアニューギニアのメケオ族）ではほとんど見られなかった(24)。以上から二つの重要な結論が得られる。ひとたび社会が供犠を行なうようになったら、その社会は階層化される可能性が非常に高い。そしてひとたび供犠をともなう階層化を遂げた社会では、この社会構造が崩れることはまずない。

要するに大衆に恐怖を与えることは、支配層にとって都合がよいのだ。それがあまりに不当であれば、不満が蓄積して将来は反乱になるが。ともかく、支配者はあらかじめ存在する宗教的な傾向にこうした目的からつけこんでいるのであって、自らの存在を正当化するために宗教を発明したのではないようだ。言いかえれば、こうした社会的な利点は、進化がもたらした絶好の機会であり（すでに醸成されている宗教的感情につけこむさらなる方法）、宗教に進化をもたらした要因、というわけではないようだ。

「社会レベルの利益」のもうひとつの可能性は、宗教は余剰人口、とくに若い男性を吸収する手段だという説だ。チベットにめずらしい実例を見ることができる。チベットでは一妻多夫制の伝統があり、男兄弟全員がひとりの女性を妻にして、畑を受けついでいた(25)。これは世代交代のときに兄弟間で畑が分割されるのを防ぐためで、農作に適した土地が乏しく、土質もやせている高地ならではの知恵だった。兄弟がひとりの妻を共有して一家族となれば、畑をそのまま次の世代に残すことができるのだ。この方法が機能していたのは、結婚の時点で男兄弟は上が二〇代前半から下は五歳と年齢に幅があり、性的な利害衝突が最小限ですんだからだ。兄弟は上から順番に妻と性的な関係をもつ夫となっていくのである。だが、上の兄弟の年齢が近いことも往々にしてある。その場合は、次男がまだ八、九歳のときに地元の僧院に入れる。そうすれば、結婚年齢になるころには僧侶としての人生を確立しているというわけだ[26]。さだめし家族を精神的に支えるというのがこの文化での正当化の方法だろう。みんなが食べていくためには、背に腹は代えられない。

一九世紀後半のアイルランドの農家にも同じような慣習があった。平均を超える数の男子が生まれた家では、農地がこまぎれにならないよう、年少の男子は近くの神学校に入れて、カトリックの司祭にしていた[27]。司祭は生涯独身を貫くため、農地相続をめぐる争いを避けるねらいがあったのだろう[28]。また一八～一九世紀のイギリスでは、貴族や裕福な中産階級も同じようなことをやっていた。長男が財産を相続し、次男は軍隊に入り、三男は聖職者をめざす。適性の有無は関係ない。この時代の牧師館が立派なのはそのためだ。牧師の妻も同じ階級の出身だから、相応の住まいを期待していたのである。

これと正反対だったのが、一五～一六世紀のポルトガル貴族だ。娘が多く生まれすぎると、全員には結婚相手を見つけられないおそれがあった。とくに自分たちより社会階級の低い相手とは結婚することが許されなかったからだ。その場合、下の妹たちは女子修道院に入る。娘たちの苦しみをやわらげるために、持参金と「キリストの花嫁」なる称号も与えられた。すでに結婚している姉が死亡すると、妹は修道誓願を取りさげて世俗に戻り、亡くなった姉の夫の新たな妻となる取り決めだった[29]。

このような例からは、宗教が持つ興味ぶかい社会的価値が見えてくる。ただ、やはり宗教がすでに存在していることが前提であり、これが宗教発展の要因ということではない。それにこの説があてはまるのは、経済的もしくは社会的な利益が明らかにあり、地域の宗教が適切な仕組み（僧院での独身生活など）を用意できる、ごくわずかな場合に限られる。つまり社会（あるいは個々の家族）が、宗教を上手に利用した例と考えるほうがよさそうだ。

コミュニタスとコミットメント——共同体の結束

上から力で押さえれば、大衆は行儀が良くなる（少なくとも支配層に都合の良い形で）。だが、押さえつけられる側も何とかして裏をかこうとするから、やがてほころびが生じる。これとは対照的に、共同体の構成員が自発的に関わって生まれた気風は、少々のことでは揺るがない。誰かに命じられたのではなく、自身がそうしたいと思っているからだ。

まさにそういう意味で、宗教儀式を責任表明ととらえる研究が最近多く発表されている。たとえば一九世紀アメリカのユートピア的共同体を分析した研究では、新規参加者の誓い（悪口を言わない、タバコや酒をやめる、肉を食べない、極端な例ではセックスをしないなど）がたくさんある共同体ほど長く存続していたことがわかった[30]。参加者は、何があっても共同体に留まり、そのためには犠牲を払う覚悟があると意思表明しているのだ。ただしこれは宗教的な共同体にかぎった話で、世俗的な共同体にこの傾向は見られない。結果的に、宗教的共同体は七〇年近く続くことが多かったのに対し、世俗的共同体は平均一〇年しかもたなかった。共同体の宗教的な気風が重要な役割を果たしているようだ。

エミール・デュルケームは、宗教儀式が引きおこす高揚感や強い興奮に大いに感銘を受け、これをエフェルヴェセンス（沸騰）と呼び、共同体への帰属意識に重要な役割を果たすと考えた。一九七〇年代に入り、人類学者ヴィクター・ターナーとイーディス・ターナーはここから「コミュニタス」という概念を発展させる。通過儀礼などの儀式で生まれる集団の結束感のことだ。そうした儀式には宗教礼拝も含まれると思われるが、ターナーらはとくに言及していない。だが最近では、コミュニタスの概念は心理学のみならず人類学でも忘れ去られた感がある。

集団生活の鍵を握るのは結束だが、それを維持するのは容易ではない。物理的に接近した環境で暮らすのは、生活面での負担も社会的なストレスも大きい。哺乳類では、一日の移動時間が長くなったり、食料資源をめぐる争いが激化したりするデメリットが生じるのに加え、集団生活による心理的ストレスはメスの妊娠率を顕著に左右する。ストレスによって生理周期を調整する脳や卵巣の内分泌系が停止し、繁殖能力が下がるのだ。[31] こうした損失、とくに不妊による損失を軽減しておかないと、集団は分裂し、消散してしまう。

些細な不満が急速にふくらんでねたみや怒り、いさかいになり、狩りの収穫を配分できなくなったり、最終的には武力衝突にまで発展することは、どんな共同体でも起こりうる。カラハリ砂漠のサン人のような狩猟採集民族では、こうした摩擦を放置すると仲間割れが起こり、団結が失われて、各人の生命も危うくなる。それを防ぐための手段のひとつがトランス・ダンスだ。共同体や集団の摩擦が限度を超えると、誰かがトランス・ダンスを呼びかける。それはコンピューターの再起動のようなもので、構成員どうしの関係をまっさらな状態に戻してくれるのだ。時間がたってふたたびストレスやわだかまりが増えてきたら、また誰かがトランス・ダンスを召集する。

人びとの宗教活動に焦点をしぼった最近のオンライン調査で、(教派を問わず)宗教礼拝に出席する頻度と宗教心の強さは、地域社会との関わりだけでなく、人生の満足感、親しい友人の数とも関連していることがわかった。さらに注目すべきは、宗教礼拝に頻繁に出る人ほど、自らの友人や家族、そして所属宗教の信者と強い結びつきを感じていたことだった。

一般的には、信頼できる相手を列挙すると一五人前後でおさまることがほとんどだ。ところが宗教礼拝にほぼ毎日出席する人は、信者仲間も含めて数百人規模になる。礼拝の出席者ほぼ全員と強い絆を感じていることになるのだ。日常的に顔を合わせ、おたがいによく知っているだけでなく(これについては第5章でくわしく述べる)、儀式にともに参加しているためだろう(こちらは第6章で詳述する)。

宗教活動に積極的な人(ただ礼拝に顔を出す程度ではなく)ほど、多くの人とのつながりを感じ、自分を支えてくれると思えるようだ。その結果、幸福感が増して人生への満足度も高くなる。

「宗教は民衆のアヘン」説を直接裏づけているようにも思えるが、実際にはもっと肯定的にとらえることができる。支配層の介入とは無関係に、宗教に積極的に関われば幸福感が高まるし、生活のなかで経済的、社会的な浮き沈みがあっても支援が得られる。とくに後者は狩猟採集生活にはつきものだし、小作農やほかの立場でもそれは同じだ。

外的脅威 → 集団規模 → ？

この章で得られた知見のなかで、とくに注目したいのは次の二点だ。まず、宗教の役割として挙げられた五つの仮説のすべてに、何らかの裏づけがあること。したがって、もし宗教の役割はこれしかないといって証拠を提示されたとしても、何かまちがっているのではないかと疑ってかかるべきだ。ほかの仮説にもそれぞれ証拠があることを考えれば、正しいのはひとつだけで、残りは全部誤りということはありえない。そしてもうひとつは、決定的な証拠は存在しないということ。ほぼすべての場合には、それを支持する証拠もあれば否定する証拠もある。なぜそうなるのかという疑問には、第1章の最後で紹介したティンバーゲンの「四つのなぜ」が答えとなる。異なる仮説をいくつか提示されると、それらが論理的に同等であり、おたがいに相いれないと誰もが考える。ひとつが正しければ、残りは全部落選というわけだ。けれども、それぞれの仮説が異なる「なぜ」に対する答えだとすれば、すべての仮説が同時に正しいということも充分にある。

だからそれぞれの仮説を慎重に扱い、それがどんな疑問に対する答えなのかを正確にとらえなくてはならない。

それには五つの仮説について、さまざまな要素間の因果関係を図に描くのがよさそうだ。この関係におけるあらゆる組みあわせと順列（並べかた）を検討して、どれがデータの説明として最適かを選ぶのが本来のやりかただが、この場合は仮説が五つあるため、並べかたは一二〇通りにもなる。そこで証拠の理解に最も役だちそうなパターンに絞りこんだのが図2だ。五つの仮説（網かけ）と、二つの重要な変数、すなわち集団（もしくは共同体）の規模および外的脅威との関係を示している。

外的脅威は、鳥類と哺乳類、なかでも霊長類が集団生活を選択する最大の理由だ。このことがこの理論体系全体の要《かなめ》といってもいい。ほとんどの種にとって、外的脅威とは捕食される危険を意味するが、一部のサルや類人猿、とくにヒトの場合は、近隣集団に襲撃される脅威もある。「外的脅威」と「集団規模」を結ぶ矢線は、捕食などの外的脅威が増大すると、集団規模もそれに応じて大きくならざるをえないことを意味している。しかし集団規模が大きくなると、生活における競争、社会的な不満、不妊など構成員にかかるストレスが強くなることは避けられない。それを解決するのが集団結束だ（集団が大きくなるほど、結束を強める必要がある）。図中の「宗教」から出る矢線は、宗教が集団の結束を強めることを意味している。これらの太い三本の矢線は因果関係の中核を形成し、宗教の主な役割は共同体の結束であることを明示している。細

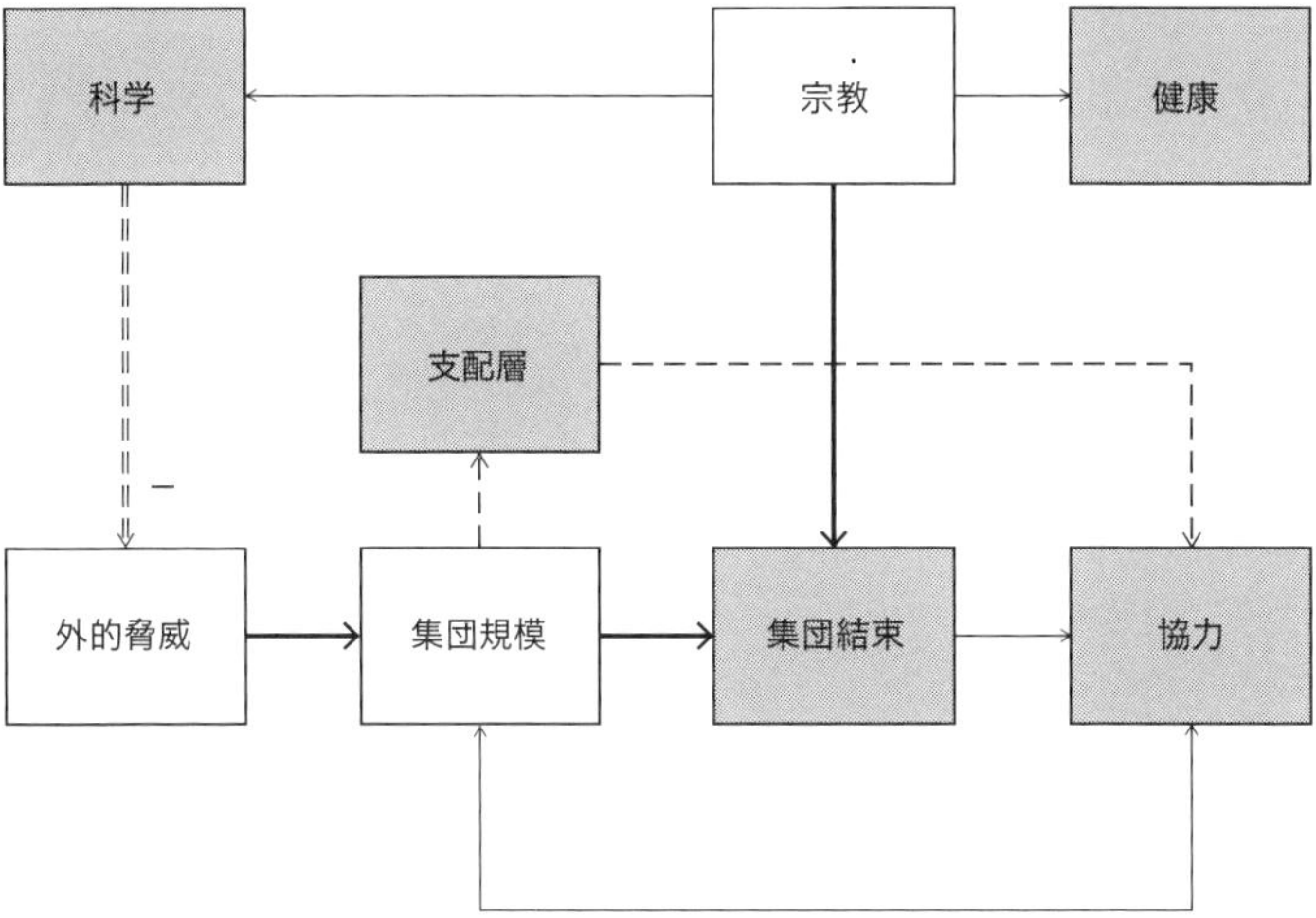

図2　宗教の五つの機能（網かけ）について、最も可能性が高い因果関係を示したフローチャート。太い矢線は、このシステム全体の基となる正の因果関係を示す――この関係がないと、宗教のほかの利益を生むほど充分な利益は生じない。細い矢線は、宗教が確立してから副産物として出現する正の関係である。矢印付き破線は集団が一定規模に達すると自然に出現する副次的かつ正の因果関係。二重破線は、脇にマイナス記号があるとおり負の因果関係であり、世界に関する知識が増えた結果、環境リスクが軽減するといったことだ。

い矢線は宗教が確立したあとの二次的利益で、健康に直接的な利益をもたらすとか、不規則な状況の変化を予測して対応できるなど、世界に対する理解が深まるといったことだ（「科学」）。世界への理解が深まれば、外的脅威の力もいくらか弱めることができる（脇にマイナス記号がある矢印付き二重破線）。こうして外的脅威の負担と、社会的共同体の規模がバランスをとりあう自己制限回路ができあがる。

図2には、利益をもたらす回路がもう二つある。そのうちひとつは宗教が関わっていない（矢印付き破線）。もうひとつは集団の結束を通じて宗教が役割を果たす（細い矢線）。後者の場合、結束が強い集団では協力が充分に行なわれ、非協力的な者が原因で集団が分裂するといったこともないため、集団規模も大きくなる。前者の回路は、集団規模の拡大によって生じるもので、それ以外の要素は影響しない。共同体が一定の規模を超えると、共同体を管理する支配層が自然と出現する傾向にあることは、民族誌学、考古学、コンピューターモデリングの研究で裏づけがある（次章で詳述する）[32]。集団が階層化した結果、（聖俗関係なく）指導者の出現が容認され、構成員は規則を遵守《じゅんしゅ》しないと罰を受けることになり、協力を強いられる。そして社会が階層化した以上、支配層はいつでも大衆を搾取することができるようになる。

もちろんこうした可変要素間の因果関係は、ほかにもさまざまな解釈が可能だ。図2は現時点でわかっていることをもとに、私が最善と思える推測を示したにすぎない。それでもこうすることで要素間の関係を特定し、異なる因果関係ごとに代替モデルを設定して、どれが最適な説明か分析できるため、イデオロギーではなく証拠主導の考察が可能になる。ただしそれは一大事業になるのでここではやめておこう。代わりに私たちにわかっていることを図2にまとめてあるので、以降の章ではそれを枠組みにして議論を進めていけたらと思う。

＊　＊　＊

ともかく宗教に関連して得られる利益は、個人にも共同体にもあるようだ。それらの利益がジグソーパズルのように組みあわさり、相互に作用して、それぞれの影響を強めたり、弱めたりする。では、信仰（宗教の主張を信じること）はそこにどんな役割を果たすのか。この根本的な疑問は、特定の宗教、あるいは宗教全般の信憑性を問うているのではない。それはまったく別の問題であり、ここでは考える必要はないだろう。むしろこうした利益を得るうえで、宗教の教義を信じる「必要」があるのかどうか、儀式など宗教にともなう活動は重要な要素なのかを検討するべきだ。この問題は第6章で取りあげることにして、まずは集団の大きさを左右する各種の制約について、さらにはそれが宗教とどのように関連しているのかについてくわしく見ていこう。

第4章　共同体と信者集団

いまから半世紀前、組織心理学の創始者のひとりであるアラン・ウィッカーは、組織の大きさと機能効率に関するいくつかの予測を検証したいと考えた。ウィッカーが理想的な対象として光を当てたのが教会の信者集団で、構成員数が約三四〇人と約一六〇〇人の二つのメソジスト教会を比較した。すると小さい教会の信者集団のほうが積極的で、教会の活動への評価はもちろん、日曜礼拝への出席率、収入に対する寄付額も高く、信者集団とのつながりも強く感じていた。新しい信者でも容易になじめるという傾向まで確認できたのである(1)。

ウィッカーはさらにサンプルを増やし、ウィスコンシン州の二つの教区に属する全教会で信者集団を調査した(信者数は四七～二四〇〇人)。その結果、毎週の礼拝の出席率と教会への寄付額は、集団が大きくなるほど減少することがわかった。[2] その後行なわれた研究でも、教会の規模と所属信者の満足度と定着度は、負の関係にあることが報告されている。三〇〇におよぶルーテル教会を調べた研究から、その理由の一端が見えてくる。大規模な教会（信者数八〇〇人程度）になると、布教活動など対外的な活動に重点が移り、信者集団への投資が減っていたのである。[3]

第4章ではこの集団規模の問題を掘りさげ、過去の宗教が適応してきた共同体の規模を明らかにするとともに、宗教が発展しつつあった当時の背景を明らかにしていく。さらに、それが現代の脱工業化社会にも当てはまるのか考えてみたい。宗教を主題とするこの本の立場からより直接的に問いを立てるならば、信者集団に最適人数はあるのかということだ。

共同体の規模と社会脳仮説

サルと類人猿——ヒトも類人猿と同じ科に属する——は集団生活をするが、それはほかの哺乳類や鳥類のやりかたとは大きく異なっている。事実それは「暗黙の社会契約」と呼べるもので、集団は捕食者や近隣集団といった外的脅威から構成員を守るために存在する。集団防衛といってもほとんどの場合消極的で、積極的に戦う必要はない。捕食する側（ヒトを含む）も、大集団にわざわざ攻撃をしかけないからだ。いっぽう鳥類と哺乳類のほとんどは、捕食者の脅威があると一時的に寄りあつまるが、脅威が去ったら解散する。次の危機まで自由行動だ。集団を形成する

「誰か」がいればいいわけであって、おたがい誰かは知らないし、たいていは気にしない。

対照的に、霊長類の集団はたがいにつながりを持ち、ほかの構成員が誰であるかが重要だ。そのため、おたがいを見失わないよう多大な努力を払う。知らない者が集団に入ってくると疑ってかかるし、外的脅威には力を合わせて立ちむかう。この団結力は、おたがいに毛づくろい（社会的グルーミング）を繰りかえし、絆を結んで維持することに多大な時間をかけた結果だ。この結束の過程は、宗教の進化を説明するうえで不可欠な部分なのだが、これは次章で取りあげる。いずれにしても、こうした団結した集団はほかの哺乳類や鳥類がつくるその場かぎりの集団とは性格が大きく異なる。霊長類並みに社会性が強い集団をつくるのは、一雄一雌でつがいになる多くの鳥類や小型哺乳類だけである。ただしサルや類人猿の場合、五〇頭かそれ以上の集団でも緊密な関係をつくり、維持することができるといったちがいがある。

ただし集団の接着剤となるのは、社会的グルーミングだけではない。集団が保護連合として機能するのは、各自が集団の全員を知っていて、よく理解しているからだ。動物界のなかで霊長類の社交性が際立っているのは、この認知に関わる部分のおかげだ。そこに着目したのが社会脳仮説である。(4) 脊椎動物の脳は、ときに不利な状況でも生存の可能性と生殖の成功率を最大化するために、環境に効果的に関われるように進化してきた。とはいえ霊長類では、ゾウやクジラといったほかの動物にくらべると、身体の大きさに対して脳が極端に大きい。それは、動的で複雑な結束社会集団で生きていくのに必要な計算力を身につけたためだろう。

霊長類の社会集団に高度な計算力が求められる理由のひとつは、ほかの構成員とのやりとりが、無名の個体が集まった群れとはちがい、単純な一対一の関係ではないからだ。じゃまだからあっちへ行けと脅そうものなら、当事者間の問題ではすまない。結束集団では友人も家族もいて、ひとたび攻撃されれば脅された側の全員に波紋が広がる。彼らは助っ人に駆けつけて、将来に備えて自分たちの地位を守ろうとするだろう。同時にそれは、争いの収集がつかなくなり、構成員が集団を出ていくという事態を防ぐための取り締まりの役目も果たしている。この状況は、集団が大きくなるほど指数関数的に複雑の度を増すので、種《しゅ》の典型的な集団規模に比例して脳も大きくなる。こうして社会脳仮説が誕生した。

社会脳仮説の核心は、種ごとの典型的な社会集団の大きさと、脳の大きさ——厳密には新皮質の大きさ——が単純な相関関係にあることだ。私たちが知恵をめぐらせるときに活躍するのが新皮質という脳の部位で、霊長類では、新皮質は脳のほかの部位にくらべて桁外れな進化を遂げてきた。哺乳類全体では、脳の容積に占める新皮質の割合は一〇〜四〇パーセントだが、霊長類では最低でも五〇パーセント、ヒトでは八〇パーセントに達する。霊長類の新皮質の大きさと集団規模の関係から、人間「本来」の集団規模を見積もることができる。サルと類人猿で得られる方程式に、ヒトの新皮質の大きさを代入すればいいだけだ。この式から予測されるヒトの集団の大きさはおおむね一五〇となる。

この計算結果は、人間の自然な共同体の大きさ、もしくは個人の社会ネットワークの大きさ

（友人と家族の数）を調べた二〇以上の研究で裏づけが得られている。[5] 共同体の大きさは、狩猟採集社会、小規模農業社会の村落（ドゥームズデイ・ブックという土地台帳に記録が残るノルマン朝イングランドの村、中世アルプスの放牧組合など）、さらには近代軍隊の部隊や学術研究の諸領域、ツイッターでのつながりの規模からはじきだされた。個人の社会ネットワークは、クリスマスカードの送り先、ＳＮＳ（接触を保っておきたい友人や家族が全員入っている）、電話の発信回数（ヨーロッパと中国で調査されている）、結婚式の招待客一覧、電子メールのアドレス一覧、フェイスブックに登録されている友だちの数（ある研究はフェイスブックの利用者六一〇〇万人が友だち認定した数をサンプルにした）、科学論文の共著ネットワークから測定された。その平均値はすべて一〇〇～二〇〇人のあいだに収まり、全体を平均するとほぼ一五〇人だった。調査の対象と期間が多様だったにもかかわらず、数字は驚くほど一致している。ここで大事なのは、これは私たちが種として存在するようになってからの九五パーセントを過ごしてきた社会の形態、つまり狩猟採集社会の典型的な大きさということだ。

社会集団の大きさは脳の大きさが決める――この説をさらに裏づけるのが、十数件にのぼるヒトを対象とした脳画像研究だ。友人や家族（被験者が提出した名簿や、フェイスブックで認定した友だちを数えた）が多い人ほど、脳の特定領域の容積が大きいことがわかったのだ。[6] 密接につながったこの脳領域はデフォルト・モード・ネットワーク（ＤＭＮ）と呼ばれ、前頭前皮質、側頭葉、側頭頭頂接合部（ＴＰＪ）、大脳辺縁系にまたがっている。このネットワークは、感覚入力の処理のみを担当する脳領域（脳後部のほとんどを占める視覚系など）を除いた新皮質の大部分を占めている。これらの脳領域は生命を持つものを認識し、他者の信念や精神状態を理解して、さまざまな関係を管理する。

ここまでは一般論なので、もう少し具体的に説明しよう。何気なく観察していると、私たちは社会ネットワーク内の友人や家族を全員同じように評価しているわけではなく、親友、良い友人、ただの友人などと、かなり明確に区別していることがわかる。会ったり電話をかけたりする頻度と、相手との感情的な近さを分析すると、ネットワーク内の一五〇人がかなりはっきりとした同心円を形成している。それぞれの円に入るのは、累計で、親友が五人、かなり親しい友人が一五人、良い友人が五〇人、ただの友人が一五〇人である。図3に示したように、同心円はさらに広がって、知人が五〇〇人、顔と名前が一致する人が一五〇〇人、顔がわかる人が五〇〇〇人となる。[7] オンラインのマルチプレイヤーゲームや、フェイスブックのやりとりでもまったく同じ構造になる。外側二つの同心円（一五〇〇人と五〇〇〇人）に入るのは、個人的につきあいがあるというより、メディアを通じて知っている、あるいは町でよく見かける人がほとんどだろう。

注目してほしいのは、同心円内の人数が外側に向かうにつれてほぼ三倍で増えていくことだ。なぜこんなにも一定の割合で増えるのかはわからないが、この傾向はあらゆるデータセットに見られるし、さらには人間以外でも、チンパンジーやヒヒ、イルカ、ゾウなど複雑な社会で生活する動物の社会の階層構造にも当てはまる。[9]

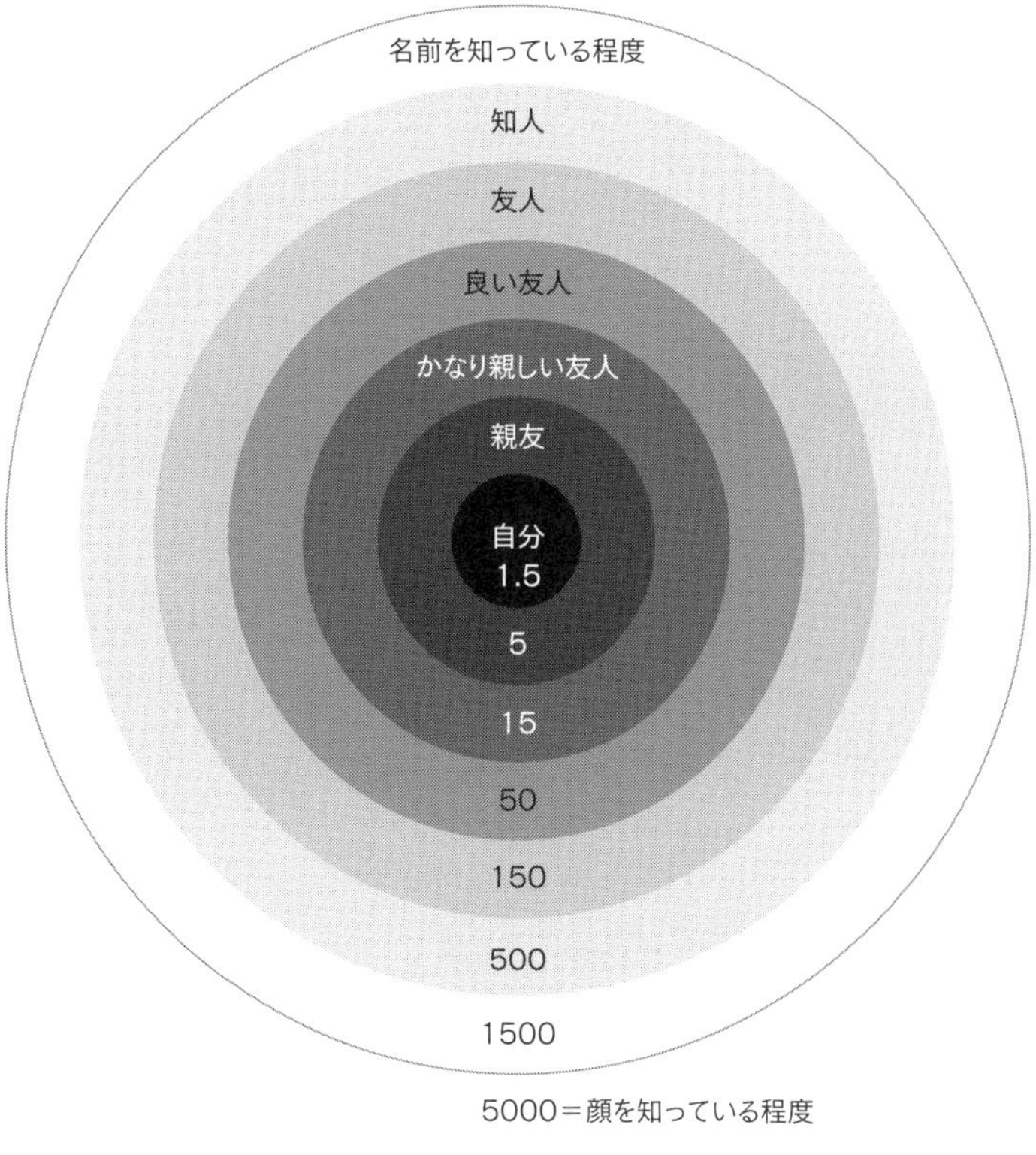

図3　個人の社会ネットワークの同心円構造。各同心円の数字はすぐ内側の円との累積になる(8)。中心の円の 1.5 は「親密な相手」の数。多くの場合 1 人（恋人のことが多い）だが、人によって 2 人のこともあるため、1.5 人になっている。

この同心円構造の重要な特徴は、接触頻度と親近感、助力意欲に対応していることだ。お返しを期待することなく助けたい気持ちは、外側の円よりも、一五〇人までの円の内側にいる人たちに対してのほうがはるかに強い。さらに一五〇人のなかでも、どの層にいるかで利他行動の度合いは変化する。[10] 逆にいえば、私たちは中央の円にいる人たちに対して、必要なときに助けてもらえることを期待しているし、外側の円にいる人たちにはそんなことは期待しない。それを確実にするために、私たちは社会的な努力の多くを中央の円にいる人たちに集中させる。一日のうち社会的交流に使う時間は平均三時間半だが、その約四〇パーセントは同心円の中心の五人に、六〇パーセントは次の同心円の一五人に費やすのだ。[11] あとのわずかな時間は、残り一三五人に薄く広く分配しなければならないので、一日あたり平均三〇秒足らずになる。[12]

ここから二つの重要な事実が浮かびあがる。ひとつは、時間と努力を惜しめば友情はすぐに薄れるということ。大学に入学する一八歳を対象に行なった縦断研究で、それまでの学校時代の友人に対する親近感を測定した。すると継続的に会う努力をまったくしないとわずか数か月で減りはじめ、一二か月後には平均で約一五パーセント減少していた。[13] つまり三年会わなければ、かつての親友もただの知人――以前はよく知っていたが、いまではあえて連絡は取らない相手――に格下げということだ。五年後には社会ネットワークの円からこぼれ落ちているだろう。友情は薄れやすく、たえず強化する必要があるのだ。そしてもうひとつは、相手を助けてあげたい、精神的に、あるいはそれ以外の形で支えてあげたいという意欲は、相手が自分にかける時間で変わってくるということ。それは各同心円にいる人たちの役割も反映している。中心に最も近い親友は、こちらが人生の危機に直面したら精神的にもそれ以外の面でもすぐに助けてくれるし、見返りも求めない――「泣く肩を貸してくれる」友ということだ。反対にいちばん外側の円の人たちは、多少の情けはかけても、こちらがどん底を脱するまで何か月も献身的に支えてくれるわけではない。

小さな社会はどれくらい小さいのか？

人類は長い進化の歴史のほとんどを、小規模社会で過ごしてきた。いまなお存在する狩猟採集部族のような小さな社会だ。こうした社会では、五～一〇家族（男女と子ども合わせて三〇～五〇人）が、移動する小さなバンドをつくり、それがいくつか集まって、一定の土地を支配する共同体（氏族と呼ばれることもある）になる。各家族はバンド間の移動はできるし実際にするが、あくまで共同体の範囲内でだ。共同体を移るにしても、行き先は同じ部族（同じ言語や方言を話す人の集団）の近隣の共同体だ。

部族は生態的な緩衝装置の役割を果たしている。ある共同体が飢饉や洪水に見舞われたり、ほかの部族の襲撃を受けたりしたとき、同じ部族の離れた地にいる共同体に逃げこんで全滅を逃れる。たとえばオーストラリアのアボリジニの場合、部族に代々伝わる神話は、構成するバンド

（生活集団）が一部分ずつ「所有」している。その創造神話の断片をつなぎあわせると、部族の全体像がまるで大蛇のように姿を現わすのだ。危急の事態に陥ったバンドは、暮らしていた土地を捨てて別のバンドのもとに身を寄せる。その際におたがいの神話がきれいにつながれば、同じ部族であることの証明になる。

こうした集団はどれも構成員が血縁関係にある。共同体も拡大家族であることが条件だろう。拡大家族では構成員全員（近隣の共同体からやってくることが多い配偶者は別として）が、現世代の子どもから見て高祖父母（祖父母の祖父母）にあたるひと組の夫婦を共通の祖先としている。つまり、祖父母の従兄弟の孫（三従兄弟《みいとこ》）までということだ。実際のところ、どの文化を見てもそれより遠い関係を表現する言葉はないので、[14] 拡大家族と呼べるのはここまでだろう。

もちろん部族も親族関係の拡大集団だが、規模は格段に大きい。全員と知りあいになることは不可能なので、代わりに目印が必要になる。そのひとつが言語だ。民族誌学では、部族とは同じ言語（普及範囲が広い言語の場合は方言）を共有する集団と定義される。特定の単語をどう発音するか、あいまいな言葉の意味を知っているかどうか——いわゆる「シボレテ効果」——によって、口を開いた瞬間同じ部族かどうか判別できるのだ。一九六〇年代の社会言語学者は、方言だけで、英語を母語とする話者の出身地を二五マイル（約四〇キロメートル）四方に絞りこめると主張していた。

ではこうした集団の大きさはどれぐらいなのか？

現代の狩猟採集部族を分析した研究から、こうした階層構造を成す社会集団の規模は、文化に関係なくほぼ同一であることがわかっている。いちばん小さいバンドは前述したように三〇～五〇人。共同体もしくは氏族は一〇〇～二〇〇人で、平均をとるとほぼ一五〇人だ。そして部族は約一五〇〇人。メガバンドとも呼ばれる中間層も存在しており、その数は約五〇〇人なので、五〇→一五〇→五〇〇→一五〇〇と、かなりはっきりとした数字の連続になる（図4）。ここでも階層が上がるにつれて数字は繰りこまれていくことに注意。つまり一五〇人の共同体は五〇人のバンド三つで構成され、ひとつのメガバンドは三つの共同体で成りたつといったぐあいだ。[15]

つまり産業革命が起こるまで、世界のほぼすべてで共同体の大きさは決まっており、それは長きにわたり驚くほど一定していたようだ。もちろん町や都市に相当するもっと大きな共同体もあちこちにあっただろう。だがそんな都市は珍しく、例外なく政権（小さな王国、地域の君主）の中枢が置かれていた。ところがこうした中枢都市が出現したのは約八〇〇〇年前の新石器時代のことであり、さらにその後も小さい共同体が標準だったようだ――個人の社会ネットワークはいまでもそうだ。一五〇人という数字には、規模と安定性において人間の心理に根ざす何かがあるようだ。

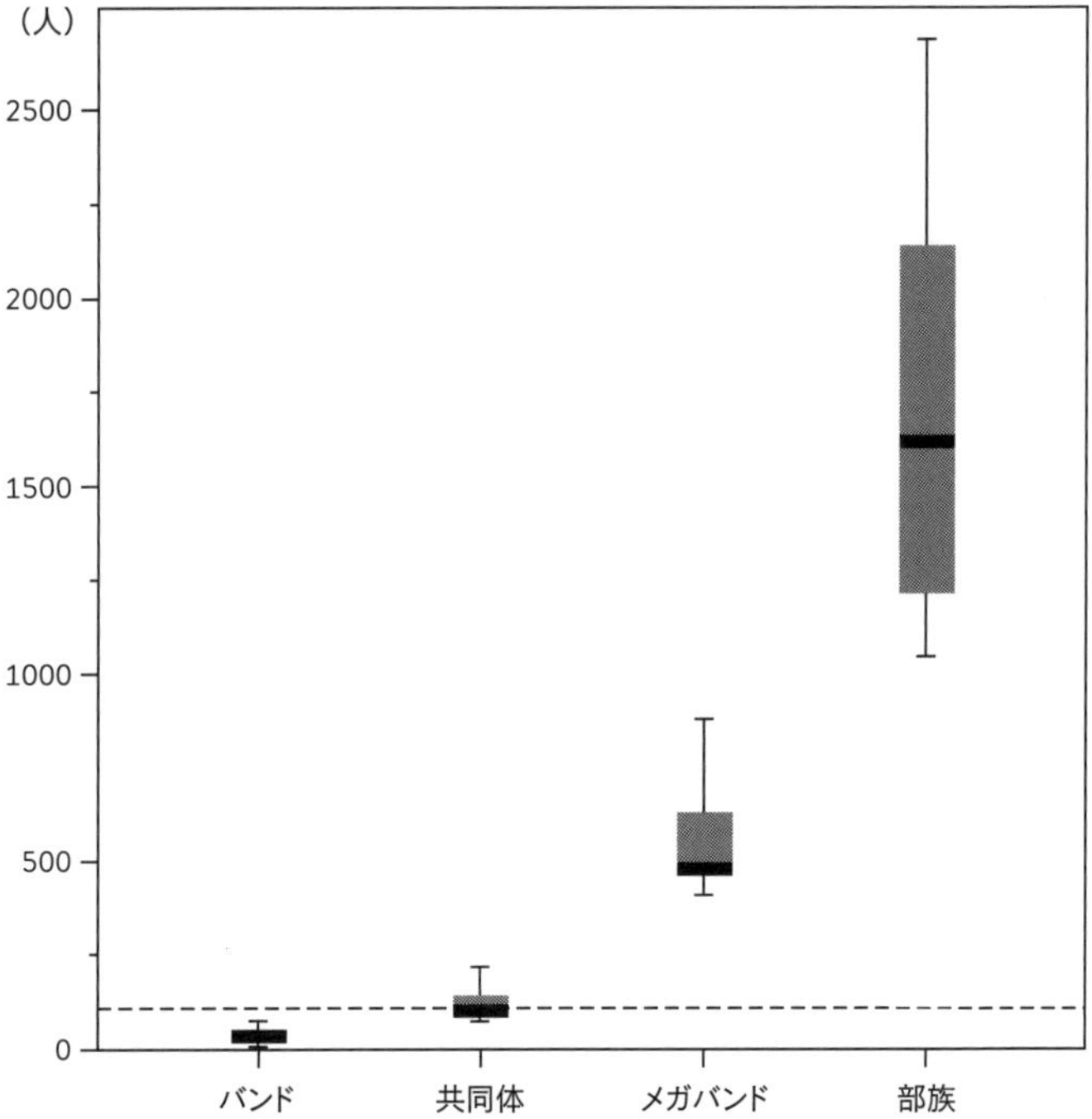

図4　現代の狩猟採集社会のサンプルでとった集団別の平均規模（および95％が含まれる範囲）。150で引かれた点線は共同体の平均規模(16)。

信者集団の最適な大きさは？

ヒトの自然な共同体の大きさはおよそ一五〇人。では宗教の信者集団もそれが自然な規模だろうか。一九七四年にデヴィッド・ワスデルが発表し、広く引用されている研究がある。イギリス国内の一万超の教区を対象に、毎週の日曜礼拝に出席する信者数を分析したものだ。それによると、地域の人口規模に関係なく、たとえ人口が二万人いようとも、出席者は一七五人前後で一定していた。ワスデルはこれを「自己限定的教会」と呼んだ[17]。

礼拝出席者が常時一五〇人を超えると、信者集団は増加ではなく減少に向かう傾向にあるという研究結果も複数ある。教会の発展に関する研究でも、信者数がおよそ二〇〇人ではっきりと頭打ちになり、加入する人と出ていく人がほぼ同じになることで信者の数が安定することが確認されている[18]。離脱を防ぐ対策をとらないと、二〇〇人ぐらいの規模を行ったり来たりするだけなのだ。

そこで興味が湧くのが、キリストを何重にも取りかこむ弟子や信者たちだ。中心にいるのが、イエスに愛された弟子ペテロ、ヤコブ、ヨハネで、そのすぐ外側に一二人（最初は一三人）の使徒がいる。次が約七〇人の最初の弟子たち。そして最初の聖霊降臨祭で上階の部屋に集まった一二〇人、さらに奇跡によって食事にありついた五〇〇〇人である[19]。これらの数字の解釈に確信はないが、図3の数字と妙に近い。

以上のような考察から、信者集団は一二〇人が理想だとする意見が多い。神学者ゲルハルト・ローフィンクは「ほかの信者の悲しみや幸せ、気がかりや喜びに……ひとりひとりが気づくのは……この大きさまでである……共同体が匿名教団に陥らずにすむ上限だ[20]」。福音伝道や新教団設立に関心を寄せてきたハワード・スナイダーは、自らの経験をもとに「一五〇〜二〇〇人は、派生集団に分割するのにちょうどいい基準になる」と書いている[21]。

スナイダーの言葉を裏づけるのが、再洗礼派に属するアマン派（アーミッシュ）とフッター派だ。どちらも中央ヨーロッパで始まり、前者は一八世紀初頭に、後者は一九世紀に北アメリカに伝播した。どちらも原理主義的、共同体主義的なキリスト教の教派で、聖書に従った生活を貫いている。たとえばアマン派は文明の利器をいっさい用いず、移動も輸送も馬に頼る。アマン派もフッター派も民主的な方法で共同所有・管理された農場を基に農業経済を営む。ある調査では、アマン派の八つの共同体の平均規模は一一三人だった。礼拝の場所に無理なく収容できる人数だ。フッター派は五一の共同体の平均規模が一〇九人だった。この数字は、一五〇人を超えると共同体を分割するフッター派の決まりを反映している。それ以上になると、成員どうしの社会的圧力だけで共同体を保つことは難しく、秩序が崩れて混乱するため、あえて分けるのだという。大人数のまま共同体を維持するには、正式な法体系と法執行の仕組みが必要になるが、それはフッター派の精神に反する。だから共同体を分け、派生集団は新しい農地を見つけて新生活を始めるのだ。過去一世紀の一〇〇例を調べると、分割が行なわれたときの共同体の人数は平均一六五人だった。とくに五〇人あるいは一五〇人前後で始まった派生集団が、その中間規模の派生集団にくらべて、再分割までの期間が長いことは興味ぶかい[22]。五〇と一五〇は特別な安定感がある魔法の数字らしく、共同体は派生集団がこの数に達するまで、分割を遅らせようとしていた可能性もある。

一八～一九世紀のアメリカでは、千年王国説を信奉する共同体が数多く出現した。信教の自由を認めるおおらかな風潮と、主義主張の異なる人びとと接触せずにすむ広い土地があったためだろう。こうした共同体の多くは世俗の悪習を嫌って、自給自足の生活を送っていた。またウェールズの社会改革家ロバート・オーウェンの理念に共鳴して、平等で人道的な新しい社会を追求したところも多かった[23]。

これらの共同体の基本理念は世俗か宗教のどちらかに基盤があり、両者のあいだには示唆に富む相違がいくつもあった。設立当初の構成員は宗教が基盤だと約一五〇人、世俗的なところだと約五〇人。さらに重要なのは、共同体の寿命がまさにこの値で最大になることで、世俗共同体の存続期間が平均一五年程度だったのに対し、宗教共同体では一〇〇年だった[24]。イスラエルのキブツにも似た傾向がある。二〇〇〇年に二四〇のキブツを調査したところ、構成員数の平均は四七〇人ほどで、図３の五〇〇の同心円にとても近い。経済活動の柱は商業的農業であるため、自給自足のフッター派や、家族で農場を営むアマン派よりたくさんの労働力が必要となり規模が大きくなるのはわかる。それを加味してもなお宗教キブツはより多くの構成員に対応できており、平均すると世俗キブツより一六八人も多かった[25]。

宗教共同体と世俗共同体に見られる規模と存続年数の差は、共同体を支配する宗教的精神が、小さな集団に起こりがちな面倒や衝突に蓋をして、決裂を未然に防いでいるからではないかと考えられる。それは「高みから道徳を説く神」のおかげなのか、参加のために多くの犠牲を払ったので（充分な見返りが得られるまでは）やめるにやめられないのか、みんなで行なう宗教儀式によって帰属意識が高まるからか、答えははっきりしない。とりわけアメリカで最も長く続いた宗教共同体のひとつであるシェーカー派は、単純で高度に同期させた踊りを多用しており、これはまちがいなく共同体の結束を強くしていたはずだ（第5章参照）。宗教を通じて結束できない共同体は、事態が解決不能になるのを防ぐために、より厳格な取りきめを定めなければならない。イスラエルのキブツを見ればそれは明らかだ。世俗キブツは規模が大きくなるほど（共同生活のストレスも高まると思われる）、構成員の行動を監視するさまざまな仕組みを設けているが、宗教キブツではその必要はない[26]。

シェーカー派といえども、大規模共同体で生じる問題と無縁ではなかった。ジョン・マレーが一八～一九世紀のシェーカー派共同体の入会時の誓約書、遺言、自発的にやめた人[27]の離脱証明書を分析したところ、時代とともに識字者の入会が減って、離脱が増える傾向にあることがわかった[28]。読み書きができる者は裕福でもあると考えられることから、貧しい者が安定した収入を求めて入会するいっぽう、裕福な会員は自らの善意や共同体の寛大さにフリーライドする者や頼りきりな者に嫌気が差して、共同体を離れるのではないかとマレーは考えた。後者の懸念を裏づけるような事実もある。時代が下るにつれて、集会所の鐘楼《しょうろう》にバルコニーや窓が設けられ、畑での仕事ぶりを監視できるようになったのだ。さらに集会所の壁には、信者の態度をこっそり観察するのぞき穴まで開けられた。

これまでに得られた知見を総合すると、最適な信者数は約一五〇人ということになる。これぐらいの数なら、聖職者も含めて全員が知りあいでいられる。ただしこの議論はキリスト教の各種教派が対象だ。ほかの世界宗教の信者集団に関しては情報を集めることができなかったのが主な理由だが、この結果はかなり堅固なようだから、ほかの宗教がかけ離れた数字になったらかえって驚きだ。それにシナゴーグもモスクも、シク教の寺院グルドワラも、建物の大きさはキリスト教の教会とさほど変わらないのだから、信者集団がこれよりも大きくなるとは考えにくい。

信者集団のダイナミクス

二五〇の信者集団（信者総数は五万人以上）を、小集団（信者数約四〇人）、平均集団（約一五〇人）、大集団（約五〇〇人）、メガチャーチ（二〇〇〇人超）の、規模の異なる四つのカテゴリーに分類した最近のデータ分析がある。それによると、大規模な教会ほど合計では多額の寄付が集まるし、比較的人数も多いから共同体が大きくなっても内部の人間に充分手を差しのべられるはずなのだが、そのわりに信者は集団になじめない傾向にあることがわかった。また信者数が一五〇人を超えるあたりで、内向きな共同体から、内部に分裂を抱えながらも、一般の市民生活により開かれた共同体へと切りかわるのではないかという指摘もある[29]。

ここに挙げた数字は、図3と図4の数字にかなり近い。信者集団も二〇〇人を超えると、聖職者ひとりでは信者集団の要求に応えることができなくなり（ひとりひとりの信者をよく知るという意味でも純粋に時間が足りないという意味でも）、信者自身もよりどころを失う。教区で聞かれる不満の多くは、もはやみんなとは顔なじみではなくなり、所属している実感が持てないといったことだ。これ以上の規模になると、集団内で聖書の読書会、討論会、祈りの会、ボランティアなどの小さな集まりをつくることで問題を解決しようとする。人数は一五人前後が最適で、定期開催（毎週など）されることが必要なようだ。信者はこうした集まりに加わって、帰属意識と参加意識を取りもどす。

三〇〇人以上の教会員を対象にした最近の調査では、信仰心の強さや人生の充足感、信者仲間との親密さが、会員の満足度を左右していることがわかった。言いかえれば信仰心の強さは、所属教会に対する満足感と自分が歩んできた人生に対する満足感の両方を高めているようだ。けれども信者集団が大きくなるとこの効果は弱くなり、それは集団が大きくなるほど信者の不満が高まるというこれまでの分析結果とも重なる。この調査では、所属する信者集団に対する満足感には三つの側面があると結論づけている。ひとつめは感情的側面で、信者集団のなかでの居心地のよさや安心感と、教会の役に立ちたいという意欲だ。二つめは目的意識の側面で、信者集団の気風や展望である。最後は社会的側面で、自分が信者集団にどこまで根をおろせているかだ。どれも信仰心の強さと有意な相関関係にある。(30)

信者が一五〇人から二五〇人の教会は安定を失いやすいという、「パスターとプログラムの中間圏」を突きとめた研究がある。この範囲の集団は、牧師（パスター）がひとりひとりと関わることが難しくなるいっぽう、教会を事業運営（プログラム）できるほど大規模でもないので、財政面の利点もない。反対に教会が安定する規模にも三段階あり、それは五〇人までのファミリー・サイズ、一五〇人までのパスター・サイズ、三五〇人までのプログラム・サイズである。人数が多くなるほど運営が分散型から集中型に移っていく。ファミリー・サイズの教会であれば指導者を持たない民主体制でも機能するが、パスター・サイズになると、誰かが指導者を務める必要があり、二、三のサブグループを作ってそれぞれに精神的支柱のような存在も求められる。さらにプログラム・サイズに突入したら、牧師ひとりでは手に余り、集団指導体制が求められる。(31)

ビジネスの世界でも、民主的な運営から正式な組織構築へと切りかわる際に、これと同じ段階を踏んでいる。人事管理のアドバイザーであるエミリー・ウェッバーがデータを集めたのは、非公式の実践共同体だ。(32)私たちが彼女のデータを分析したところ、正式な指導者なしで運営できていた実践共同体も、約四〇人を境目に指導者チームを持つ形に切りかわっていくことがわかった。(33)信者集団のときと同じく、実践共同体も規模拡大とともに満足度が下がる。会議に欠席者が出るようになり、運営を手伝わない人間がいることに不満が出る。一九世紀アメリカの千年王国共同体で見られた構成員数における対比と同じように、こうした世俗的な実践共同体が管理体制なしで存続できる限界値は約四〇人で、教会の信者集団では一五〇人であるのと対照的だ。やはり宗教的な気風は集団の安定に寄与するのだろう。

以上のことから、信者集団の規模は帰属しようとする力（小さい集団ほど強まる）と、分裂しようとする力（規模の拡大とともに強まる）の釣りあいで決まると考えられる。大規模集団では、中枢で直接運営に関わる者は別として、それ以外の会員は疎外感と不満を覚え、自分の活動は上から命じられたもので、自分では決めようがないと感じる。そこで一五〇人の限界を突破するには、新たな運営体制を導入する必要がある。それは正式な制度（それと上からの規律）のこともあれば、共通の関心事を持つ者で集まる下部構造のこともある[34]。

＊　＊　＊

この章の冒頭で、霊長類の高度な社会性を強調したのには理由が二つある。ひとつは、霊長類の社会脳仮説から、人間の社会集団の自然な大きさが驚くほど正確に予測できるからだ。そしてそれは、教会の信者集団の最適な規模でもあるらしい。もうひとつは、私たちの起源がこの際立った動物群にあることで、宗教がなぜ、どのように進化してきたか——そしてなぜヒトでのみ進化したのか——について、非常に筋の通った説明が得られるからだ。二つめの理由についてはこのあとで述べるが、その前にここまでの要点をまとめておこう。

1　霊長類が結束の強い社会集団で生活するのは、外的脅威から身を守るためだ。

2　特定の種の集団規模は、脳の大きさによって制限される（次いでその規模は、居住と採餌の環境が良好であるかぎり、その種が通常経験する脅威のレベルに順応している）。

3　人間の自然な社会集団と個人の社会ネットワークにもこのパターンが当てはまる。

4　人間の自然な共同体、個人の社会ネットワーク、そして教会の信者集団には、約一五〇人という はっきりとした上限が存在する。

5　この上限は、構成員の帰属意識、ほかの構成員との個人的なつながり、集団所属による利益に対する満足度といった、集団規模が与える影響によって決まっていると考えられる。

続く第5章と第6章では、帰属意識の元になる結束について、その心理学的、行動学的な土台を説明し、それが宗教における儀式の役割とどうつながるかを考えていきたい。その考察を踏まえて、第7章以降では歴史のなかで宗教が小規模共同体の結束づくりに果たした役割と、シャーマニズム宗教から教義宗教に移行した理由を探っていく。

第5章　社会的な脳と宗教的な心

哺乳類のすべての社会が直面する最大の課題、それは共同体に働く遠心力にどう対抗するかだろう。すべての個体に各自の目的と生涯設計がある以上、この力が働くことは避けられない。どっちに食べ物を探しに行くかという些末なことでも、意見が分かれると集団はあっけなく分裂する。サルや類人猿の場合は、社会的グルーミングを行ない、親密な関係を張りめぐらせることで分裂の危険に対処する。日常的にグルーミングし合う相手に責任と恩義を感じれば、それが社会の結束を保つ接着剤となる。ただグルーミングは親密度の高い行為なので、相手は数に限りがあり、それがすなわち結束社会集団の上限となる。サルおよび類人猿では五〇頭前後である。

狩猟採集民は通常、五〇人に満たないバンドで生活する。ほかの霊長類の集団と異なるのは、より上位の集団に組みこまれていることだ。バンドがいくつか集まって共同体をつくり、複数の共同体がメガバンドを構成し、メガバンドが寄りあつまってひとつの部族になる（図4）。一五〇人規模の共同体は、社会性や認知能力の面でいえば霊長類の社会集団に相当する。つまり私たちの祖先はグルーミングというガラスの天井を破り、五〇人の上限を乗りこえて、私たちがいま暮らす一五〇人という大きな結束集団を発展させていったにちがいない。そればかりか、さらに高レベルの集団も形成する方法を見つけたのだ。どうやってそれを成しとげたかが、この章の主題である。

私たちを結びつけるもの

社会的グルーミングを行なう哺乳類は多いが、霊長類ほど活用している例はほかに見あたらない。社会性の強いサルや類人猿ともなると、一見取るに足らないこの活動に一日の五分の一を費やすのだ。相手の毛を少しずつかきわけては、ごみや草、かさぶたなどを取りのぞくのだから、意味がないわけではない。けれども社会的グルーミングの真の価値は、毛のなかに指をすべりこませ、皮膚に軽く、ゆっくりと触れる手の動きにある。この動きに反応するのが、脳に直結しているC触覚線維と呼ばれる求心性神経だ。その唯一の役割は脳の奥深くでエンドルフィンの分泌をうながすことにある。

エンドルフィンとは脳内で働く鎮痛剤で、化学構造がアヘンによく似ており、アヘンのように気持ちを落ちつかせ、「世はすべてこともなし」という温かな幸福感をもたらす。[1] そしてアヘンに似た効果で、強い痛みに耐えられるようになる。また重要な下流効果も二つある。ひとつは免疫系によるNK（ナチュラルキラー）細胞の増殖をうながすことだ。NK細胞は体内に侵入したウイルスなどの病原体、またがん細胞を発見し破壊するという、身体の機能における重要な役割を果たす。第2章で宗教が健康に良いという話をしたが、その理由の一部もこれで説明できるかもしれない。エンドルフィンのもうひとつの効果は、結束を強めることだ。グルーミング中にエンドルフィンが分泌され、温かな気持ちになると、グルーミングしてくれる相手への帰属意識と信頼感が生まれるようだ。要はエンドルフィンは気分を明るくして、相手との強いつながりを感じさせるだけでなく、免疫系の調整も行なって、健康な状態を保ってくれるということだ。

私たちヒトは約二〇〇万年前に毛の大半を失っているが、それでもやさしくなでたり、抱きしめたりという「グルーミング」は行なっている。[2] PET（陽電子放出断層撮影）技術を用いた研究では、皮膚の表面を軽くなでると脳内にエンドルフィンが分泌されることがわかっている。[3] ただ結束づくりのためのグルーミングには問題もある。手で触れるのはとても親密な行動なので、サルもヒトも二つの個体に同時にグルーミングすることはない。また、良好な関係を保つためには個別にグルーミングをして相当な時間を費やす必要があるので、良い関係を築ける相手の数は限られてくる。[4] そのためサルと類人猿の場合、結束社会集団の大きさはおよそ五〇頭で頭打ちになる。私たちの祖先は、社会集団を拡大する必要に迫られたとき、二人以上に同時にグルーミングする方法はないかと知恵を絞った。

こうしてたどりついた唯一の現実的な解決策が、直接触れることなくエンドルフィン分泌をうながす一連の行動だった。それはいまも、私たちの社会的な相互作用の中核となっている。獲得した順に行動を並べると、笑うこと、歌うこと、踊ること、感情に訴える物語を語ること、宴を開くこと（みんなで食事をして酒を飲む）で、最後に忘れてはならないのが宗教儀式だ。いずれも言葉に依存するため、ヒトにしかできない行動である。唯一の例外があるとすれば、最も早くから存在した笑いだろうか。笑いはサルや類人猿が出す遊びの発声に起源がある。この独特な息を切らすような発声は、遊びの誘いと、それについての説明（私がこれからやることは遊びであって攻撃ではない）を伝えるものだ。ヒトの場合では、連続した単純な低く息を切らすような発声から、胸壁の筋肉を使って肺の空気を勢いよく押しだす笑いへと形を変えている。これをやると肺がからっぽになるので、私たちは息を切らすことになる。一連の動作が身体に与える負担は、エンドルフィン分泌の効果的な引き金になる。

こうした「遠隔グルーミング」行動は、とくに共同体を築くときの社会的なやりとりに欠かせない新しい手段となった。この一〇年に発表された実験研究を見ても、これらすべての行動が脳内のエンドルフィン分泌をうながし、親密な気持ちと結束をもたらすことが確認されている。なかでも興味ぶかいのは、感情に訴える語りが痛みの閾値《いきち》を押しあげ、結束を強化するという事実だ――脳のなかで、心理的苦痛と身体的苦痛を感じる領域が同じであることが主な理由である。そのことを確かめるため、私たちは五人から五〇人まで規模の異なる集団に、ホームレスの人生を描いた映画「スチュワート――ア・ライフ・バックワーズ」と、事実を淡々と伝える退屈なテレビドキュメンタリーのどちらかを見てもらった。[5] 彼らは全員が初対面だ。映画の感動的な場面に強く反応した人は、見終わってから痛みの閾値が大幅に上昇した（エンドルフィンが活性化した状態だ）。それだけでなく、いっしょに映画を見た赤の他人と強いつながりを感じていた。

これなら相手に直接触れることなく、離れていても二人以上に同時に「グルーミング」できる。身体的な接触はややこしい問題を引きおこしかねないが、その心配も無用だ。もちろん効果を実感できる人数には限界があるが、それでも一度にひとりに対してしかできない社会的グルーミングより多い。人数がいちばん少ないのは笑いで、自然にいっしょに笑えるのは三人までだが（会話集団の数とも一致する）[6]、それでもグルーミングの三倍効率がいい。これに対して歌唱は、ほぼ無限に人数を増やすことができる。私たちが行なった研究では、二〇〇人のアマチュア合唱団と、そこから二〇人だけ選抜した合唱隊では、前者のほうがエンドルフィンが多く分泌され、結束感も有意に強かった。[7]

社会的グルーミングが結束を強める仕組みは、笑いや歌唱といった活動でもそのまま機能している。「スチュワート」のような感動的な映画を見るだけで、たちまちエンドルフィンが分泌されるのだ。だからどんな宗教にも厳しい試練や痛ましい殉教《じゅんきょう》の物語がかならずあって、感情を揺さぶる説教が（おどろおどろしい地獄譚でなくとも）行なわれるのは、意外でも何でもない。

こと結束に関しては、とくに宗教と関係が深いように思える側面もある。それはある種の宗教的な文脈で喚起される感情が、強い恋愛感情と驚くほど似ているということだ。(8)信仰心の篤《あつ》い人が「神に恋している」と発言することもめずらしくない。とくにキリスト教神秘主義者（アビラの聖テレサ、リジューのテレーズ、ノリッジのジュリアン、ヤン・ファン・リュースブルク）が残した文章を読むと、明らかにそんな印象を受ける。代表格はリジューのテレーズだろう。

一八八八年、マリー＝フランソワーズ・テレーズ・マルタンは、一五歳の若さでノルマンディーのリジューにあるカルメル会修道院に入った。(9)二人の姉も修道女だった。テレーズは病気と自己疑念に苦しむ日々を送り、わずか九年で結核のため世を去った。その後、指導した聖職志願者のためにテレーズが書きのこした自伝『ある霊魂の物語』が、修道院長になっていた姉の手で出版される。謙虚で純真な人柄そのままの明るく温かい文章は人びとを魅了し、すぐさま世界中に知られるようになった。一九二五年にカトリック教会で列聖され、アッシジの聖フランチェスコに次ぐ人気の聖人となる。一九九七年には、三三人目となる教会博士（きわめて優れた神学者・教育者に与えられる称号）に最年少で選ばれる。

『ある霊魂の物語』から、宗教に根ざした強い愛慕をうかがわせる箇所を紹介しよう。

私の心に初めて受けたイエスの口づけの、何という心地よさ――それはまぎれもない愛の口づけでした。愛されていることを確信した私は、「あなたを愛しています。私自身を永遠に捧げます」と言いました。「ああ、愛するあなたは私を導く明るい光です。あなたのもとにたどりつく道を知っています。あなたの炎を私のものにする隠された秘密もわかりました！」

この強烈な感情はほかの宗教でも見られる。イスラム教スーフィズムにはカッワーリーと呼ばれる神秘的な歌があって、歌う者と聴く者をともにトランス状態へと誘う。その多くはアラビア語もしくはペルシャ語のガザル（報われない愛をうたう詩）がもとになっていて、微妙な形で性愛の題材も織りこまれている。なかでも美しいウルドゥー語の詩「あなたの美しく長い髪」には、次のような一節がある。

そのまなざしが私を貫いたとたん
私の心は静まりかえる
あなたの長い髪がつくる影の下で
暗がりが心地よい。

かなわぬ愛という点では、旧約聖書の「ソロモンの雅歌」も同じだ。

私は愛する人に心を開き
……けれども愛する人はきびすを返して行ってしまった。

どれも神のことを歌っていると解釈されているが、恋人やプラトニックな友人関係（「永遠の親友」現象はとくに女性によく見られる[10]）に向けられた、架空の愛着が底流にあることは疑いようがない。

私たちが恋をするとき、その相手は「そこにいる」現実の人間ではない。実際には頭のなかで理想化した偶像、つまりアバターに恋をしているのだ。もちろん現実には生身の相手との接触も定期的にあるから、そこで現物を確認することで妄想の先ばしりを防いでいる。ただし現物の確認ができないときは、私たちは簡単に自制心を失ってしまう。そんな心理が働く顕著な例が、インターネット上のロマンス詐欺だ。詐欺師は実際に会うことを巧みに避けながら、被害者がもう後戻りできない、あるいは合理的な思考が停止するところまで関係を深める。こうなると被害者は、詐欺師に言われるがまま金を出しつづけるようになる。報われない愛はこの効果を劇的に高めるようだ[11]。

これはひとつには、相手との関係に没入するあまり、批判的思考が阻害された結果でもある。脳画像研究から、これには脳の腹内側前頭前皮質が関わっていることがわかった[12]。この脳の領域は、情動および社会的関係の情動面の処理に深く関与すると同時に、大脳辺縁系がとっさに発する「闘争・逃走」反応が不適切であったり目的達成を妨げると判断した場合に、それを抑える働きも持つ。

信頼、そして友情の七つの柱

霊長類の社会的結束は二重のメカニズムによって生みだされる。エンドルフィン系とそれがつくりだす結束感が、信頼感を醸成する薬理学的な環境を整え、そこから第二の、より認知がからむメカニズムが働きはじめるのだ。サルと類人猿の場合は、相手の行動や反応を理解することがそれに相当する。ヒトの場合は、共同体のメンバーであるという合図、つまり信頼に値するという合図となる一連の文化基準も関わってくる。親しい友人や家族が共有する特徴を分析すると、鍵となる基準は七つにまとめることができそうだ。名づけて「友情の七つの柱」である[13]。具体的には、言語、出身地、学歴、趣味と興味、世界観（宗教、道徳、政治の立場）、音楽の好み、そしてユーモアのセンスである。家族でも友人でも、これらの共通点が多いほど関係は強固になり、相手のために行動する気持ちが強くなる。

図3の同心円の各層にはそれぞれ異なる数の「柱」が当てはまり、中心の五人の円には六〜七本の柱があるが、一五〇人の円までくると一〜二本以下に減ってしまう。友だちになれそうな人と知りあったら、都合をつけて何度も会うし、長い時間をかけて話をするが、これは七つの柱の

どれが共通するか調べているのである。評価が終了したら、連絡をとるのを柱の数に応じた頻度にまで減らす。「同じ羽の鳥は群れる」、すなわち「類は友を呼ぶ」傾向をホモフィリーというが、人間の友人関係、そしておそらく家族関係においてもよく見られるこの特徴は、こうして生まれるのである。

友情の七つの柱が機能するのは、どれも生まれ育った小さな共同体を想起させるからだろう。自分が何者なのか、この集団になぜ、いかにして所属しているかは、その共同体で学んでいく。共同体では同じ民話に親しみ、同じ歌と踊りに興じ、同じ土地に慣れ親しんでいる。同じことを正しいと信じるし、同じ態度、同じ道徳観を身につける……つまり世界に対する考えかたが同じになるのだ。そんな帰属意識から揺るぎない信頼感がはぐくまれる。相手がどう考えるか直観的に知っているから、どこまで信頼していいかはっきりわかるのだ。

こうした小規模な部族社会、そして比較的最近まで私たちの村社会を構成していた共同体の重要な特徴は、これらの手がかりをもとに、血統や結婚でつながった一〇〇～二〇〇人の集団、つまり拡大親族集団を特定できるということだ。加えてこうした小さな共同体では、まとまりを保つには何よりも道徳意識を浸透させることが必要だった。たき火のそばにはひいおばあちゃんがいつも座っていて、自分勝手なことやいじめをする者がいたら指を振っていましめる、といった具合に。共同体どうしもつながりがあって、噂話はすぐに伝わるし、よその共同体への恩義がいろんな場面でものを言う。

もともと七つの柱は気の合う相手を見極めるためのものだが、初対面の人が信頼できるかどうかをとりあえず判断する手段にもなる。それには柱のひとつを満たせばよく、とても親しいというわけではないが、少なくとも利害や考えを共有できる関係を築く足がかりとなる。

私たちはそれに関連して、知らない相手が七つの柱にまつわる特定の価値観を持っていた場合、被験者がそれをどう評価するかを調べる実験を行なった。まったく面識がない場合、好悪《こうお》と親近感を予測するうえで最も重要な特徴は宗教観、道徳観、政治に対する立場と、あとは音楽の好みだった（図5）。最初の三つはひとつの柱（世界観）に属するものだが、意外なのは音楽の好みという答えが何度も出てきたことだ。それは歌唱と舞踊がエンドルフィン分泌の引き金となり、社会的結束を強める重要な役割があるためではないか――私たちはそう推測した。同じ音楽が好きな者どうしなら、動きを合わせて踊ることができる。ちなみに実験では、まったく面識のない相手であっても民族が同じかどうかは重要ではなく、順位は文化の共有よりもはるかに低かった[14]。

宗教が友情にこれだけ大きな影響をおよぼしているとすれば、同じ宗教を信じているというだけで――ほかの共通点が皆無でも――仲よくなり、わが身の危険も顧みず相手を助けようとする事実も納得できる。宗教が信者たちを血縁関係になぞらえて、とくに近しい家族を表わす言葉を使うのもそういうことだろう。神や神父を「ファーザー」、聖母マリアや格上の修道女を「マザー」、修道士どうしや一般の信者どうしを「シスター」「ブラザー」と呼ぶ習慣は広く見られ、とくにアブラハムの宗教で定着している。宗教共同体を「ファミリー」と呼ぶことも多い。キリス

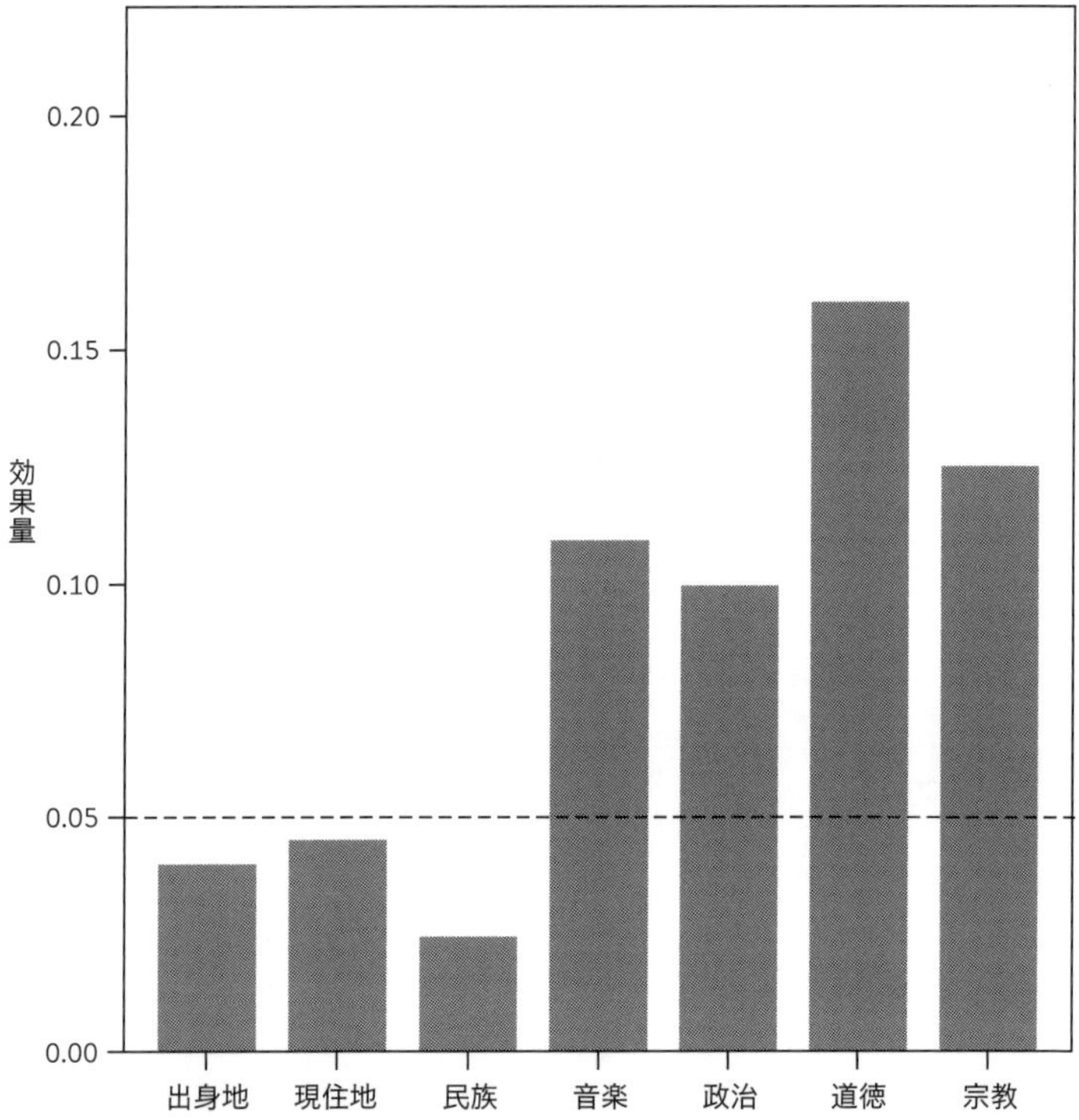

図5　面識のない他人に親近感を抱く可能性——つまり良い友だちになれそうかどうか——を、IOS（心理的重なり尺度）で項目別に数値化したグラフ。効果量は項目ごとの他人と被験者の類似度を示す。横点線は統計的有意性の境界。音楽の好み、道徳観、宗教観といった特徴は、民族や現住地よりもはるかに重要であることがわかる。

ト教の生活共同体ブルーダーホフは「兄弟会」という意味だし、文鮮明の統一教会は正式名称が世界平和統一家庭連合だ。プリマス・ブレザレンは「プリマスの兄弟たち」という意味である。家族という言葉によってプライミング効果を期待しているのではないかとさえ思えてくる。それだけ家族という言葉は、感情に訴えかけるのだ。

　七つの柱の重要な点は、文化的特徴を示すものを共有するだけで、大規模な集団を形成できるということだ。だから共同体の形成には柱ひとつで事足りるのである。それにより私たちは、超大型の共同体を進化させることができた――柱ひとつを頼りにつながっているので結束は弱いが、それでも外敵脅威に対して共同戦線を張ることはできる。サルや類人猿と同じく個人どうしの結びつきでつくれるのは小さな集団までだが、七つの柱があるおかげで、構成員が誰であるかに関係なく、私たちは巨大集団という抽象的な概念との結びつきを持てるのだ。趣旨にさえ共鳴できれば、名前も顔も知らない者どうしの同好会も成立するし、薄弱とはいえ同志感覚を持つこともできる。これはヒトにしかない能力だろうし、宗教の信者に帰属意識が生まれるのも、信者仲間の力になろうとする意欲が高いのも、それで説明できそうだ。

言葉づかいにはご用心

いつもの一日、あなたの頭のなかではさまざまなことが起きている。そのなかで、この本の内容に最も関連するのがメンタライジングの能力だ。メンタライジングとは心の理論、あるいはマインドリーディングとも呼ばれ、相手の意図を理解する能力のことだ。一九五〇年代にこの概念を最初に提唱したのはイギリスの言語哲学者ポール・グライスで、会話の進行を担っているのは、多くは話し手ではなく聞き手だと主張した。聞き手は話し手が言いたいことを読みとらなくてはならない。というのも、自分の感情や気持ちを表現することは容易ではなく、話し手が発する言葉はどうしてもあいまいになるからだ。たとえば私たちが、知る、考える、仮定する、いぶかる、想像する、つもりがある、といった言葉を巧みに使うのがよい例で、言語哲学者たちはこれらを総称して「意図を表わす言葉」と呼ぶ。

一九八〇年代にこの考えを発展させ、「志向姿勢」という概念を提唱したのが哲学者ダニエル・デネットだ。それによると、人間の心は意図を表わす言葉で世界を解釈するよう進化してきたという——それはもちろん、世界にしろ、私たちと世界の接点にしろ、肝心な部分にはおもに他者との相互作用を通じてしか迫れないからだ。マインドリーディングは再帰的な現象であり、無限に再帰が続きうるとデネットは指摘する。なぜきみがそれを信じるか私が不思議に思っているときみは考えているんだと私は思う……傍点を振った「意図を表わす」言葉は、それぞれ心の状態を描いており、その人の思考過程を表現する動詞だ。この例の場合、四つの心の状態が埋めこまれており、全部で四段階の意図が表明されている。まずは自分が考えることから始まるが(私は〜と思う)、そこから描かれる心の状態には自分のものもあれば他者のものもある。

自身の心の状態について考察できることを、一次志向性があるという（自分の心の中身をわかっている）。心の理論は、他者の心の状態を考察する能力のことだ。そうすることで、自分以外の人もそれぞれ心を持っていて、私たちが正しいと信じているのとは異なる視点で世界を見ているかもしれないと気づくことができる（いわゆる誤信念）。哲学ではそれができることは二次志向性に該当する。「あなたが知っていると私は知っている」ということだ。子どもはおおよそ四、五歳でこの能力を獲得する。それまでは、自分が信じていることはそのまま他者も信じていると思っている（一次志向性）。心の理論の獲得はルビコン川を渡るようなもので、それを境に子どもにできることは劇的に広がる。見せかけとわかったうえでごっこ遊びをしたり、お話をこしらえたり、わざと嘘をついたりする（相手がどう受けとめるか、そしてどうすればそれを操作できるかも知っている）ようになるのだ。

心理学の研究はここで止まることが多い。心の理論を研究するのは、幼児期に関心がある発達心理学者や、心の理論の欠如が決定的な特徴の自閉症など、精神病理学に関心がある臨床心理学者が中心だからだ。けれども志向性はもともと再帰的な現象であり、正常なおとなであればさらに高次のメンタライジングを扱えるとデネットは指摘する。ただしいったい何次まで行けるのかは、彼自身にもまだ答えが出ていない。

この疑問を探る研究は長年にわたり数多く行なわれており、志向性の上限はだいたい五次までというのが一致した見解になっている。自分のほかにあと四名の心の状態を一度に扱えるわけで、次のようなややこしい文章（傍点を振った動詞が心の状態）も何とか追えるということだ。「会議は二時からだと思っているんじゃないかとピーターがスーザンに確認するつもりがあるかどうか、ジェニファーが知りたがっているとビルは思っているのではないかと私は思う」これはあくまで上限であって、通常の（定型発達の）おとなでは三次から六次までの幅がある。ただし六次以上をこなせる成人は、全体の約二〇パーセントしかいない。マインドリーディング能力（心の状態を一度にいくつまで扱えるか）が、多くの社会的行動の重要な側面を左右することも研究でわかっている。それらは、扱える言葉の複雑度（文法構造における）、おもしろいと思う小説の複雑度、会話集団の大きさ、親しい友人の数などである。[15]

脳画像を使った多くの研究で明らかになったのは、脳内にあるデフォルト・モード・ネットワーク（DMN）の大きさと、メンタライジング能力、そして友人の数が相関関係にあることだ。DMNが大きいとメンタライジング能力が高くなり、メンタライジング能力が高い人ほど、関係を維持できる友人が多くなるという因果経路があるようだ。[16] デフォルト・モード・ネットワーク（心の理論ネットワークを含む）を構成する脳の領域は、太い神経路（脳の神経回路を配線している神経線維の束）で直接つながっている。中心となるのは四つの領域で、脳の正面にある前頭前皮質（合理的な思考と、感情のシグナルの解釈に関わる）、側頭頭頂接合部（頭頂葉と側頭葉が接し、耳の後部に位置する小さな領域で、生き物への反応に強く関わる）、側頭葉の一部（耳のすぐ内側にソーセージのように伸びる領域で、主に記憶の保存に関係する）、そして大脳辺縁系、とくに扁桃体《へんとうたい》（感情のシグナルの処理を行なう）である。広範囲にわたるこの神経ネットワークが、社会的シグナルや感情のシグナルを解釈して、人間関係をうまくさばくのに大いに関わっている。

メンタライジングと宗教心

心理学と哲学では、メンタライジングとは自分のものであれ他者のものであれ、心理状態を深く考える能力のことだと見なしてきた。だが脳における計算（情報処理能力）という観点から考えるなら、メンタライジングとは、私たちが直接経験する世界から一歩引いて、そこには別のパラレルワールド（相手の心）が存在すると想像する能力のことだ。目の前で展開する現実世界のふるまいに対応しながら、自分の心のなかでその別世界を形づくり、そのふるまいを予測しているのだ。ここで重要なのは、現実世界の一部として直接知覚できる相手の行動と、直接知覚できないから想像するしかない相手の意図（通常は目に見える行動――話の内容や話しかた、険しい表情や身ぶり手ぶりなど――から推測する）はちがうということ。つまり、心のなかで二通りの現実を同時進行させているのだ。ときとして食いちがう二通りの現実（相手の心と自分の心）を同時進行させるのは高度な心的作業であり、脳の計算能力への負荷は相当なものだ。これは、私たちが実験で得た次の結果を説明してくれる。すなわち、他者の心理状態について考えるときは、他者の行動について考えるときよりずっと多くの神経細胞が動員され、思考過程にさらなる心の状態が追加されるたびに、使われる神経細胞が増えていくのだ[17]。

メンタライジングはいたって当たり前の技能で、おとなになるまでにはみなごく自然に使いこなせるようになっているため、それがいかに高度な情報処理か、ほとんどの人は考えたこともないだろう。ところがそのメンタライジングが、宗教の出現に根本から関わっているのだ。理由は少なくとも四つある。第一に、人智を超えた別の宇宙があって、霊的存在がそこにいることを想像できなければ、いかなる宗教も生まれない。それにはいま生きている世界から一歩下がって、そんな別宇宙がはたして存在しうるのか問いかける必要がある。それを可能にするのがメンタライジングだ。第二に、自分以外の生き物に精神があることを理解できなければ、別の霊的世界には意図を持った存在がいるかもしれないということも想像できないだろう。二次志向性が働けば、相手の心という世界が存在することを想像できるのと同じように、そうした霊的世界が存在することを思いえがくことができる。ただしこの段階では、それは相手が持っていると思われる信念にすぎず、私はまだそれに同意しているわけではない。それでも相手が信念を持っていると想像するためには、少なくとも三次志向性の発動が必要となる。第三に、ある文の文法構造、もしくは命題を読みとく能力は、メンタライジング能力と直接結びついている[18]。つまり、三次志向性までしか持たない人が理解できる命題の形式はA↓B↓C（ABCは命題の節）だが、五次志向性を持つ人はA↓B↓C↓D↓Eという構造まで扱うことができるのだ。そして第四の理由だが、これが最も重要だ。自分の観念を他者に伝達する能力がなければ、どんな形式であれ宗教は成立しない。神の存在を信じることもできるだろうが、それだけでは宗教とはいえない。それはただの信念だ。少なくとも二人が同意して初めて信念は宗教になる。つまり宗教的な命題が真であると両者が認めなくてはならないのだ。

世界について考えるうえで、メンタライジングが重要な役割を果たすことは明白だ。けれどもそのために必要なのが何次志向性までかは明らかではない。前述したように、ふつうの人が扱えるのは五次志向性までだ。けれども神を思いえがいたり、さらには神を信じたりするのにそこまで必要だろうか？　二次や三次の志向性でも宗教を持つことはできるのではないか。この問題は、あとの章で宗教がいつ誕生したかを考えるときに重要になってくるので、ここでは基本を押さえておこう。

表1は、宗教的な言説を志向性のレベル別にまとめたものだ。意識がある動物はすべて一次志向性を持っており、自分が何を考えているかわかっているという信念を有する。しかし他者の信念を想像することはできない。ほかのみんなも自分と同じ知識を持っていると思いこみ、世界を異なる目で見ているとか、ちがう世界観を持っていることが理解できないのだ。それを想像するには、最低でも二次志向性が必要になる。ただ二次志向性で扱えるのは、「あの山はとても高い」「雨が降りそうだ」など、事物やできごとといった事実にもとづいた信念だけだ。直接経験できない、人智を超越した世界の存在を相手が信じていることを理解するには、相手の心のなか

にある単純な事実からもう一歩進まなければならない。相手の心にあるモデルをモデル化する必要があるので、もう一段上の志向性が求められる。

　こうして二次志向性を卒業し、三次志向性に進学すると、神が存在する別の世界があるという相手の考えを信じることができるようになる。重要なのは相手が物理的な事実（目の前に立っている木はまちがいなく存在していると思う）だけでなく、目に見えない世界を想像できて、それを信じているということだ。つまり二段階のプロセスであり、そこには二つの志向性が含まれる。ここまで来れば、単純な宗教的事実といったもの——人智を超えた世界が存在するという信念——が心のなかにできあがっている。ただしその超越世界が、現実世界にいる私たちに与える影響までは想像できない。神もまた意図を持っていると想像するためには、四次志向性まで行かなくてはならない。そうすれば、神の思《おぼ》し召《め》しがこの世界を左右すると考えられるようになる。この段階の信念を「個人宗教」と呼ぶことにしよう。これはあくまで当人だけが信じて疑わない信念なので、かならずしも他人が受けいれる必要はない。意図を持つ神について、自分と相手がともに是認できる命題を定式化できるのは、五次志向性からである。自分も相手も神の意図を信じることができるこの段階で、初めて「共有宗教」が成立する。これこそが真のルビコン川であり、局面が大きく変わる瞬間だろう。この区別がなぜ重要なのかは第7章で説明する。

　宗教的信念の基盤としてのメンタライジングを掘りさげるため、約三〇〇人に詳細な質問票に回答してもらった研究がある。質問票では、メンタライジング能力のほか、行為主体検出傾向、

志向性のレベル	可能になる信念の表明	宗教の形態
一次	私は［雨が降っている］と思う。	宗教にならない
二次	あなたは［雨が降っている］と考えていると私は思う。	宗教にならない
三次	あなたは［人智を超えた世界に］神が存在すると考えていると私は思う。	宗教的事実
四次	神が存在し、私たちを罰する意図があるとあなたは考えていると私は思う。	個人宗教
五次	神が存在し、私たちを罰する意図があることを、あなたと私は知っているとあなたは考えていると私は思う。	共有宗教

表１　志向性のレベルごとに可能になる宗教的信念。

統合失調症傾向、それに宗教的信念と行動（信仰心の強さ）を測定した。[19] 行為主体検出とは、非生物に人間的性質を感じたり、まるで感覚を有しているかのように扱ったりする傾向のことだ（第１章参照）。その度合いは、抽象的な図形が不規則に動く画面を見た被験者が、意図を読みとったり、擬人化したりしようとする傾向によって調べることが多い。図形がでたらめに動いているだけなのに、「丸が四角を追いかけている」「三角が丸を脅している」という回答が出てくるのだ。統合失調症傾向では、幽霊を見た、声を聞いたなどの異常な知覚経験と、無秩序な思考過程が見られることが多く、信仰心の強さと明確な関連がある。この傾向が極度に強くなると統合失調症となり、知覚および精神状態の誤帰属が起こる。自分の思考が他者に入りこんだり、その逆が起こったりして、重症になると神が命じる声が聞こえたりするのである。

この研究からは、メンタライジングは、行為主体検出傾向や統合失調症傾向とは関係なく宗教心に正の影響をおよぼしていることがわかった。また、行為主体検出傾向と統合失調症傾向には密接な関連があり、実際、統合失調症的な思考をする人は、行為主体を過敏に検出する傾向があるようだ。このことから、宗教心を持つのは幻視を見やすい人であったり、人智を超えた世界を想像して神の精神状態を深く考察できる人であったりすることが示唆される。この結果は、宗教心が強い人には二種類あって、それぞれ反応型宗教と内省型宗教（第1章の説明に従えばシャーマニズムもしくは没入型宗教と教義宗教）という、まったく異なる二つのタイプの宗教を信仰している可能性を示唆していて興味ぶかい。

宗教と精神的側面の関係を探った研究はほかにもある。[20] こちらは、もしメンタライジング能力が宗教的信念に重要であるとしたら、自閉症者のように心の理論が欠如した人は宗教心が薄いはずだという仮説を立てた。さらに、自閉症は女性より男性に多いことから、男性は女性より宗教心が薄いのではないかという疑問も投げかけた。[21] たしかに男性は女性よりはるかに自閉症である可能性が高いし、定型発達の成人でもメンタライジング能力は女性より男性のほうが低い。予想どおり自閉症の若い成人（本格的な自閉症ではなくアスペルガー症候群のことが多い）は、知能指数や性差を考慮しても、神を信じる割合が同年代の定型発達成人の一〇パーセントにも届かなかった。さらに思春期の少年少女の知能指数と、親が評価したメンタライジング能力が、神を信じるかどうかにどう影響するかも調べているが、統計的に有意な影響が見られたのはメンタライジング能力だけだった。

　サンプル数を増やして行なったカナダの追跡研究では、自閉症と神への信仰のあいだの仲介変数として共感能力と体系化能力の影響を比較している。共感能力は相手の立場になり、その感情に沿った気持ちになることだが、男性はこの能力が女性より低い。いっぽう体系化は、規則にもとづく整然とした精神世界を築く傾向のことで、収集が好きで、集めたものをきれいに整理して並べる行動に現われる（切手、探鳥、鉄道など）。こちらは女性より男性に多く見られ、自閉症とも強い相関関係がある。共感と体系化のあいだに相関関係はない。やはりこの研究でも、自閉症者は性差を加味しても健常者より神を信じる割合がはるかに低かった。しかしこの関係に強く介在していたのはメンタライジングであり、体系化ではなかった。つまり自閉症と診断される人はメンタライジング能力が低く、体系化傾向が強いが、神を信じるかどうかを左右するのはメンタライジング能力だけなのである。男性のメンタライジング能力が女性より低い事実からも、男性が神を信じる割合が低いことは容易に予測できる。

　これらの研究結果は、アメリカで成人を対象に行なった二つの大規模研究でも確認されている。どちらの研究も、年齢、性別、学歴、収入、礼拝所に通う頻度を調整したうえで、人格神を信じるかどうかを評価基準とした。自閉症スコアの標準偏差[22]が上がると、人格神を信じる割合は八〇パーセントも減少したが、ここでもメンタライジング能力が唯一の介在要素だった。体系化能力も、両研究が着目したパーソナリティの二つの特性（誠実性と協調性）も、神への信念にまったく影響を与えていなかったのである。また人格神を信じる男性は、女性のわずか半分だった。女性はメンタライジング能力が高いがゆえに、もともと男性より宗教に深く関わる傾向があるものと思われる。

脳のなかの宗教

宗教がどんなものであれ、それは私たちの心のなかで起きている何かであることにまちがいない。つまり脳内で起きている何か、ということだ。一九九〇年代後半、神経科学者アンドリュー・ニューバーグと人類学者ユージーン・ダキリは宗教と脳に関する驚くべき説を発表した。瞑想の修行を積んだ仏僧がトランス状態に入ったときの脳をスキャン装置で調べたところ、左耳のうしろ斜め上に位置する左頭頂葉後部の活動が落ちて、反対に前頭前皮質、とくに眼窩《がんか》前頭皮質の活動が顕著に高まっていた。二人が注目したのは左頭頂葉の活動が減少していたことだ。なぜならそこは空間的な自己認識に関わる領域だからである。トランス状態に入って頭頂葉の神経線維が徐々に機能を果たさなくなると、大脳辺縁系を経由して視床下部に一連の信号が送られて、視床下部、前頭前皮質のなかの注意を受けもつ領域、そして頭頂葉のあいだでフィードバックループができあがる。これは「反響回路」と呼ばれることもあり、一方向だけに動く爪車のような働きをする。このサイクルが進むと、空間認識の神経線維が遮断されることで恍惚とした解放感が押しよせ、宗教によって神の真理とか無限の存在、あるいは神そのものと一体になった感覚を熟練者は体験できるのだ。これが「ゴッド・スポット（神の領域）」という言葉の由来である。[23]

この結果には、ニューバーグとダキリが考えた以上に興味ぶかいものがあると私は思っている。その手がかりは、トランス状態をもたらす反響回路に視床下部が関与しているという事実だ。視床下部は、脳内にエンドルフィンを分泌する領域のひとつ。さらに眼窩前頭皮質は情動の経験と社会関係の管理に大きく関わっており、とくにエンドルフィン受容体がぎっしり詰まっている。トランスに入る瞬間に一気に押しよせる、静まりかえった無の感覚は、モルヒネ様物質であるエンドルフィンの急激な増加がもたらしていると思われる。ニューバーグとダキリがこの研究を行なった当時は、エンドルフィン系の関わりについては痛みとのつながり以外はまだ何もわかっていなかった。重要なのは、こうした効果は熟練者によるいわゆる「精神的な自己刺激」によって生じるということだ。

ニューバーグとダキリの発見は全面的に認められているわけではないが、宗教行為に従事しているときの脳において、特定の領域がほかの場合とは異なる活動を見せることを示唆する研究は、その後も続いている。たとえば、被験者に賛美歌の歌詞、童謡の歌詞、電話ボックスに掲示されているテレホンカードの使いかたを復唱してもらい、そのときの脳を調べた実験がある。宗教に積極的だと自己申告した人（この研究ではキリスト教徒）が賛美歌を復唱すると、ニューバーグとダキリの実験とほぼ同じ領域（頭頂葉内側部、眼窩前頭前皮質に隣接する背内側前頭前皮質と背外側前頭前皮質）が活発になった。[24] 敬虔《けいけん》なモルモン教徒を対象に行なった別の研究では、祈る、聖書を読む、モルモン教の小冊子を読む、宗教を扱った短いビデオを見るという行為の最中、宗教的な感情が最高潮に達したと自己申告したときに脳の活動が上昇した。その領域は側坐核《そくざかく》、腹内側前頭前皮質、それに前頭葉のなかで注意に関わる部分である。[25] 最初の二つは、痛みと友情の両方に反応して、エンドルフィン受容体が活発になる領域だ。

臨床的、神経生物学的な研究からは、宗教的な体験（声が聞こえる、神秘体験、異言）をしやすい傾向には、特定の神経ネットワークが関わっていることが示唆されている。具体的には右前頭前皮質（とくに眼窩、背内側、背外側前頭前皮質）、右側頭極《そくとうきょく》（側頭葉の先端部）、大脳辺縁系（とくに扁桃体と海馬）、それにドーパミンやセロトニンといった神経伝達物質系である。[26]

さらに側頭葉てんかんの発作では、極端な形の宗教心と不安な自己感覚（体外離脱、時空の歪曲《わいきょく》、強烈な有意義感）が生まれることも臨床的に一貫してわかっている。症状に現われないほど微細で一過性の発作が側頭葉深部で起こるだけでも、この現象は発生する。宗教的か否かに関係なく、精神に変容をきたす向精神薬（ＬＳＤ、シロシビン、メスカリン、ＤＭＴなど）の多くは、脳幹内の縫線核《ほうせんかく》の活動を低下させ、セロトニン産生を抑制する働きがある。[27] それによって、前頭葉による知覚情報の検閲がずさんになり、知覚のゆがみや自己感覚の分裂、霊的意識の高まり、神秘体験を引きおこすと思われる。さらにそれがドーパミン系の活性化につながり、高揚感と快感をつくりだすのだろう。

宗教心と宗教的経験の基盤となることがわかった側頭－前頭－大脳辺縁系のネットワークだが、メンタライジングと社会関係管理の両方に中心的役割を果たすデフォルト・モード・ネットワークに不自然なほどよく似ている。宗教心がとても強い人は、自分は神と個人的な関係にあると信じているが、それも偶然ではないのかもしれない。しかも脳のこれらの領域は、エンドルフィン受容体の密度が高い。つまり、宗教的な気分になったときに活発になる神経回路が存在しても、まったく不思議ではないのだ。とくにエンドルフィンとセロトニンの活動が関わる場合には、心の理論ネットワークが宗教的経験に重要な役割を果たしているかのように思える。つまるところ、宗教は二つの心、すなわち私たちの心と神の心が直接作用しあう、神秘的でありながら極めて社会的な現象なのである。

＊　＊　＊

この章では、霊長類（ひいては人間）の社会関係の心理学的基盤と、社会的結束に関わる神経生物学的な仕組みについて考察してきた。それは三本の綱の撚《よ》りあわせになっている。第一の綱は個人のあいだで絆が出現する過程だ。エンドルフィンの働きと、メンタライジングおよびホモフィリーの基盤となる認知機構、この二つから結束感が生まれる。第二の綱は、親密な友情を生むこうした仕組みが、いかにしてより大きな共同体の結束に用いられてきたかだ。第三は、宗教の教義的な概念を処理する私たちの能力に、認知的要素、とくにメンタライジングがどう関わるかである。次章では、第二の綱が宗教において具体的にどのような役割を果たしているかを見ていく。逆に言えば、宗教儀式が結束づくりの仕組み、なかでもエンドルフィン系の働きを利用するために、どのようにして設計されてきたかを考えていきたい。第三の綱は、宗教の起源を探る第7章で取りあげることにする。

第6章　儀式と同調

すべてとは言わないが、ほとんどの宗教は儀式を基盤にしている。教義宗教では儀式は祭祀《さいし》の柱だし、シャーマニズム宗教では神々をなだめ、幸運を呼びこみ、トランスに入るためには儀式を遂行しなくてはならない。儀式には二つの重要な特徴がある。ひとつは信者がいっせいにひざまずく、座る、歌うなど同期が徹底していること。もうひとつは決められた手順を厳密に守ることだ。やりかたを誤るとすべて台無しになる。神々が儀式のできばえに満足しなければ、こちらが望む対応はしてくれない。

宗教社会学の偉大な権威であるロバート・ベラーは、儀式によって人は世界のとらえ方が変わり、まさにそのために儀式が選択されてきたと指摘する。[1] たしかにありきたりな対象は気分によって見えかたが変わる。悲しい音楽を聴いたあとは、悲しげな顔はより悲しそうに見えて、うれしそうな顔もあまりうれしそうに見えなくなるという実験結果もある。(2) 別の研究では、その日にあったとてもポジティブな経験を書きだす作業を三日間続けた人は、可もなく不可もない話題について書いた人よりも、それ以降の日々も気分が前向きになったといい、医者にかかる回数も少なかった。(3) 脳を調べた研究でも同様の結果が得られており、肯定的な気分になったあとは視覚野が活発になり、否定的な気分になったあとは、同じ刺激に対して前頭前皮質と側頭葉の活動が低下した。(4)

儀式の起源は動物の遊び行動にあるとベラーは考えた。動物や人間の遊びは、同じ行動の繰りかえしから成るという点で、儀式的な一面も見られる。動物の場合、体をしきりに接触させ、噛《か》みついたり、とっくみあったりしながら、痙攣のようなすばやく力づよい動きも加わる。これがエンドルフィン分泌の最高の引き金となり、温情と喜びと信頼にあふれた心理状態をつくりだすとともに親和的な関係を強化し、凡庸《ぼんよう》な世界を社交的な好ましいものに変える。人間の場合は笑ったときにこうした変化が起きる。

人間の社会的儀式の多くにも遊びの雰囲気があるし、一部の宗教的儀式もそうだ。たとえばヒンドゥー教のホーリー祭は、色のついた粉や水を誰かれかまわずかけまくる愛と色彩の祭りだ。冬の終わりと新しい年の始まりを楽しく祝うこの祭りは一週間続き、女神ラーダーのクリシュナ神への恋慕《れんぼ》をしのぶ意味があるともいう。こうした儀式で爆発する笑いと歓喜は、当然エンドルフィンを大量に分泌させ、快感をもたらすと同時に共同体の絆を強めてくれる。

儀式には何がある？

儀式の形式は無限にあるが、労力別に大きく三種類に分けることができる。低労力型は、特定の場所や時間に短い行動をとるだけで終了する（教会に入るときひざを折って身をかがめる、聖人の像や墓に口づけするなど）。中労力型は歌を歌ったり、ひざまずいて祈ったりと礼拝に出席して行なうものが多いが、ヨガの瞑想もこちらに分類されるだろう。究極型は激しい身体的苦痛をともなう。低労力型儀式はひとりで行なうのがふつうだが、中労力型、究極型は社会性が明白で、複数の人間が共同で行なうことも多い（信者集団が同じ方法でいっせいに礼拝したり、多くの究極型儀式の場合、公の場で見物人の前で儀式を催行したりする）。

儀式は意味があって初めて成立する。自分を痛めつけるためだけに鞭《むち》をふるうのは意味がないが、そこに宗教的な意義が加わると、心理的に別次元の行為になる。究極型儀式では、付加される意義は宗教や文化によって変わってくるが、祭壇や神像に近づくときの控えめな態度など、低労力型儀式の多くはほぼ世界共通といえる。

究極型儀式の最たるもののひとつに火渡りがある。フィジー（一九〇〇年代初頭には観光客向けの見世物になった）、ポリネシアの一部、スペインやギリシャでいまも行なわれているが、古くは紀元前一二〇〇年ごろのインドにも記録がある。真っ赤な燃えさしの上を裸足で歩くからひどい火傷《やけど》を負いそうなものだが、燃えさしの温度が五〇〇度ほどまで下がっており、しかも一定の速度で通りぬけるのであれば意外と平気だ。アパラチア山脈に暮らすペンテコステ派には、蛇使いの儀式がある。これもある意味火渡りに似ているともいえるが、使われる蛇はたいてい猛毒を持つガラガラヘビで、嚙まれたら死ぬし、まれに死者も出ている。激しい苦痛を自らに課す集団儀式も多い。南アジアで行なわれるヒンドゥー教の祭りタイプーサムでは、熱心な信者はムルガン神の寺院まで供物《くもつ》か神輿《みこし》（カヴァディ・アッタム）を届け、なかには串を自分の皮膚に刺しとおして苦行の度を高める者もいる。フィリピンの一部の地域では、聖金曜日にキリストの受難と磔刑《たっけい》を再現し、悔悛者は自ら進んで長さ一〇センチの釘を手と足に打ちこまれてはりつけになる。男女問わず、毎年はりつけを志願する者もいる(5)。

鞭打ちによる自責と宗教とのあいだには長い歴史がある。イスラム教シーア派のアーシューラー祭は、紀元六八〇年に現在のイラクで起きたカルバラーの戦いで、ムハンマドの孫フサインが殉教した故事にちなんだものだ。信者はフサインの死を悼み、刃《やいば》のついた鎖を自らに打ちつけながら、聖地まで足並みをそろえて行進する（現在は禁止されている）。西洋のキリスト教修道院では伝統的に、その名も「ディシプリン（規律）」と呼ばれる七色の鞭で自らを打つ苦行が広く見られるが、こちらは人前では行なわれない(6)。

苦痛をともなう儀式として一般的なものでは、ほかにも肌に痛い毛衣の着用や断食がある。アメリカ平原先住民が行なうサン・ダンス、アメリカ北西部でマンダン族とラコタ族が行なうオーキーパなどもそうだ。部族や共同体の一員であることを証明する目的もあれば、純粋に宗教的な役割の儀式もあり、区別はあいまいだ。

しかし実際には穏やかな儀式がほとんどで、そこには社会的な結束を強めるのに中心的な役割を果たす行動要素が盛りこまれている。それには以下のようなものがあり、たいていの宗教儀式ではそれらが組みあわさっているが、すべてを実践する宗教はきわめて少ない。歌、踊り、抱擁《ほうよう》（平和のキス）、リズミカルなお辞儀（ユダヤ教ハシド派のシュクレン）、感情に訴える語り（劇的な説教、聖書の朗読、自己開示）、会食（シク教では大きな礼拝に続いて会食が行なわれる。ユダヤ教の過越《すぎこし》の祭にはセデルという晩餐《ばんさん》がある。イスラム教では祝祭イードを会食で締めくくる。比喩的な意味では、キリスト教の聖餐式では、キリスト磔刑前の最後の晩餐をしのんでホスチアと呼ばれるパンが配られる）。

宗教儀式で重要な役割を持つのが、リズミカルな歌と踊りだ。アフリカのキリスト教およびキリスト教ペンテコステ派では、勢いのある踊りが礼拝の中心になる。エチオピアのコプト教会の場合、ダブダラと呼ばれる助祭が祭壇の前で踊る決まりがあるが、この祭壇は「契約の箱」を象徴していて、聖書にはダビデ王がその前で踊ったという記述がある。実際には祈禱杖で床を突きながら、身体をゆっくり揺らすだけで、詠唱や太鼓、シストルムという打楽器の伴奏が入る。同様に、一九世紀のシェーカー派は、礼拝の際の緩慢な踊りで知られていた。どちらも催眠術のような効果がある。その意味では、カトリック教会の修道院で昔から歌われてきて、旋律がゆっくり上昇や下降を繰りかえすグレゴリオ聖歌も似ているかもしれない。仏教の儀式でも、低い声域で歌われる単調な詠唱が不可欠だ。チベット仏教の場合は喉歌《のどうた》という特殊な超低音域の詠唱も行なわれており、特別な訓練を積んだ者しか出すことができない。(7)

アメリカの平原先住民が行なうサン・ダンス、北西部沿岸のセイリッシュ族のスピリット・ダンスでも、低い発声をともなうリズミカルな感覚刺激は儀式の中心的な役割を果たす。(8)神経科学の創始者のひとりウィリアム・グレイ・ウォルターは、一九三〇年代に行なった独創的な一連の研究のなかで、太鼓のように音波の波形が急峻で強烈な音は、内耳《ないじ》の聴覚機構への感覚刺激が最大になることを示した。(9)さらに一九六〇年代には、聴覚ドライビング（特定の音がトランス状態を誘発する）という現象を掘りさげた研究が、太鼓を一秒間に三、四、六、八ビートで叩くときのような、周波数が低く振幅が大きい（低音かつ大音量の）音がその効果を生みだすのに最適であることを示した。(10)サン・ダンスの直前の数日間は飲まず食わずで、しかも長距離を走ったり、冷たい川につかったりと身体を疲弊させ、感覚遮断も行なわれる。儀式でも自分を痛めつけ、低周波音での詠唱と毎秒およそ三ビートの太鼓に合わせて激しく踊る――一九七〇年の映画「馬と呼ばれた男」でリチャード・ハリスが演じた場面だ。

ほとんどの宗教で儀式は中心的な役割を果たすが、なぜそれほど重要なのかという疑問も浮かぶ。これに対して、儀式は帰属意識を表わすものだからと考える研究者もいる。儀式を手順どおりに進められれば、共同体の一員であることを示せるというのだ。話しかたや言葉の選びかたが適切で、昔から伝わる民話を知っている。人前での態度、服装や髪型もおかしくない。それと同じように、儀式を立派にこなせれば、共同体に属する秘密を知っていると示せる。これをシボレテ仮説としよう――ギレアデ族が敵のエフライム族を見つけるために、ヘブライ語で穀類を意味するシボレテ（shibboleth）を発音させたという旧約聖書の逸話にちなんでいる。エフライム族は、この語の最初の音節をギレアデ族のように発音できなかったのだ。この意味で、共同体に所属する証拠としての儀式という考えは、第5章に登場した友情の七つの柱を思いおこさせる。

これとは別の考えかたが、コストリー・シグナリング仮説である。不便や苦痛に耐え、時間と費用をかける覚悟があればあるだけ、その共同体に属したい欲求が強くなるはずだ。儀式遂行に犠牲を払う覚悟を持つことで、ほかの構成員に対する自らの献身を公に示せば、心理的に共同体を離れるのが難しくなる。一九世紀アメリカの宗教共同体では入会にあたり志願者に課す禁止事項（汚い言葉づかい、飲酒、肉食、私有財産、性交渉など）が多いほど共同体は長続きした、という研究結果が思いだされる。こうした態度はいわゆる「コンコルドの誤謬《ごびゅう》」（始めに多大な投資をしたあとでは、そのまま続ければ損失が拡大することがわかっていてもやめられなくなる）(11)を招きやすいものだが、それでもいつかは費用が利益を大きく上回り、続ける価値がなくなるときはやってくる。ただ実際のところ、そうなったときにはやめるのが経済的には賢明であったであろう段階はもうとっくに過ぎている可能性がある。実はここが重要なのかもしれない。ほんとうならもっと早くやめていてもよさそうなのに、このせいで長くとどまってしまうのだ。

儀式の重要性に関しては、さらに二つの仮説がある。ひとつは、儀式に参加することで他の構成員に対してより向社会的に接したくなるという向社会性仮説。もうひとつは、儀式が共同体意識をつくりだすという共同体結束仮説だ。イスラム教地域では、金曜日には物乞いが拒絶されることはないのだが、これも偶然ではないだろう。金曜日はみんながモスクに行って礼拝する日で、ほかの日よりも積極的に施しが行なわれる。祈りの儀式に参加したことで、すべての人に寛大でありたいとか、恵まれない人もみんな同じ共同体の一員だから、手助けをするべきだという心理が生まれるのだ(12)。

これらの仮説は、たがいに対立するものとして扱われることが多い。しかし第1章で学んだように、どれかひとつが正解なら残りは不正解、とはかぎらない。たんに表現がちがうだけで、中身は同じということもある。たとえばシボレテ仮説とコストリー・シグナリング仮説のちがいはたんに方法が受動的か能動的かというだけで、どちらも共同体の一員であることを証明するのが目的だ。あるいはティンバーゲンの「四つのなぜ」のように、説明の次元がまったく異なる場合もあるだろう。ただ、どの説明も根本的な事実を見落としている。それは、儀式がエンドルフィン分泌の引き金になっているということだ。

エンドルフィンは脳の疼痛抑制系の一部なので、痛みを誘発するとエンドルフィンが分泌される。しかしエンドルフィンが非常に出やすいのは、ジョギングや踊りのようなリズミカルな運動であり、突然起こる激しい痛みよりも、ジョギングのような持続的で弱い痛みにエンドルフィン系は反応する。苦痛が軽めで、とくに礼拝に関係する儀式の多くはリズミカルな動きをともなうため、エンドルフィンを分泌しやすいはずだ。これに関しては後述するとして、まず神経心理学的な側面をくわしく見ていこう。

儀式の神経心理学

歌や踊り、それに感情に訴える語りが、脳内のエンドルフィンを増加させ、その結果結束感を高めることについては、すでに多くの裏づけが得られている。また痛みを誘発することで集団への帰属意識が高まることも確認されていて、過激な儀式にこの仕組みが関わっていることも一応は疑いなさそうだ。

面識のない二～五名の小さな集団に、苦痛をともなう課題と、そうでない課題に取りくんでもらい、感情の正負と集団への帰属意識をたずねた実験がある。苦痛をともなう課題とは、氷水の入ったバケツに手を入れて底の円盤を拾う、もしくは壁に背中をつけて空気椅子の姿勢をとるというもの。苦痛をともなわない課題は、常温の水が入ったバケツから円盤を拾う、もしくは一分間の片足立ちだ（きつくなったら左右を変えてもよい）。円盤を拾うのは、課題に意味があると思わせるための演出だ。実験の結果、苦痛があってもなくても感情の正負にちがいは見られなかった。けれども、年齢や性別、集団の大きさを考慮しても、苦痛に耐えた被験者どうしは、苦痛がなかった者どうしより互いに強い結束感を覚えていた。さらに追跡実験として、課題を終えた被験者たちには公共財ゲームをやってもらった。手持ちの金から、それぞれがいくらかを寄付して、その合計額によって報酬が増えて戻ってくるというものだ。苦痛課題をこなした被験者のほうが、このゲーム課題をつらいと感じてはいたが、ここでも感情の正負にちがいはなかった。それでも、苦痛課題の被験者の寄付額は非苦痛課題の被験者より明らかに多かった。さらに第三の実験として、被験者に激辛唐辛子かキャンディを食べてもらってから、寄付額を決めさせた。するとここでもまた激辛唐辛子の苦痛を経験した被験者のほうが、キャンディ組より多く寄付したのである。(13)

宗教的な文脈のなかでエンドルフィンが果たす役割を探るために、イギリスの伝統的なキリスト教会（福音派から英国国教会まですべて網羅している）の礼拝と、ブラジル南部でアフリカ系ブラジル人が信仰するウンバンダ（第2章参照）のトランス状態をともなう礼拝を比較した研究がある。痛みの閾値と自己評価した集団の結束は、どちらの礼拝後においても上昇していた。ただしイギリスの教会では痛みの閾値の変化はウンバンダにくらべて小さかった。ウンバンダの礼拝のほうが、はるかに激しく強烈だったからだろう。そして全体的に、集団の結束の変化は、国のちがいや神との個人的なつながり、礼拝出席の頻度、年齢、性別を考慮しても、痛みの閾値の変化から有意に予測することが可能だった。(14)

この効果は儀式の宗教的要素によるものか、それともたんに身体を激しく動かしたためか。それを見きわめるために、厳密に条件をコントロールできる実験室での研究も行なわれている。[15] ここで用いられたのはハタヨガだ。大学では学生向けのヨガ講座が数多く開催されており、場所を実験室に移しても不自然ではなかったからだ。それに宗教的なクラスでも世俗的なクラスでも、行なうヨガの内容を同じにできることも、条件をそろえるうえで好都合だった。講座を主宰《しゅさい》したのは、プロのヨガ指導者であり、著書も出版しているスワミ・アンビカナンダ・サラスワティである。ヨガの哲学と理論をひもときながら指導する宗教的な講座と、心身の健康のためにポーズをとるという完全に世俗的な講座を開催してもらった。一時間の講座を何週間か続けるうちに、どちらの条件でもほかの参加者との結束感は強くなっていたが、二種類の講座のあいだのちがいはわずかだった。顕著な差が見られたのは、講座が進むにつれて、高次元の霊的な力とのつながりをより密接に感じるようになったかどうかだ。そうなったと答えた者は、世俗的講座にくらべ宗教的講座ではるかに多かった。実験を通じて、参加者の霊的な傾向や宗教心には変化がなかったので、それらが影響したわけではない。純粋にヨガ講座による効果である。

確認された痛みの閾値の上昇がほんとうにエンドルフィンによるものなのかを確かめるため、ある回のヨガ講座と、ブラジルで行なわれたウンバンダの数回の礼拝を対象に、追跡実験が行なわれた。礼拝やヨガが始まる前に、参加者の半分にはエンドルフィン阻害薬であるナルトレキソンを、残りの半分にはプラセボを投与したのだ。[16] ナルトレキソンは脳のエンドルフィン受容体と結合するので、礼拝やヨガによって分泌されたエンドルフィンは行き場を失う。すると痛みの閾値も結束感も、プラセボを服用するのにくらべて低くなるはずだ。実際ナルトレキソンを投与された参加者は、プラセボを投与された参加者にくらべて、結束感が弱くなった（図6）。プラセボ服用者の結束感は、エンドルフィン系が活性化したときに期待される標準的な上昇を見せた。

宗教、あるいは超自然的なものを信じる姿勢が、共同体の結束感にどれほど重要な役割を果たすのか。それを判断するために、サンデー・アセンブリーの集会で追跡研究が行なわれた。サンデー・アセンブリーとは、教会の日曜礼拝を世俗的な形に変えた集まりで、二〇一三年にロンドンで始まった。宗教色のない有名な歌を歌い（通常はバンド、大規模な集会では合唱隊が入ることもある）、参加者が詩を朗読したり、心を揺さぶるような話をする。ゲストを招いてTEDのような講演をしてもらうこともある。さらに黙想の時間を設け、地域のお知らせを伝えて、集会費や慈善活動にあてるために募金皿を回すこともある。集まりのあとには、軽食が出たり、会食が開かれることもある。サンデー・アセンブリーを定期的に開催する団体は、宗教の信者集団と区別するために「チャプター」と呼ばれる。ひとつのチャプター内に、特定の趣味を持つ五〜一五人の小さなグループができることもあり、いっしょに手工芸を楽しんだりするほか、ビールを飲みにいったり、ボランティア活動をしたりと、外での活動を行なうこともある。誕生から一〇年ほどたつサンデー・アセンブリーは、世界八か国（主に英語圏）で四五のチャプターが活動している。

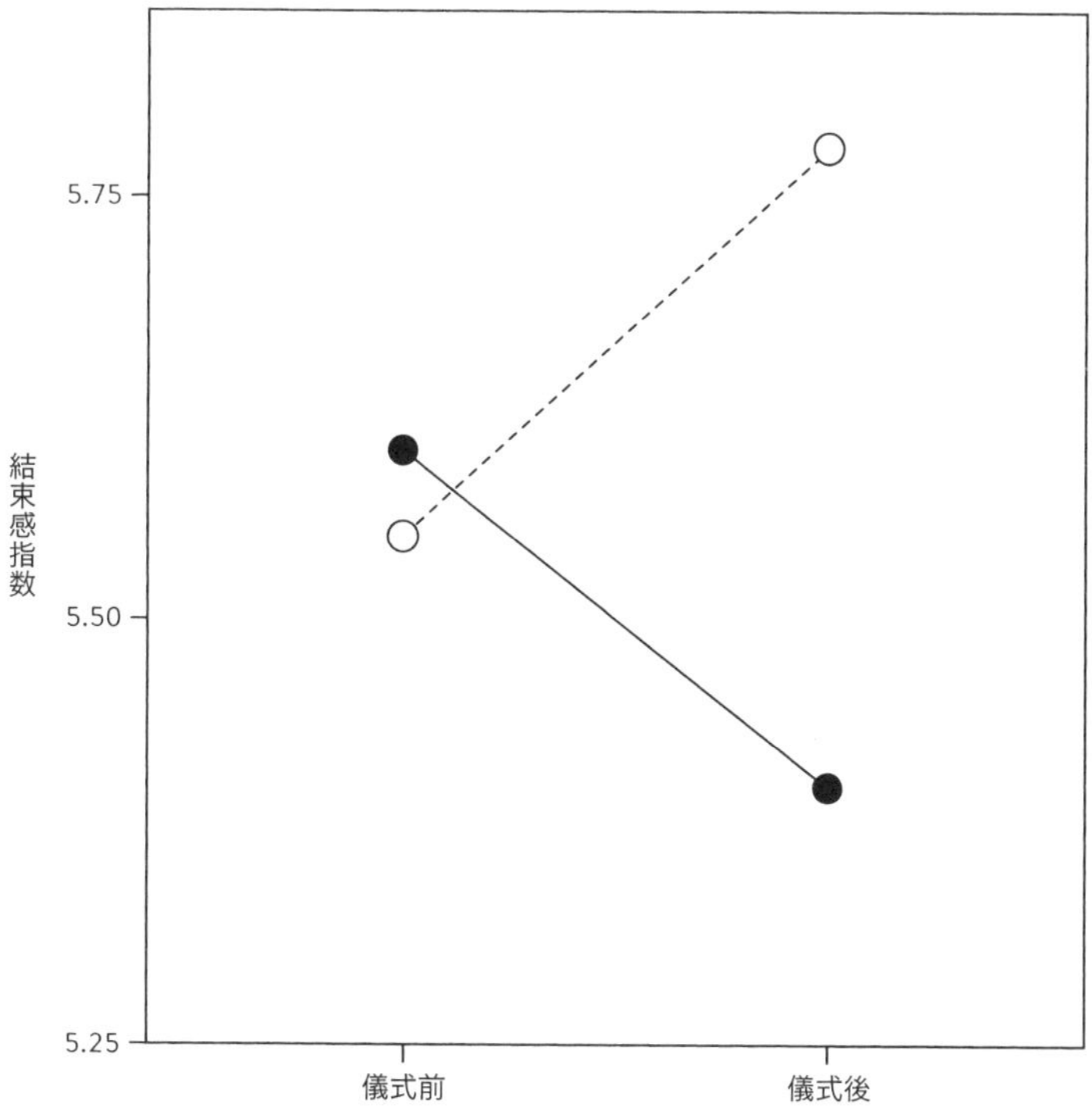

図6　宗教的な礼拝の前後で、エンドルフィン阻害薬であるナルトレキソン（●）とプラセボ（○）が結束感におよぼした影響。ほかの参加者との結束感は、IOS（心理的重なり尺度）で評価した[17]。

サンデー・アセンブリー運動は、世俗の宗教や、人間主義的宗教をつくろうとした過去の試みと通底している。たとえば一八五三年にロンドンで設立されたヒューマニスティック宗教協会や、同時期にフランスの実証主義哲学者オーギュスト・コントが創設した人類教である（オルダス・ハクスリーが「カトリックからキリスト教を引き算したもの」と評したことで有名）。どちらもいまなお存続しているが、成功とはいえない。超自然的な側面と、霊的世界への信仰がないと、宗教はうまくいかないのかもしれない。儀式の霊的要素は、その形式や手順といった物理的特性とくらべてどこまで重要なのか。それを確かめるうえで、サンデー・アセンブリーはうってつけなのである。

サンデー・アセンブリーのチャプターを対象に行なった実験では、社会的な結束感の向上は、伝統的な教会礼拝の出席者とほとんど変わらなかった。ただし教会信者はチャプターの参加者よりも、もとから感じていた結束感が有意に強かった（宗教的側面がもたらす累積的な効果かもしれない）。また世俗的か宗教的かにかかわりなく、集会への出席後に見られた結束感の変化に、個人の霊的傾向や宗教心の強さは影響を与えていなかった。(18)

世界中のサンデー・アセンブリーの参加者を対象に、六か月間にわたって幸福度を測る調査を実施した研究もある。参加者はチャプター内の親しい友人の数が一六パーセント増えていたが、それだけではない。チャプター内のグループ活動に時間を費やす人ほど、幸福感が大きくなるという顕著な結果が得られたのだ――この結果は男性におけるもので、女性はこの限りではない。(19)

友情形成に関する研究が示すように、男性の社会的結束感は活動主体で、同好会のようなグループ活動から生まれるのに対し、女性は会話主体で、一対一の関係が軸になっていることも関係しているだろう[20]。

こうした研究結果を総合すると、宗教礼拝に出席して儀式に加わることでエンドルフィン系が活性化し、同じ儀式の参加者との結束感が強くなると考えられる。痛みの閾値や結束感が高まるのは、かならずしも宗教的な文脈に起因しているわけではないのかもしれないが、そうした文脈が儀式に「意味」を付加することで、効果を押しあげているのだろう。宗教的な文脈は、礼拝出席や儀式参加を日常的に続ける動機としても重要だといえる。

動きを同期させたときに起こること

儀式が持つ最もわかりやすい特徴は同期性だ。礼拝の出席者は身を寄せあい、立つ、ひざまずく、座る、ひれふすといった動作をいっせいに行なう。十字を切る動作はもちろん、歌うときも、祈りを唱えるときも声がそろっている。もちろん踊りも同じだ。同期した動作には催眠的な効果があって、仲間意識を大いに高めてくれる。

私が同期性に最初に注目したのは、ボート競技のエイトの選手を対象に研究したときだった。ボート上ではなく、ジムでトレーニング用のローイングマシンを漕《こ》いでもらうものだ。被験者は全員エリートクラスのトップ選手で、最初は単独でマシンを漕ぎ、翌週は実際の競技のようにチームでいっせいに漕いでもらった。ボート漕ぎの運動はエンドルフィン効果を生みだした（少なくとも痛みの閾値は上昇していた）。ただそれは予測していたことで、なんとチームで漕いだときには単独のときより一〇〇パーセントも効果が大きくなっていたのだ。力をよけいに使っていないことは、マシンのコンピューターで確認ずみだ。[21] 動きを同期させたことで何らかの作用が働き、エンドルフィンの分泌量が増えたのである。その理由や仕組みはまだ解明されていないが、この実験はほかの研究者によっても再現されているし、私たちがダンスの動きで行なった実験でもまったく同じ効果が見られた。[22]

その後も、同期性をさらにくわしく探る研究が数多く行なわれている。たとえば、一連の単純な腕の動きを被験者がひとりでやるのと、協力者と動きを同期させたりさせなかったりしてやる場合を比較したところ、被験者と協力者の動きがぴったりと合っているときには痛みの閾値が上昇し、協力者への信頼感も増した。同期性は独立して二人の結束感も高め、それによって好感度や協力の度合いも高まった。[23] 別の研究では、四〇〜五〇人からなるいくつかの集団が研究助手の先導で競技場を行進する実験を行なった。速く歩く（高覚醒）集団と、ゆっくり歩く（低覚醒）集団を設定し、それぞれを半分に分けて、助手と歩調を合わせて歩く同期集団と、好きに歩いてよい非同期集団をつくった。行進を終えたあと、各集団に協力課題をやってもらう。すると速足で歩いた高覚醒集団は、ゆっくり歩いた低覚醒集団よりも密に集まり、課題を効率的にこなした。

また高覚醒集団では、同期性は効率を押しあげる効果があったが、低覚醒集団にそうした効果は見られなかった[24]（ダンスの実験で得られた結果と同じだ）。同様の効果は、数十人からなる集団に、無意味な単語の一覧を声を合わせて、もしくはばらばらに読んでもらったときにも見られた。声を合わせて復唱するだけでも集団の協力度が増すことが示唆されたのだ[25]。先ほどのグレゴリオ聖歌の合唱の例が思いだされる。

重要なのは、同期性が影響する課題には明確な目的がある点だろう。このことが最初に確認されたのは、四人の集団がかんたんな動作をおたがいに相手に合わせながらやるか（社会的目的のある同期性）、メトロノームに合わせてやる（社会的目的のない同期性）という単純な実験だった。その後行なった公共財ゲームでは、社会的目的のある同期行動をした集団のほうが、目的のない集団より拠出額が多かった。ひとつのことに全員が意識を向けたことも協調性を高め、その度合いはたんに動きを同期させるのにくらべて高かったのである[26]。

宗教儀式のなかで、このことはどんな意味を持つのか。宗教や社会的関心が異なる九つの集団を対象に、その疑問をより自然な形で調べた研究がある[27]。ここでは九つの集団を、同期性の観点から三つに分類した。ひとつは厳密な同期性が求められるもので、ヨガ、仏教の声明《しょうみょう》、ヒンドゥー教の祈禱歌唱の三つの集団が該当する。次は、かならずしも完全に同期するわけではないが、高度な協調が求められる相補的同期性の集団で、カポエイラ[28]、太鼓演奏、合唱、キリスト教会の信者の四つの集団がこれに分類される。最後がポーカーとランニングの二つの非同期性集団である。それぞれの集団にはいつもどおりの活動を行なったあと、標準的な公共財ゲームをやってもらった。すると、ここでも同期性は集団の帰属意識（向社会感情）および信頼感と関連していた。ただし神聖性を重視する感覚と活動が結びついて、協調性（公共財ゲームの拠出額を指標とした）の高さにつながったのは、同期性と帰属意識の二つがそろったときだけだった。活動の頻度や継続時間は、協調性の程度に影響していない。ここでも宗教的な目的の存在が、同期的な儀式の効果を押しあげていたようだ。

歌唱は儀式のなかでも興味ぶかい要素であり、実際のところ礼拝には歌唱をともなう宗教が大半を占める。ほとんどの場合、複数の声部による斉唱で、訓練を積んだ合唱隊が演奏会形式で行なう。また、これまで完全に見落とされてきた合唱の特徴のひとつが、男性パートと女性パートがぴったり一オクターブちがうという点で、これにより声域の異なる声でも斉唱が可能となるのだ。この現象はオクターブ等価性と呼ばれる。女性と子どもは声域が同じだが、男性は思春期に入ると声が変わり、二〇歳ごろには一オクターブ低い声に安定する。男性の声域が低いのは性選択の結果とされてきたが（声の低さは身体の大きさを連想させ、生殖可能なメスをめぐる競争で有利なので、低い声の男性ほど魅力が増す）、なぜきっかり一オクターブちがいなのかは説明できない。それに男性の声は、体格のわりに極端に低い――もし体格が声の高さに比例するなら、男性の身長は三メートルにもなる。オクターブ等価性は、（比較的）大きな集団で結束を強めるために、男声と女声を調和させる特別な仕組みのようだ。[29] 音を一致させて歌うことが「スイートスポット」になって、背筋がぞくっとくる感覚が生まれ、帰属意識を高めるのだ。グレゴリオ聖歌の生みだす効果がまさにそれである。

＊　＊　＊

これらの研究から、儀式がエンドルフィンによる効果をもたらし、帰属意識の創出、共同体の結束に重要な役割を果たしていることがわかる。そのなかで欠かせないのが同期性で、エンドルフィンの効果を増幅する働きがあるようだが、その仕組みや理由は完全には解明できていない。その意味では、儀式は世俗的な場面での笑いや歌、踊りによく似ている。儀式それ自体の意味や宗教的意義は予想されるよりは重要ではないようだが、同期性と組み合わさることで儀式の価値を高め、結束を大いに強化してくれるのである。

第7章　先史時代の宗教

行動と精神は化石となって残らないため、遠い先史時代の宗教がどんなものだったか知るすべはない。もちろん考古学的な証拠からその一端は垣間見えるが、それもせいぜい行なわれていたとおぼしき儀式から偶然残った断片だけだ。この鉢は神への供犠に使ったのか、それともふだん使いの食器だったのか？　石を彫ったこの像は、神殿で信仰されていた女神をかたどったもの、それともたまたま気にいって家に置いた飾り？　その遺構が住宅だったのか、儀式の場所だったのかもわからない。そもそも多くの小規模な部族社会では、両者はかならずしも区別されていなかった。日本の家では、いまも居間にご先祖をまつった仏壇が置かれていたりする。その建物は住宅なのか、それとも宗教の場になるのか？

それでも遠い祖先の宗教的信念を知るための直接の情報源は、考古学的な証拠しかない。ではその証拠で、どこまでさかのぼることができるだろう？　はるか昔の宗教はどんなものだったのか。私たちの前任者、ハイデルベルク人やそのいとこにあたるネアンデルタール人は、宗教に熱心だったのだろうか。

重大な証拠は墓にある

宗教に関する証拠を前にして、考古学者は賢明にも深読みにならないよう慎重に解釈してきた。唯一信頼できる基準として、彼らが象徴的な意味に頼りがちなのはこのためだ。たとえば墓に副葬品が納められているのは、死後の世界を信じていたからにちがいない。そうでなければ、なぜ死者をこれほど丁重に、手間ひまかけて埋葬する必要があるのか。岩の割れ目にでも放りこめばすむはずなのに。日用品をあれこれ墓に入れるのも、行った先の世界で必要だと考えたからではないのか。

考古学者が意図的埋葬と判断する根拠となるものは以下のとおり。遺体が五体満足な状態である（つまり捕食者に食われていない）。骨がレッド・オーカーもしくは花粉で染まっている（遺体にオーカーもしくは花粉を振りかけて埋葬した）。遺体は意図的に掘られた穴に埋葬されている、もしくは捕食者や水の流れにさらわれないよう洞穴の奥深くに安置してある。人工物が偶然ではなく意図した形で墓に入っている（遺体の手のなかや身体の脇に置いてあるなど）。これは例によって「連帯した」基準だ。かならずしも全条件を満たす必要はなく、一部が該当していればよい。

「はじめに」で紹介したスンギール遺跡のように、加工した象牙や貝殻の飾りなどの副葬品がある意図的埋葬は、いまから四万年前の後期旧石器時代の遺跡で比較的よく見られ、ヨーロッパ全土で発掘されている。どの遺跡も、解剖学的現生人類、つまり解剖学的には私たちと同じ人びと（ホモ・サピエンス）のものである。ものの考えかたも私たちから大きくはずれることはないはずだ。それより古い埋葬の証拠は、主にネアンデルタール人のもので、年代は一〇万年前までがほとんどである（現生人類が出現したのはおよそ二〇万年前か、そのもう少し前だから、それよりはだいぶ経っている）。イラクのシャニダール洞窟（約七万年前）、イスラエルのケバラ洞窟（約五万年前）、クロアチアのクラピナ遺跡（約一二万年前）のほか、スペインとフランス南部にも約七万年前のそうした埋葬遺跡がいくつもある。どれも深い洞窟を利用しており、遺体を安置し、レッド・オーカーを使用していることから、意図的埋葬と判断されているが、副葬品のたぐいはほとんどない。フランスの複数の遺跡では骨に切れこみが残っていて、埋葬前に肉をはがした跡とされる（エクスカーネーションと呼ばれる埋葬儀式で、かつて人類集団の一部が行なっていた）。ただしこれは食人の証拠とする解釈もある。

イラク北部のクルディスタン地域、ブラドスト山地にあるシャニダール洞窟は、化石人骨の出土で知られるところだ。六万五〇〇〇年前から三万五〇〇〇年前まで、山腹にあるこの巨大な洞窟は、ネアンデルタール人の集団が不定期に生活場所にしていた。ネアンデルタール人の絶滅後は、一万年前ごろに現生人類が断続的に使っていた。これまでにネアンデルタール人の化石人骨一〇体分が見つかっているが、最初に発見された高齢男性の骨はとくに注目を集めた。骨には生前に外傷を負っていた痕跡があったからだ。左の顔面は強い打撃で骨が砕け、片目は失明していた。衰え使いものにならなくなった右腕は骨に変性疾患をわずらっていたようだ。こうした傷痕によって、ネアンデルタール人の利他性がことのほか強調されるようになった。これほどの障害を持っていたら、集団全体で世話をしなければ生きられなかったはずだというのだ。だが、障害を持つサルや類人猿が集団の助けなしに野生で生きのびた例はいくらでもあるので、この主張はおそらく正しくはないだろう。[1] シャニダール洞窟からは、化石化した黄色い花の花粉も大量に見つかっていて、埋葬時に遺体にまいたものだとされてきた。だがこれも、ネズミなど巣穴を掘る小動物が運んできた可能性がのちに指摘されている。洞窟から出土した人骨の数自体も、洞窟は住居ではなく墓地であるとの論拠に使われてきた。

解剖学的現生人類のものとされる、少なくとも二つの洞窟遺跡（イスラエルのスフール遺跡とカフゼ遺跡）にある複数の墓は、シャニダールより古い九～一〇万年前にさかのぼる。シャニダールのものとちがって、こちらは明らかに意図的埋葬と思われる。人骨の一部が、穴が開けられたヨーロッパチヂミボラの貝殻（首飾りだったと思われる）や動物の骨といっしょに埋葬されていたからだ。カフゼ遺跡では、おそらく意図した形で、女性と子どもがいっしょに葬《ほうむ》られていた。合葬の最古の例だ。この埋葬には宗教的な意味も見いだせるという主張もあるが、その根拠となるものは、いっしょに葬られていたという事実以外にはない。

仮にこれらの例がすべて意図的埋葬だったとしても、わかっているのはせいぜい一〇万年前までの話だ——人類が出現してからは相当経過している。そしてそれ以前となると証拠はどんどんぼやけてくる。ヨーロッパ南部では、約四〇万年前の意図的埋葬の間接的な証拠が見つかっている。そのころはハイデルベルク人や初期ネアンデルタール人といった、旧人類がヨーロッパを席巻していた。なかでも印象的なのは、スペイン北部、アタプエルカにある洞窟群で見つかったシマ・デ・ロス・ウエソスだ。「骨の穴」という意味で、地下深く、深さ一三メートルの細長い穴の底から、ハイデルベルク人の男女と子どもの骨が少なくとも二八体分見つかったのである。そこは入りくんだ洞窟のいちばん奥に位置していて、現在でもたどりつくのは容易ではない。穴の底で骨は混ざっていたから、遺体を上から投げいれたものと思われる。死後の世界を信じる種《しゅ》が、地下深く伸びる穴を黄泉《よみ》への入り口と考えていたと想像することは難しくない。愛する人をできるだけ早くあの世に行かせようと、遺体を投げこんだのだ。だが洞窟が長年使用されていたことを考えると、それぞれが別々の事故で転落した可能性もある。かすかな明かりだけで洞窟を探検していたとき、または明かりが燃えつきて暗闇で迷っていたときに、足を踏みはずしたのかもしれない。これほど深い穴に飲みこまれたら、連れがいても何が起きたかわからないし、そうでなくても底なしのような穴をおりて救出を試みようとはしなかっただろう。

初期人類の文化的行動を知るためのもうひとつの重要な情報源が、とくにヨーロッパ南西部の石灰岩の洞窟に見られるような洞窟芸術の多様性である。これには二種類あって、ひとつは洞窟の壁に描かれた驚くべき種類のスケッチや絵画。もうひとつは有名なヴィーナス像（図7a）に代表される造形物である。どちらもわずかこの三万年ほどのあいだに作られたものだが、それでも後期旧石器時代の解剖学的現生人類の精神と行動について、貴重な洞察を与えてくれる。

洞窟壁画には美しく描きこまれた動物もあれば、棒状に単純化された人物像、線と点、指形や手形もあり多種多様だ（とくに手形はおとなと子どものものがあり、数千個単位で描かれている。絵具を塗った手を壁に押しつける手法もあれば、壁に当てた手の上から絵具を吹きつけて、手の形を白く残す方法もある）。後代の画家が昔の絵の上から殴り書きしたのか、絵と絵が重なり合っていることもある。岩肌の凹凸《おうとつ》をうまく活かして、動物が立体的に見えるものもある。動物の絵の多くは、槍で突こうとする棒人間もいっしょに描かれているので、狩猟を成功させるまじないと考えられている。さらに興味ぶかいのは、それ以外の人型の像や抽象的に描かれた図像だ。

フランスのレ・トロワ・フレール洞窟にある一万二〇〇〇年前の壁画、通称「呪術師」は胴体と手足が人間だが、頭はシカで、ごていねいに角まではえた何ともいえない姿だ（図7b）。決して独特なわけではないが、これは明らかに半人半獣と呼ばれるもののなかでも最も目を見張るものだ。カラハリ砂漠のサン人は、女子の初潮のときに行なわれるエランド〔別名オオカモシカ。レ

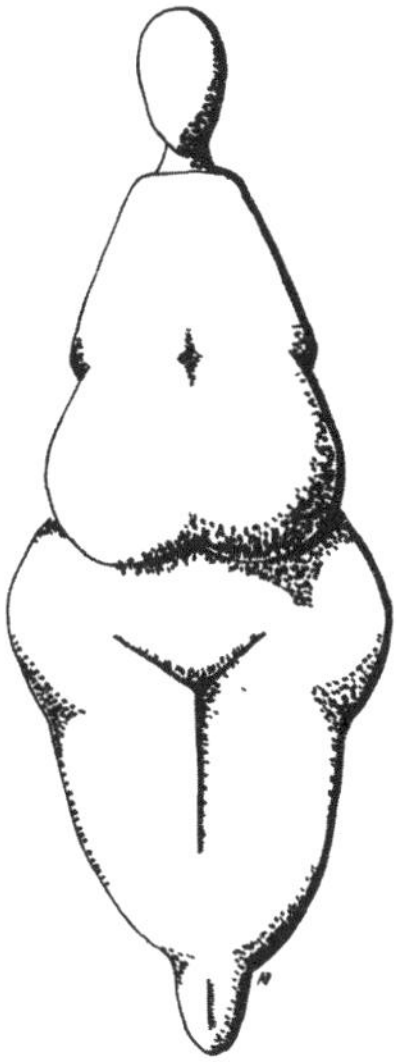

図 7a　南フランスのリドー洞窟で見つかった２万5000年前の象牙製の小像「レスピューグのヴィーナス」。同様の小像はヨーロッパと中東を中心に200体以上見つかっており、年代は１万1000〜３万5000年前で、インド北部にも発見例がある。象徴的な意味や役割は不明だが、豊穣の女神ではないかと考えられている。（Drawings ©2007 Arran Dunbar.）

図 7b　ピレネー山脈のフランス側、ヴォルプ川流域のレ・トロワ・フレール洞窟に描かれた１万2000年前の壁画。「呪術師」と呼ばれる。角のはえたシカの仮面をかぶって踊る姿（サン人はいまもエランドのヒーリング・ダンスでそうやって踊る）、あるいは霊界の半人半獣を描いているなど、諸説がある。（Drawings ©2007 Arran Dunbar.）

イヨウ類最大の動物で、雌雄ともに角を有する〕のヒーリング・ダンスで、これによく似た頭飾りを着けて踊る。動物を模したグロテスクな仮面は、東西アフリカの部族、とくにバントゥー族の宗教儀式でも使われている。

ヴィーナス像（図7a）は石や象牙を彫ったルーベンス風の豊満な女性像で（わずかだが陶製もある）、後期旧石器時代のヨーロッパの遺跡で数多く見つかっている。現在知られているのは約二〇〇体で、その多くはフランス南部とスペイン北部の約一五〇の洞窟から出土している。高さは三〜四〇センチメートルと幅があるが、どの像も両脚が先細りになっていて、足部がないことが共通している。二万一〇〇〇〜二万六〇〇〇年前のグラヴェット文化期につくられたものが大半だが（そして多くの点でその時代を定義づけるものだが）、最も古いものは三万五〇〇〇年前までさかのぼる――現生人類がロシア南部の草原地帯から移動して、ヨーロッパにたどりついてすぐの時代だ。巨大な乳房と臀部から豊穣の女神と解釈されるが、ヨーロッパ全域で形状が同一であることから、女性の至高創造神をかたどったものである可能性も指摘されている。ただ実際のところ、具体的な意味や役割はまったくわかっていない。

洞窟壁画はトランス状態での霊界体験の記録だという説もある。[2]そうだとすれば、図7bのような半人半獣は、踊り手の魂が現世に戻るのを阻止しようとする鬼なのかもしれない（第2章参照）。その意味では、人間を描いたとはっきりわかる壁画が、踊りの集団に見えるのは興味ぶかい。図8はより最近の、しかしきわめて典型的な例で、アフリカ南部の岩陰《いわかげ》遺跡に残るサン人に

図8　南アフリカ、ドラケンスバーグ山脈に残るサン人の洞窟壁画。2000年前のもので、明らかにトランス・ダンスを描いているとわかる。（Drawing ©2007 Arran Dunbar.）

よって描かれた約二〇〇〇年前の壁画だ。これはまちがいなくトランス・ダンスを描いており、右側の乳房をぶら下げた女性たちがリズムに合わせて手拍子を打ちながら歌う様子は、サン人のトランス・ダンスと同じだ。左側で踊るのは男性たちで、現代のサン人のように杖に身体を預けて踊る者もいれば、左端の人物のようにトランス状態で倒れかかっている者もいる。

大昔のマジック・マッシュルーム

さらに最近の考古学的な証拠によって、私たちにはより確かなことがわかる。向精神性物質については、南北アメリカ、ヨーロッパ、アジアの先住民が先史時代に使用していたことが、考古学的にも確認されている。(3) 新世界と旧世界の両方の居住遺跡で痕跡や種《たね》が見つかったのは、メスカリン、ペヨーテ、サンペドロサボテン、コカ、ビンロウジ、シビレタケ属とベニテングダケ、アヘン、大麻、アサガオ（種にLSDと同じエルゴリンアルカロイドが含まれる）、ナス科の植物（ヒヨス、ベラドンナ、マンドレークなど）、鼻から吸引する幻覚剤、それにアルコールで、年代も紀元前七世紀までさかのぼることができる。その多くは中世・近世のヨーロッパで薬草として取りいれられたが、いまでも諸地域の民族文化では医療のみならず儀式にも広く使われている。コロンブスは最初の航海のとき、イスパニョーラ島のカリブ族が葦《あし》の茎を鼻の穴に挿《さ》して粉を吸いこみ、気を失ったと報告している（ヨポの木の種子を粉末にしてつくったコオバと呼ばれる嗅ぎタバコだったようだ）。

南アジアではビンロウジを興奮剤として嚙む習慣が定着している。植物考古学の研究では、東南アジアでは紀元前一万一〇〇〇年前からビンロウジを使っていたことがわかっている。紀元前二六六〇年のフィリピンの埋葬遺跡からは、ビンロウジで赤く染まった歯が出土した。アヘン使用を示唆するケシの種子は、紀元前五〇〇〇年以降、新石器時代のヨーロッパの居住遺跡で広く見つかっている。スペイン、バルセロナ近郊のガバで出土した紀元前四千年紀（前四〇〇〇～三〇〇一年）の成人男性の骨を分析したところ、アヘンを常用していた証拠が見つかった。紀元前二千年紀のキプロスやメソポタミアでは、宗教的文脈でアヘンを使っていた可能性があるし、イスラム教以前のアラブ世界でもアヘンは広く使用されていた。ファラオが支配していた古代エジプトでは、アヘンは神殿の祭司だけが知る門外不出の秘密だった。キプロス製のアヘン瓶がエジプトの墓や地中海沿岸のほかの地域で見つかっており、向精神性物質とそのための道具類が広く取引されていたことをうかがわせる。メソポタミアの古代都市ニップールの神殿から見つかった、紀元前三千年紀のシュメール語の石板にはアヘンの製造法が刻まれていたし、紀元前六世紀にペルシャがアッシリアとバビロニアを征服した記録にもアヘンの記述が見られる。青いスイレンの花も、ワインに数週間漬けこんでおくと穏やかな陶酔《とうすい》感が得られる。古代エジプトの墓所によく描かれ、若くして死んだツタンカーメン王の遺体はこの花で覆われたという。

アルコールとなると、考古学的な記録はさらにさかのぼることができる。中国の黄河《こうが》流域、河《か》南《なん》省にある新石器時代の賈湖《かこ》遺跡からは、紀元前七〇〇〇年ごろから果実酒（フルーツ・ワインとも。蜂蜜や米、香草を加えることもある）をつくって飲んでいた痕跡が見つかっている。(4)ワインはビールより技術的につくりやすいので、最古のアルコール製造例がワインのような飲み物だったことは偶然ではないだろう。トルコ南東部（メソポタミア北部）のギョベクリ・テペ遺跡からは、巨大な石でできた発酵槽《はっこうそう》が出土している。年代は紀元前八〇〇〇～七〇〇〇年で、容量は一六〇〇リットルもあった。(5)発酵の残りかすを化学的に分析した結果、どんな酒がつくられていたかも明らかになった。肥沃《ひよく》な三日月地帯で大麦と小麦を栽培しはじめたのはパンづくりのため、というのがこれまでの説だが、近年の考古学ではビール製造が最初の栽培目的だった可能性も指摘されている。これら初期の一粒小麦、エンマー小麦、野生の大麦は現代の穀類とはグルテンの構造が異なっており、きわめて質の悪い種なしパンしかできなかった。けれどもすりつぶしてどろどろにすると、ビールの醸造には最高の麦芽汁《ばくがじゅう》になったのだ。サン人は昔から蜂蜜を発酵させたミード（蜂蜜酒）を飲んでおり、南アフリカのボーダー洞窟遺跡からは、約四万年前にはミードをつくっていた状況証拠が見つかっている。(6)

さらにさかのぼった時代に向精神性物質が存在していたかどうかについては、より状況証拠的になる。シャニダール洞窟遺跡で見つかった三〇歳男性のネアンデルタール人、シャニダール4号はシャーマンだったとされる。理由はヤグルマソウ、ヤコブボロギク、ムスカリ、タチアオイなどの、化石化した地域のさまざまな植物の花粉の塊で覆われていたためだ。いずれも利尿作用や収斂《しゅうれん》作用、抗炎症作用、興奮作用があることで知られている。シャニダール4号のシャーマン説には異論もあるが、これらの植物が身近にふんだんにあれば、その薬効などの特性を人類が発見し、活用した可能性は大いにある。

向精神性物質の存在を示すこれらすべての考古学的記録は、トランス状態の経験、ひいてはシャーマニズム宗教が存在していたことの決定的な証拠となる。ただ、考古学的な証拠で確信をもってさかのぼれるのは新石器時代の始まり、つまり一万年前までだ。埋葬遺跡の証拠を動員しても、もう三万年戻れるかどうか。それ以前の証拠は霧のなかで、この調査方法によって過去をさかのぼっても、付けくわえられることはないに等しい。さらに時間をさかのぼるために、この章の残りでは、期待の持てそうな手がかりを与えてくれる二つの間接的な手法を検討してみよう。

原始宗教を再構築する

部族社会とその宗教に関心を持ちはじめたヴィクトリア朝のイギリスでは、学者たちが民族誌的な証拠をもとに、古代宗教の再構築を試みた。最古の宗教形態はアニミズム宗教もしくはシャーマニズム宗教だったという考えは、ここに端を発している。だがそこには統計的な問題があった。二つの文化が共通の祖先からあるひとつの特徴を受けついだ場合、それぞれの文化を独立した事例として数えると不自然にサンプルサイズがふくれあがり、有意な結果が簡単に導きだされてしまうのだ。しかしここ一〇年ほどのあいだに新しい統計手法が開発され、言語の系統樹をもとに、文化進化の系統樹を構築できるようになった[7]。これにより、共通の祖先から宗教的特徴を受けついだ可能性を補うことができる。この文化系統樹は、原則として現代のすべての語族が共通の祖先に収束する時代までさかのぼる。要するに、世界にひとつの言語しかなかった時代（少なくともいまも使われる言語のもととなったひとつの言語しかなかった時代）である。ただし現時点ではそれがいつごろなのかまだはっきりしておらず、語族をたどれるのもおよそ一〇万年前までだが、にもかかわらず、それは現代のさまざまな部族集団の遺伝子系統樹と驚くほどよく重なっている。

たとえば、アフリカ南部、東アジアと南アジア、オーストラリア、南北アメリカの三三の現存する狩猟採集社会を対象に、六種類の宗教的特徴の分布を調べ、新たな統計手法でこれらの特徴がもともとどういった状態にあったのかを再構築した研究がある。六種類の特徴とは、アニミズム信仰、シャーマニズム、祖先崇拝、死後世界への信仰、特定の居場所を持つ地域神への信仰、人間の営みに介入する高き神（高みから道徳を説く神）への信仰である。分析の結果、このなかで最も古いのはアニミズムで、しかも広範囲に分散しているすべての社会にいまも存在する唯一の特徴であることがわかった。いっぽう死後世界への信仰は決して普遍的なものではなく、シャーマニズムや祖先崇拝とともに、アニミズムよりあとにまとまって進化したようだ。高き神への信仰はほかの五つとは別枠で、実際のところ狩猟採集社会の人びとはそうした神をほとんど信じていない――農耕や牧畜の始まりとだけ結びつく信念なのだろう[8]。別の研究では、禁忌、儀式的身体切除、婚前交渉の禁止も、文化とは無関係な形で、ひとまとまりで急速に進化した可能性が示唆されている。おそらく異なる文化集団が相互に取りいれたのだろう。

原初の宗教は比較的単純なアニミズムの形をとっており、それ以外の要素はほとんどなかったという考えは、これらの分析でより確かなものとなる。もっともそれ以上に重要なのは、アニミズム以外の特徴がひとつずつではなく、むしろまとまった形で出現したことだ。つまり、同時に現われたそれぞれの要素はたがいに関連している可能性がある。死後世界への信仰、祖先崇拝、シャーマニズムがまず加わり、新石器時代に入って農耕が始まってから、高みから道徳を説く神（教義宗教を暗示する特徴でもある）が信じられるようになったと考えられる。ということは、シャーマニズム宗教が先にあって、教義宗教はあとから出てきたという見かたは正しいようだれの段階がどの年代だったかを示すことはできない。ただこの手法でわかるのはここまでで、少なくとも現時点では、それぞれの段階がどの年代だったかを示すことはできない。

遠い時代から推理する

とはいえ、手がかりを与えてくれそうな方法はもうひとつある。それは思いがけないところから生まれたが、科学における新発見とはそういうものだ。それは異なる二つの解剖学的指標（ひとつはメンタライジング、もうひとつは発話に関するもの）を使った三角測量のようなもので、言語が進化した時期を特定することで、宗教が誕生したと思われる時期を二方面から特定しようとするものだ。これによって宗教が進化した時期について最小限のことがわかるのは、宗教がなくても言語は生まれるが、言語なしでは宗教は生まれないからだ。

言語が出現した時期に関して、古人類学者の立場は大きく三つに分かれるが、そのすべての主張は明白に、あるいは潜在的に「現生」の定義に基づいている（私たちの祖先が完全に「私たちのように」なったのはいつかということ）。六〇〇〜八〇〇万年前にアフリカの大型類人猿から分かれたあと、最初に出現した初期人類であるアウストラロピテクス属に見られる人間らしい特徴が、まさに現生人類を意味するものだと主張する研究者もいる。だが実際のところ、後述するように、アウストラロピテクス属は二足歩行ができた類人猿にすぎず、言語を進化させたとしても、チンパンジーやゴリラ並みだったと考えられる。もし脳がこれだけ小さなアウストラロピテクス属に言語があったとすれば、脳の大きさが同じくらいの現生類人猿に言語がない理由をどう説明すればいいのか。

現生人類（ホモ・サピエンス）が含まれるヒト属の初期の種《しゅ》で、言語が誕生したと考える研究者もいる。もしホモ・ルドルフェンシスやホモ・エルガステル（アフリカに出現した最古のヒト属）が現在使われているような言語を持っていたならば、言語の起源は二五〇万年前ごろとなる。これに対して、象徴的思考を裏づける考古学的な証拠がないと、言語が存在したとはいえないと考え、言語の出現は五万年前だと主張する研究者もいる。ヨーロッパで後期旧石器革命（洞窟壁画やヴィーナス像が最初につくられた時代）が起きたころだ。ところがその後、この数字はおよそ一〇万年前と修正されることになった。考古学的な証拠はかなり乏しいとはいえ、アフリカで後期旧石器革命が始まったのは、現生人類が約四万年前にヨーロッパに到達するよりずっと前だったことがわかったからだ。

アウストラロピテクス属以降、人類の系譜に連なるすべての種《しゅ》が意思疎通を行なっていたことはまちがいない――現生のサルや類人猿だって、ときにかなり洗練されたやりかたで意思を疎通させているのだ。問題は、象徴的な概念を表現できるかどうか、さらに重要なのは過去と未来に言及するところまで洗練されているかどうかだ。ヒト以外の動物にはそこまでできない。過去・現在・未来といった時制を私たちが表現できるのは、メンタライジング能力を持っているからだ。

それがなければ、圧倒的な力を持つ現在から切りはなして、昨日とか明日よりはるかに遠い過去や未来に自分を置くことはできない。ましてや、（人智を超越した）別の世界が存在するとは思いもよらないはずだ。第5章で取りあげた脳画像研究では、メンタライジング能力（何次志向性まで扱えるか）が、脳のデフォルト・モード・ネットワークの絶対容積と直接相関していることが確認されている。つまりメンタライジング能力は、進化によって脳が大きくなるにつれて、しだいに向上していったはずだ。サル、類人猿、ヒトでは、前頭葉が大きくなるほどメンタライジング能力も高くなっていくこともわかっている。これは最近わかったことで、サルと類人猿を対象に、特別に考案されたメンタライジング課題を用いて実験が行なわれた。[9] メンタライジング能力と脳（あるいは脳領域）の大きさの関係は、ヒトと同じように霊長類のあいだにも成立するのである。

第5章で述べたように、個人的な宗教には最低でも四次志向性があればいいが、共同体で信仰する完全な形の宗教となると、五次志向性（正常な成人のレベル）なしでは成立しない。宗教の進化は、言語よりかなり遅かったと思われる。だが、もし何かの象徴や、目に見えない世界を誰かに伝えるのに言葉が必要なのであれば、宗教が言語より早く進化することなどできるはずがなかったのだ。四次志向性しか持たなかった人類種に宗教性がなかったというわけではない。彼らも個人的な宗教体験の素因は持っていた。そうではなく、複雑な神学や意味深長な儀式をともない、共同体の全員が参加する真に社会的（もしくは共同体的）な宗教をつくるのに必要な言葉をやりとりするのは難しかったはず、ということだ。したがって、共同体全体で実践する原初宗教が生まれた時期は、言語の出現以降に限定される。それ以前にも、個人単位の宗教的体験に感銘を受けていた人はいただろうが。

これを日常生活に置きかえてみよう。あなたが語れる（そして楽しめる）物語の複雑さは、あなたのメンタライジング能力で決まる。私たちは、三次、もしくは五次のメンタライジングに限定した文章で書かれた二つの同じ内容の物語を被験者に読んでもらう実験を行なった。三次志向性を中心に日常生活を送っている人は三次志向性の文章を好んだ。いっぽう五次志向性まで余裕で操れる人にはその文章は退屈で、五次志向性の文章のほうが刺激があると感じた[10]。なぜそうなるかというと、ひとつには、メンタライジング能力は、文法的にどこまで複雑な文章を解釈できるか――たとえばどれだけの従属節構造を扱えるか――に直結しているからだ[11]。扱える志向性が高次になるほど、複雑な文章を読みとくことができる。もちろんそれは、本人がつくる物語――さらには宗教的な意思表明――の複雑さも左右する。

図9は、ヒトの系統に属するさまざまな種の頭蓋容積から推測されるメンタライジング能力を、生存年代順に並べたものだ。比較のため、旧世界ザルと大型類人猿（オランウータン、ゴリラ、チンパンジー）の数値も入れている[12]。二次志向性（基本的な心の理論であり、正常なヒトの子どもは五歳ごろまでに獲得する）の高さに点線を、五次志向性（ヒト成人の標準）の高さに実線を引いた。類人猿はヒト以外の霊長類で心の理論（二次志向性）を唯一持っている。図からもわか

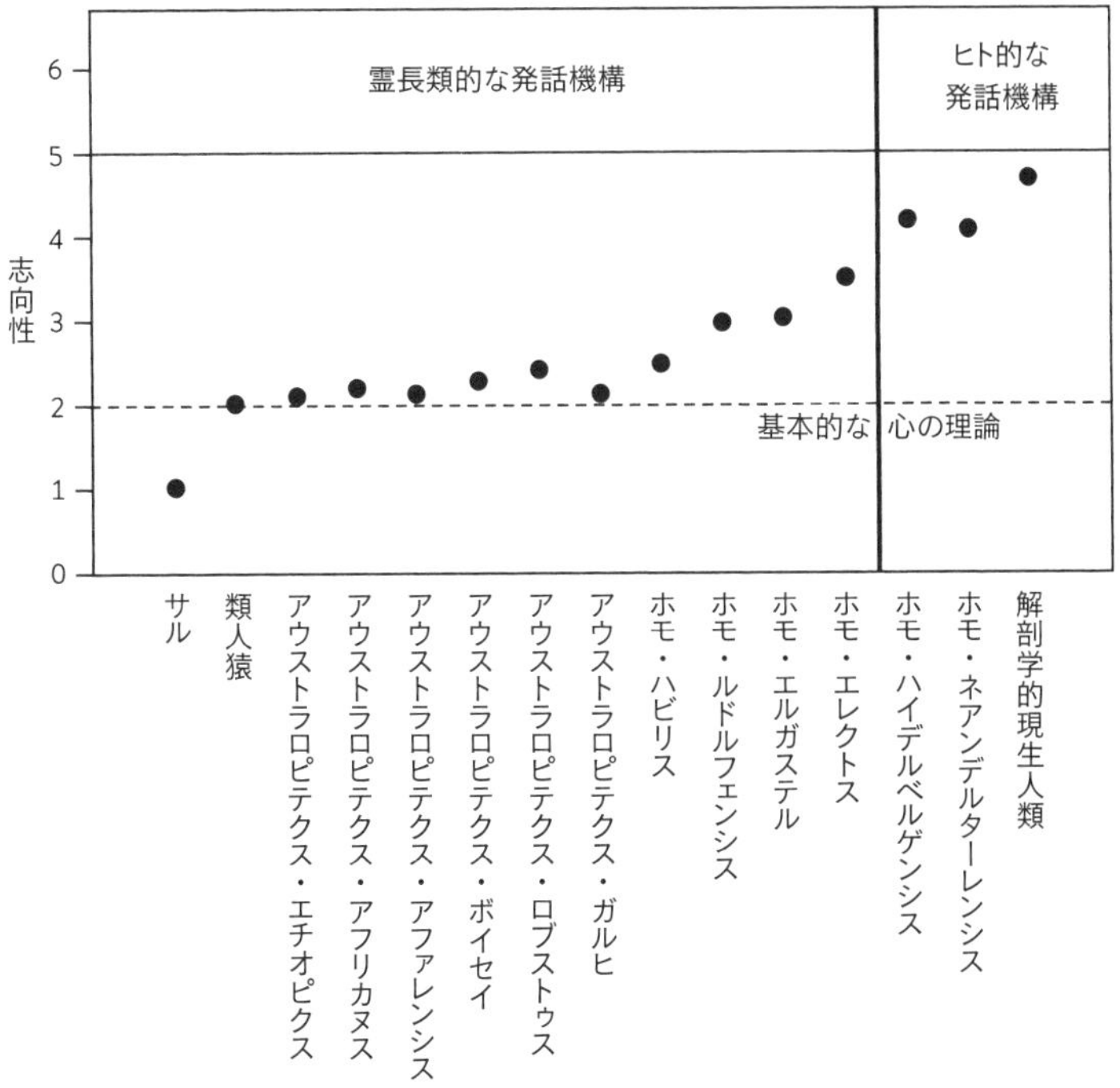

図9　サルに始まり、人骨化石で発見されている解剖学的現生人類までのメンタライジング能力の進化を、それぞれが到達可能な志向性で示した。データの出典は下記の巻末註に記載している。表中に点で示した数値は、それぞれの種で頭蓋容積が判明している全標本の平均値である。レベル２（２次志向性）のメンタライジング（心の理論：横点線）は大型類人猿とヒトの子ども（の最初の心理的ブレイクスルー）が到達するレベル。レベル５（横実線）は現生人類の成人のメンタライジング能力である。縦線はヒトの発話能力を示す解剖学的特徴が最初に出現した時点。(13)

るように、アウストラロピテクス属の志向性は現生類人猿と大差がなく、二足歩行の大型類人猿という位置づけもうなずける。初期のヒト属（ホモ・ルドルフェンシスからホモ・エレクトスまで）になると三次志向性が出現し、旧人類と呼ばれるホモ・ハイデルベルゲンシスとホモ・ネアンデルターレンシスは四次志向性まで到達していた。

私たちの種である解剖学的現生人類、つまりホモ・サピエンスになると、脳も大きくなって五次志向性まで扱えるようになった。ここまで来ると、私たちが知っているような言語を使うことができる。旧人類も何らかの形で言語は持っていた可能性が高いが、現生人類のような複雑なものではなかった。四次志向性での言語は一〇代の若者の言葉づかいに似ているかもしれない——豊かな社会生活を送るには充分だし適してもいるが、洗練された思想を考えて伝えるには力不足だ。また、初期のヒト属が言語能力らしきものを持っていたとは考えにくい。

このちがいは、宗教についてどこまで複雑な意思表明ができるかにも現われている（表1参照）。四次志向性まで獲得していた旧人類であれば、宗教と呼べそうな信念を持つことはできたはずだ。ただし、それを共有宗教にまで集約することは難しかったにちがいない。霊的世界を想像することはできても、それを「共有の」信念として保持する、つまり現代的な意味での宗教にするには、五次志向性まで行かないと無理なのだ。それがようやく可能になったのは、およそ二〇万年前に現生人類が出現してからだ。ネアンデルタール人のなかには、私たちより脳が大きい個体もいたというから、霊的世界についての高度な概念を構築することはできたかもしれない。

たとえそうだとしても、ひとりのずばぬけた天才がそれをいくら説明したところで、脳の大きさが足りない仲間たちには理解できなかったにちがいない。それを理解できるだけのメンタライジング能力を持ち、ほんとうの意味で宗教的になれたのは、やはり解剖学的現生人類（私たちの種《しゅ》）からなのだ。そうだとすれば、現代の私たちが認識している形の宗教が最初に生まれたのは、現生人類が地球上にお目見えした約二〇万年前ということになる。

発話のための解剖学的構造の経時的変化、少なくとも発声と聴きとりに関する構造の変化は、この説を裏づけている。言葉を話すには二つの能力が必要だ。ひとつは息継ぎなしで息を長く吐けること、そしてもうひとつは顎《あご》と舌と声門《せいもん》の位置を変えて、口および上咽頭《じょういんとう》の発声空間を調節できることで、それぞれ胸郭《きょうかく》上部の胸神経と頭蓋骨底部の舌下《ぜっか》神経が制御している。サルや類人猿と比較すると、現生人類ではどちらの神経束も体格のわりにかなり大きいが、いつそうなったのか気になるところだ。

発話のための構造に関しては、解剖学的に興味ぶかい特徴がさらに三つある。まず、喉頭《こうとう》上部と舌根《ぜっこん》をつなぐ舌骨《ぜっこつ》の位置だ。サル、類人猿、そしてヒトの乳児では、舌骨（および喉頭）は喉の高いところにある（呼吸と嚥下《えんげ》を同時に行なうためで、さもないと窒息してしまう）。しかしヒトの場合は乳離れがすむと喉の低い位置に移動する（だからおとなは液体を飲みながら呼吸することはできない）。舌骨が下がったことで、ヒトは特定の母音を発音できるようになる。母音は人間の言語に不可欠なものだ。残る二つの特徴は内耳を構成する要素であり、それが他者の発話の微妙なちがいを聞きわけることを可能にしている。具体的にはあぶみ骨の下の領域と、蝸《か》牛《ぎゅう》（内耳にある渦巻き状の器官）の大きさで、この二つは聞こえる音の範囲を左右する。サルや類人猿にくらべて、現生人類ではこれらが比較的大きく、より低い音を聞きとることができる。図9にも示したように、以上五つの解剖学的特徴は、約五〇万年前の旧人類（ホモ・ハイデルベルゲンシス）の出現で霊長類のものからヒトのものへと切りかわったようだ。ただ、発話能力は言語に不可欠だが、発話できるからといって言語を持っているとはかぎらない。発話能力（制御された発声とそれに応じた聴取能力）は、会話するときと同じように歌うときにも必要だが、ジャズのスキャット唱法や、スコットランドのアウター・ヘブリディーズ諸島に伝わるマウス・ミュージックからもわかるように、言葉なしでも歌うことはできる。考古学者スティーヴン・ミズンが示唆したように、歌唱は言語が出現するはるか前に合唱の形で進化した可能性は大いにある。言葉のないハミングや合唱は、自然に音がよく響く深い洞窟でネアンデルタール人が編みだしたものかもしれないのだ。広い空間では声が響きあい、それが調和するときに生まれるエンドルフィンの心地よい効果は、超人的な認知能力がなくても容易に気がつく。

要するに図9からわかるのは、発話能力は約五〇万年前の旧人類の出現とともに進化したと考えられるが、それが完全に今日のような形にまで進化するのが、約二〇万年前の現生人類の出現以前とは考えにくいということだ。ハイデルベルク人やネアンデルタール人にも言語らしきものはあったはずだが、それは現生人類の言語のような洗練されたものからはほど遠かった。洞窟の奥深いところに、人智を超えた力の気配を感じてはいたが、それを正式な形の宗教に求められるような、複雑な神学的表現に翻訳することはできなかった。洞窟の謎めいた雰囲気に驚きおののく気持ちは表現できたし、トランス状態に入ることもあっただろう。ただそんな体験を霊的世界と結びつけ、「意味」を論じていたとは考えにくい。岩や泉に霊が宿ると想像することも、それを仲間にも納得できる形で伝えることもできなかったから、最も原始的なアニミズム宗教も彼らにはまだまだ遠い話だった。

最後にひとつ、ほかの誰かに指摘される前に触れておきたいことがある。二〇一三年、南アフリカで新たな洞窟群が見つかり、そこから大量の明らかにヒトの系統に属する化石が発掘された。化石は当初、三〇万年前という人類進化の壮大な歴史のなかのごく新しい時代のものとされた。ここで謎が浮上する。身体がとても小さい（つまり脳も小さい）だけでなく、アウストラロピテクス属と、それより最近のヒト属の特徴が混在していたのだ。現生人類と同じような効率的な大股の二足歩行（ヒト属の重要な特徴だ）を可能にする骨格の形状を持つと同時に、初期のアウストラロピテクス属に見られるような、これだけ後期の種《しゅ》としては著しく小さい脳と、木のぼりに適した手を持っていた。そのためこの化石人類は新種としてホモ・ナレディと命名された。さらに重要なのは、脳が類人猿やアウストラロピテクス属の大きさしかないホモ・ナレディが、現生人類に近い認知能力を持っていたらしいことだ。十数体かそれ以上の遺体を、発見場所である洞窟の奥ふかいところまで運んだのは埋葬の儀式だった、というのがその根拠である。それは言いかえれば、彼らが宗教のようなものを持っていたということだ。

この主張が正しいとすれば、図9とは完全に矛盾する。ホモ・ナレディの脳が類人猿程度の大きさであれば、ほかの大型類人猿やアウストラロピテクス属と同じく、二次志向性が限界のはずだからだ。とすると、類人猿並みの認知能力で、現生人類と同じような宗教をどうやって持てるのか。この二つは両立するはずがない[14]。加えて、ホモ・ナレディは解剖学的に旧人類ではなく初期のヒト属であると意見が一致していることを考えると、発話ができるような声道構造を持っていたとはとても考えられない。つまり埋葬儀式の意味や重要性を議論できる言語能力はなく、複雑な葬送の手順を整えることもできなかったはずだ。これほど古い種《しゅ》がこれほど最近まで生存していた事実は興味ぶかいが、めずらしいというわけでもなく[15]、そのこと自体が認知能力の高さを物語るわけではない。いずれにしても、古人類学者が最初に提示する仮説には飛びつかないほうがいい。化石の分析が進むにつれて、修正されるのが常だからだ。とりあえず判断は留保しておくのが賢明だろう。もうひとつ重要なことを付けくわえよう。図9で示した化石種のサンプル数は、ホモ・ナレディのものよりもはるかに多く、そこでは非常に一貫したパターンが現われているのだ。

＊　＊　＊

最後にこの章の内容をまとめておこう。旧人類はたしかに言語を持っていたかもしれないが、それは完全な現生人類の言語ではなく、緻密《ちみつ》さも遠くおよばなかった。暗い洞窟で知覚がゆがみ、トランス状態に入って経験したことを表現することはできても、高次元の宗教的信念を伝えあうことはできなかった。霊的な存在や、自然のなかにいる見えない何かを恐れる感情はあったが、そこから意味を紡ぎだして何らかの理論を構築することは不可能だったはずだ。

考古学者はときに、ネアンデルタール人のなかにはシャーマンがいて、宗教が熱心に信仰されていたと自信満々で主張する。はたしてネアンデルタール人は死後の世界、あるいはあの世を信じ、とくにシャーマンを介してこの世界に影響をおよぼす霊的存在の世界を信じていたかというと、比較民族誌学的、比較認知科学的な証拠からは、それはありそうもない。ただネアンデルタール人のように、洞窟が住居であり、おそらく遺体の処理場としても使っていた旧人類が、声を合わせて歌う響きの不思議な効果と、そこからトランス状態に入る方法を見つけたことは、充分に考えられる。トランスは何らかのアニミズムが存在した証拠にはなるかもしれないが、それだけではシャーマンがいたことにはならない。たんなる共同体の儀式だった可能性もある。それにトランス状態に入れるだけでは、現生人類が考えるような宗教にはならない。もっとほかの要素が必要になる。要するに私たちが知っているような宗教は、解剖学的現生人類が出現した二〇万年前より以前にはなかったと考えていいだろう。宗教とは、人類を大きく分かつ何かなのだ。

第8章　新石器時代に起きた危機

いまから約一万二〇〇〇年前、中東などに新石器時代の到来を予感させる新たな変化が起きはじめた。粘土の床に石を積みあげた竪穴《たてあな》式住居が寄りあつまって、集落が出現する。当初はこぢんまりしたものだったが、一〇〇〇年ほどのあいだに劇的に拡大した。ヨルダン川西岸のエリコは、一万一〇〇〇年前には七〇戸ほどの集落で、人口は三〇〇〜四〇〇人しかいなかったと推定される。いっぽう九〇〇〇年前のトルコのチャタルヒュユクは、人口が五〇〇〇〜七〇〇〇人の大集落だった。

最初期の集落では、まだ宗教の様式は以前のままだったようだ。けれどもトルコのギョベクリ・テペやチャタルヒュユクの発掘調査からは、九五〇〇年前ぐらいに重大な変化が始まっていたことがわかる。これらの遺跡の一部は、居住用ではなく宗教的あるいは儀式的な機能を持っていたようなのだ。たとえばギョベクリ・テペでは、重量一〇~二〇トンの巨大な石柱が数百本見つかり、その多くには動物の姿が彫られている。五〇〇メートル離れた石切り場から柱を運ぶには、五〇〇人以上の人手が必要だったと推定されている。ふつうの居住地ではここまでやらない。またチャタルヒュユクでは、死者は住宅の床下に埋葬された。壁には漆喰《しっくい》で塗り固めた動物の頭骨が飾られ、なかには狩猟などの場面が描かれたものもあった。石を彫ったり粘土を焼いてつくった動物の頭部や人物像も数多く出土している。

その後の発展は驚くほど速かった。紀元前三〇〇〇年(いまから五〇〇〇年前)までには、ナカダ文化がヌビアと上エジプトを統一して正式な国家となった。それから一〇〇〇年もたたないうちに、メソポタミアにはアッカド帝国が誕生し、中国の中央部には初の王朝である夏《か》が成立した。こうした人口構成の劇的な変化は、個人と個人の関係に非常に大きな影響をおよぼした。それが教義宗教が出現する引き金になったというのが、この章で私が述べたいことだ。なぜ、どのようにしてそうなったかを理解するために、分散型の狩猟採集生活から、都市型生活への移行がどんな変化をもたらしたかを見ていきたい。

村の暮らしが始まった

これまで、新石器革命は農耕の習熟と深い関わりがあり、そのための労働力を確保するには定住化が必要だったといわれてきた。だがこれはほぼ確実にまちがっている。理由は三つある。その一、大量の労働力が必要になるのは、農業が域外市場も視野に入れた産業規模に発展してからで、まだ何千年もあとの話だ。自給自足のためであれば、一家族の労働力で充分だし、それは今日でも変わらない。その二、作物栽培の最も古い証拠が、新石器時代に集落ができる数千年前までさかのぼることは現在の考古学の定説になっている。それに定住が始まっても、しばらくは狩猟と採集が生活の基本だった。オーロックスという牛の祖先やガゼルといった野生動物を仕留め、野生の穀草を集めて生きていたのだ。やがて穀草が栽培作物になり、動物が家畜になるにつれて、こうした営みは少しずつすたれていった。その三、農業は少ない労力で栄養状態を大幅に改善したから健康に良いという考えがすっかり定着しているが、実はその逆だったようだ。同じ地域に暮らしていた狩猟採集民と初期農耕民を、骨に残る生理的ストレスの痕跡や、エネルギー処理量から比較したところ、農耕民のほうがはるかに強い栄養的ストレスを受けていたことがわかった(1)。農業は重労働であり、気候に左右され、野生動物や害虫の被害もある。それでも選択の余地はなかった。望んだとしても狩猟採集生活はもはや続行不能であり、集落に寄り集まって暮らさざるを得ず、それによって生じる大きな労苦に耐えるしかなかったのだ。つまり人びとは農業を発展させるために村をつくったのではない。少なくとも集落が一定の規模になってからは、村で生活するために農業を始めたのである。

従来の見かたと順序が入れかわると、当然疑問も出てくる。なぜとつぜんこの変化が生じ、しかもそれが急速に広まったのか。その答えは侵略者からの防衛だったようだ[2]。新石器時代の直前から初期にかけて、とくにアフリカ大陸北東部や近東では人口が急速に増えていた[3]。当時の集落のほとんどが、全方位で守りを固めることができる丘や岬の上にあった。それだけ近隣からの襲撃が脅威だったのだ。加えて近東の初期集落の住居は、ほぼ例外なく平屋根から出入りする構造で（この習慣は聖書の時代になっても中東で続いていた）、外壁には低い位置に内びらきの小さい窓がいくつかあるだけだった。れんがの頑丈な壁で周りを囲んだ集落もあった——有名なエリコの壁は高さ三・六メートル、基部の厚さは一・八メートルもあったという。こうした城壁は築くのに相当な労力を要したはずで、たんなる装飾のためとは考えにくい。

新石器時代から有史時代に入っても、防御を主眼とした集落の立地は広く見られた。よく知られた例としては、ヨーロッパ北西部に数千か所残る、鉄器時代の丘陵要塞だ。ほかにもアメリカ南西部では、ホピ族をはじめとするプエブロ・インディアンが、メサと呼ばれる卓上大地の上に村をつくった。ペルーのマチュピチュなど、コンキスタドール（征服者）時代のインカ帝国の丘上都市もいい例だ。どの集落も、防衛面を考慮してそうした場所に建設されたことは明白だが、考古学者はときに驚くほど認めようとしない。実際、それは歴史的な記録からも明らかであり、たとえば紀元一千年紀（一～一〇〇〇年）の終わり、アメリカ南西部のアナサジ族は、周囲が開けて無防備な場所にあった村々を、近くのメサや峡谷の岩棚に移した。北方の部族、コマンチ族やナヴァホ族が勢力を南に拡大して、次第に激しく攻めこまれるようになったからだ[4]。この地域に残る数千の住居跡の多くは峡谷の岩棚にあり、岩壁をよじのぼったり、ロープを使ったりしないとたどりつけない。上部に張りだした岩のおかげで、三方はもちろん、上からも敵は近づくことができなかったのだ。また一六八〇年のスペイン人支配者に対するプエブロの反乱のときには、ズニ族は広範囲に分散していた六つの村を捨てて、標高二二〇〇メートルのドワ・ヤラン（コーン・マウンテン）と呼ばれるメサに逃げこんだ。そこに三年とどまって、平和条約の署名にこぎつけたことがスペイン側の記録に残っている[5]。その記録によると、ズニ族は一世紀前の一五四〇年、征服者バスケス・デ・コロナドがメキシコ領の北側を併合するべく遠征してきたときも、同じ手法でメサに避難したという。

同様の例はアフリカにもあった。サー・ケネス・ブラッドリーは、北ローデシア（現在のザンビア）で若き行政官として働いていた一九二〇年代に、当時八〇代のチュワ族の族長からこんな話を聞いた。族長の叔父が何十年も前に部族を率いていたとき、川岸の肥沃な平地から山中に村々を移したのは、ングニ族の戦士団による襲撃が原因だった。一八三〇年代のズールー内戦で、シャカル率いるズールー連合に大敗したングニ・ズールーの氏族連合は、一八三三年にザンベジ川の北に逃走し、それから数十年間、現在のザンビアとマラウィで地元部族に脅威を与えつづけたのだ。チェワ族の多くはングニ族の奴隷にされ、近隣のトゥンブカ族は、ングニ族による襲撃を目のあたりにして山に逃げた。彼らが平野の先祖の地にふたたび戻ることができたのは、イギリス植民地政府がングニ族の襲撃と奴隷獲得に終止符を打った一九〇七年のことだった。同じように、ナイジェリアとカメルーンの国境に伸びるマンダラ山地で、ファリ族などの部族が肥沃な平原をあとにして、土地のやせた山岳地帯に逃れたのは、一九二〇年代に入ってもなお、フラニ族、ワンダラ族、シュワ族、カヌリ族の騎馬集団に襲われては奴隷にされてきたからだった（襲撃集団みずからの奴隷にされたり、サハラ砂漠を越えて北アフリカやアラビア半島の奴隷市場に輸出されたりした）。そのころにはすでに、イギリス海軍が大西洋の奴隷貿易を鎮圧してから、実に一世紀が経っていた(6)。

先史時代の祖先たちの暮らしは牧歌的で、たまの狩猟で気ばらしをしていた——私たちはそんな風に想像しがちだが、それは真実からほど遠い。世界のすべての大陸では、少なくとも七万年前から人の移動がさかんだった。時代が進むにつれて、それが部族間の摩擦を生みだす。その激しさを物語るのが、一三二〇年代に現在のサウス・ダコタ州で起きたクロウ・クリークの虐殺だ。中央平原先住民のカドー族の村が、近隣のマンダン族によって皆殺しにされた。村があった場所からは、男女と子ども四八六体分の骨が見つかったが、頭蓋骨の左右の切りこみにより、九〇パーセント以上が頭皮をはがされていたことがわかった。肘から先と舌が戦利品として切りとられたものも多かった（ネイティブ・アメリカンに一般的なこの風習は、近代まで続いていた）。カドー族は南から移住してきたばかりで、先住のマンダン族の脅威を感じていたのだろう。襲撃を受けたときは、防衛のための空堀《からぼり》を修繕している最中だった(7)。

中央ヨーロッパの多くの地域でも、古くは紀元前七〇〇〇年ごろから同じような虐殺の痕跡が見つかっている(8)。そのほとんどは、アナトリアから西に移動する途中の農耕民に殺された、ヨーロッパ初期の狩猟採集民の集団だ。男女と子どもの骨は、後頭部や側頭部に鈍器で殴られた痕があり、遺体を丁重に扱った様子もなかったことから、明らかに暴力による死であることがうかがえる。ある遺跡では、半数がまだ生きているうちに脛骨《けいこつ》を折られていた（逃走を防ぐためと思われる）。

目につくのは、多くの遺跡で若い女性の骨が見当たらないことで、これは連れさられて性的奴隷にされたからだと思われる――世界中の社会で行なわれてきて、いまも続く慣習だ。アマゾン川流域の先住民のあいだでは、一九六〇年代になっても生殖可能年齢の女性が襲撃の主な戦利品だったという(9)。さらに興味ぶかいのは、何世紀も前のこうしたできごとの痕跡が遺伝子に刻まれていることだ。一三世紀にモンゴル帝国に征服された中央アジアと東ヨーロッパの地域では、八世紀を経た今日でも、全男性の七パーセントがチンギス・ハンとモンゴル軍の将軍たちのY染色体の遺伝的特徴を持っている(10)。現在のイギリス人にも、五世紀に侵略してきたアングロサクソン人の遺伝的特徴がはっきり認められる――イングランド東部の女性は、ケルト系先住民のミトコンドリアDNAを持っているのに対し、男性はアングロサクソンのY染色体（父系）の遺伝的特徴が顕著だった(11)。記録によると、侵略後のアングロサクソン人は、四世紀半後にアルフレッド大王が法制改革を行なうまで、厳しい人種隔離政策を敷いていたという。先住のブリトン人はことごとく差別され、法的立場はないに等しく、財産はもちろん女性を奪われても泣き寝入りだった。[12]同様にアイスランドでは、男性の八五パーセントが最初にこの島に入植した古代スカンディナヴィア人の遺伝的特徴を持っているのに対し、女性は五〇パーセントがケルト系の母系遺伝の特徴を受けついでいる。これは、古代スカンディナヴィア人がアイスランドに向かう途中で、アイルランドやスコットランドの少女を奴隷にして連れていったという、記録も豊富に残っている歴史的な事実を反映している。[13]アイルランド人の略奪者もグレート・ブリテン島で奴隷狩りをしていて、一一〇二年のロンドン教会会議では奴隷売買禁止が試みられたものの、一二世紀に入ってもしばらくは続いたという。[14]

つまり襲撃から身を守ることはずっと昔からきわめて切実な問題であり、集落での生活が最大の防御だったのだ。ただ問題もあって、規模に関係なく、集団生活をするとストレスがたまる。たとえばカラハリ砂漠のサン人の集団には、ときおり「星の病」が発生する。これは集団を支配する神秘的な力で、嫉妬や怒りやいさかいを生み、贈答の効果をなくす。[15]そのせいでみんなの気持ちがばらばらになって、社会の結束が揺らいでしまうのだ。そういうときは、トランス・ダンスで敵対心を静めて、集団を立てなおす。また、女性は社会的な摩擦によるストレスで月経が乱れ、一時的な不妊になることがある。これは哺乳類全体に共通する問題で、とくに霊長類、そしてヒトの社会集団の規模を制限する大きな要因になっている。[16]

ナミビアにおけるサン人の紛争の原因を分析した研究では、トラブルメーカーの無分別なふるまい、持てる者への嫉妬、けちくさい行為や出しおしみ、不適切な性行動、仲間に対する義務の不履行といったことで不満が高まっていたことがわかった。ただ集団からの追放は最終手段であって、実行されることはめったにない。こうした社会ではひとりで生きていくことは難しく、追放は死刑宣告に等しいからだ。追放に踏みきった事例の多くでは、社会の分裂を招きかねない性行動が関係していた。たとえば、近隣のバントゥー族の男性たちと頻繁に性的関係を持っていた女性は、仲間からの批判に耐えかねて集団を離れ、その後死んでしまった。家族ごと追放された例もある。妻が酒びたりで、バントゥー族の男性と相手かまわず性交渉におよび、そのうえ子どもも悪童ぞろいだったからだ。集団全体を敵にまわしてしまった一家はよそで生活せざるを得ず、妻が死んだあとにようやく戻ってくることを許された。(17)

こうした小さな（いや、重大かもしれないが）火種が燃えひろがって、暴力ざたに発展したり、魔術師の汚名を着せられて罰が与えられるというのは、どんな社会でも起こることだ。パプアニューギニアの農耕民ゲブシ族の死因を調べると、三分の一近くが殺人だった。男性は集団間の抗争や襲撃で殺されることが多いのに対し、女性は共同体内のいさかいに巻きこまれ、とくに魔女扱いされて殺されることが多かった。(18) 狩猟採集社会では、暴力による死亡の割合は集団が大きくなるにつれて直線的に増加する（図10）。五〇人の集団だと、暴力による死亡は全体の半数近くにもなる。この規模で生じる人口圧力は、どんな集団も完全に回避することはできない。そこで狩猟採集民は柔軟な取りきめをして、事態が収拾不能に陥るのを防ごうとする。人間関係が限界

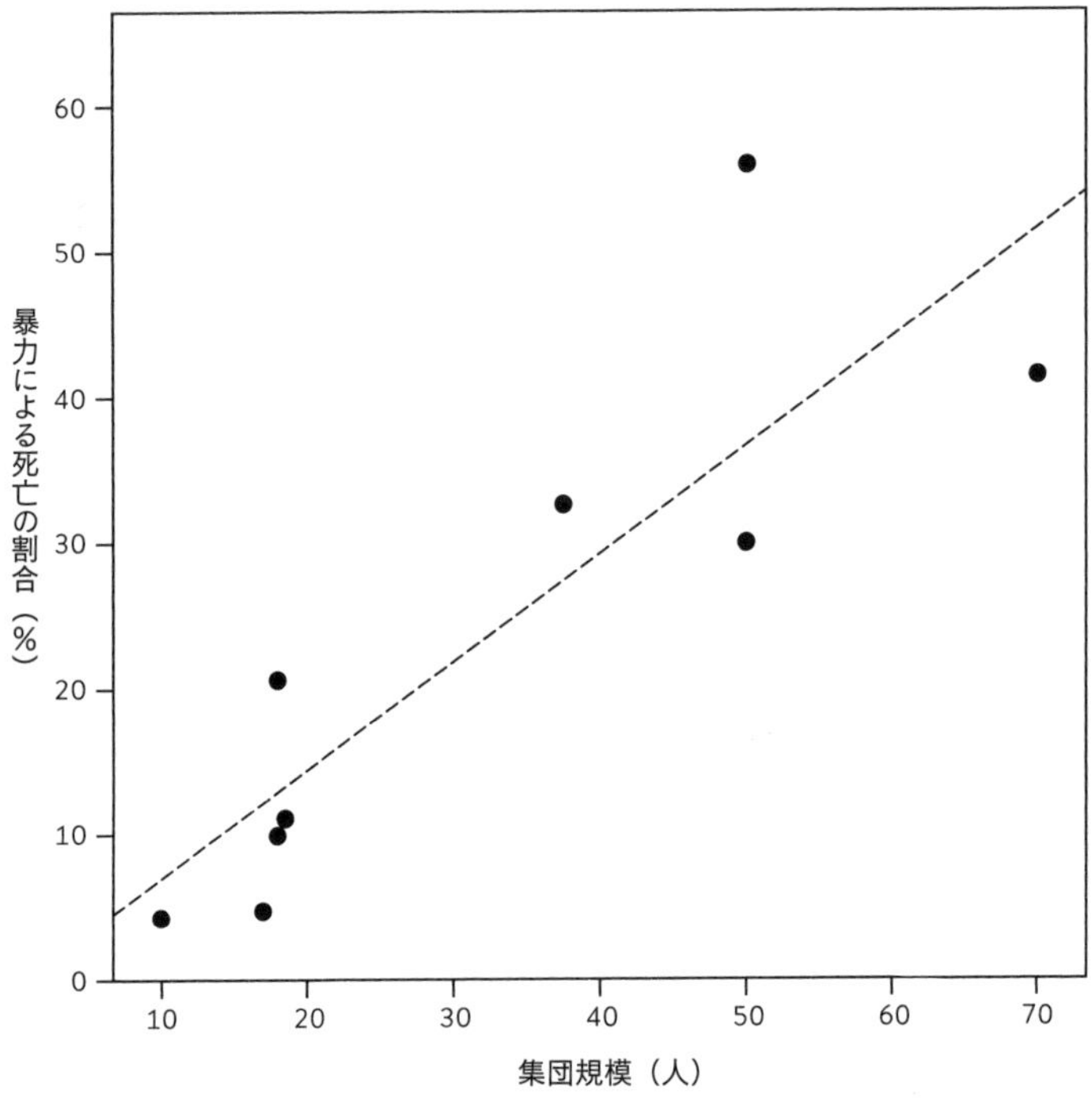

図10　狩猟採集社会において、暴力で死亡する成人の割合を集団の平均規模に応じて示した。点線は回帰直線。(19)

に達したときは、ひとつの家族が共同体を出て、伝手《つて》のある別の共同体の世話になるのだ。時代に関係なく狩猟採集集団の上限が約五〇人であることは偶然ではないだろう。

定住化では、共同体や部族全体が一か所に集中することになるので、恒久的な村や町での生活ではこうした問題がさらに悪化する。数百人規模の村で暮らす農耕民は、狩猟採集民よりはるかに高い殺人発生率にさらされる。その原因の多くは共同体内部でのいさかいだ。[20] 小さな共同体では、争いに介入して解決する警察力が存在しないため、衝突が起きるとおさまりがつかなくなる。そうなると意見は急速に二極化し、どちらが正しくてどちらがまちがっているかの話ではなくなり、個人や家族の忠誠心の問題になる。アメリカの人類学者ナポレオン・シャグノンは、ベネズエラのヤノマミ族の斧まで持ちだしたけんかを分析した有名な研究のなかで、村人たちは自分と血縁が近い側、もしくは近親者が支持している側の味方にまたたく間につくことを発見した。[21] けんかが過熱して負傷や死亡の危険が出てくると、村人たちもどちらかの側につかざるを得ず、共同体のはかないまとまりが失われるのは避けられないのだ。

共同生活のストレスは、女性間の摩擦となって現われることも多い。一九五〇年代、人類学者ダグラス・オリヴァーがミクロネシアのブーガンヴィル島でシウアイ族を調査していたとき、村は九世帯を超えるとかならず分裂すると聞かされた。女性たちのいさかいが増えて、張りつめた空気になるからだという。この現象は一夫多妻の世帯でも見られるようだ。姉妹型一夫多妻（妻どうしが姉妹）の部族であれば、女性たちは通常ひとつ屋根の下で生活するが、女性たちに血のつながりがない場合は、敷地内にそれぞれ自分の小屋を持つことが多い。そうしないと妻どうしの関係が険悪になるのだ。[22]

人間がより大きな集落で暮らしていくには、その規模の拡大にあわせてストレスや集団内の暴力を減らす方法を見つけていくことが必須だった。そこで大きな集落をつくる部族社会は、分裂を食いとめるために多様な戦略を実行した。たとえば踊りや宴会など、共同体の結束を維持する活動をより頻繁に行なう。結婚に際して男性側が出す婚資など、婚礼に関する正式な取りきめを増やす。民主的な社会から、正式な指導者を擁する男性優位の階層構造に切り替える。……そして、より明確な儀式と正式な礼拝所、専門職を擁する教義宗教への移行である。[23]

教義宗教の台頭

儀式の場所、宗教的な考えを表わす象徴、聖職者階級、神々の存在、倫理規範（社会規範ではない）――狩猟採集社会には見られないこれらの要素は、新石器時代が進むとともに都市型環境のなかで急速に現われはじめる。エリコや、そこから五〇キロメートルほど東にあるアイン・ガザルといった初期の遺跡にも、半円状（後陣）もしくは円形といった特異な形状をしていること、直径二～三メートルと住居にしては小さすぎること、水盤や祭壇らしきものがあること、床下に水路があること（供犠の血を流すためか？）から、儀式目的と解釈される建造物がある。アイン・ガザルの場合、こうした「儀式用」建造物のうち四つは五〇〇〇年にわたって使われていたが、恒常的に使われていたのはひとつだけだったと判明している。

レヴァント地方に残る新石器時代初期の集落遺跡では、多くの住居で床下埋葬が行なわれていた。遺骨は直立姿勢だったり、しゃがんだ姿勢で縛られている。その存在を知らない新しい居住者が、のちの埋葬時に穴を掘った際に古い骨を壊した形跡もある。東はイラクに至るレヴァント全域で特徴的だったのが「頭蓋崇拝《とうがい》」だ。たとえば死体から取り外した頭蓋骨を、村のはずれにある死体置き場の中央に掘られた穴の周囲に並べたり、建物内のくぼんだ場所に安置したりする。石膏でできた、まるで生きているかのようなマスクを顔につけている頭蓋骨も見つかっている。

教義宗教を構成する各要素が最初に現われた年代を特定するのは難しい。紀元前二〇〇〇年ごろのシュメール、同時期のエジプト古王国には、聖職者階級が存在していたことがわかっている。聖職者には女性もいた。多くは高貴な生まれで、神殿娼婦の役割を果たすことも多かった。たとえばエンヘドゥアンナは、紀元前二二五〇年ごろまでの数十年間、シュメールの都市国家ウルで、女神イナンナと月神ナンナ＝シンに仕えた高位の神官だった。彼女は名前が判明している最古の詩人でもあり、一五三行からなる「ニンメシャルラ（イナンナ神讃歌）」のほか、長短さまざまな讃歌を数多くつくり、そのうち四二篇が残っている。エンヘドゥアンナは王族の血を引いており、高貴な家系から選ばれる聖職者ナディトゥ（神殿奴隷）だったと考えられる。シュメールの都市ウルクでは紀元前四〇〇〇年からイナンナ神が信仰されていたが、愛と美、セックスと戦争、正義と政治の女神イシュタルの名で特別な崇拝と人気を集めるようになったのは、紀元前二三〇〇年ごろにアッカド帝国が成立してからだ。「天の女王」と称されたイシュタルは、アッシリアの神殿で最高位の神であっただけでなく、メソポタミアの一部の地域では一八世紀まで信仰の対象だった。

正式な宗教儀式もちょうどこの時代に出現している。正式な儀式では、手順が厳密に定められており、いつでもそのとおりに実行しないと「力」が失われるのが特徴だ。その最古の例のひとつが、古代エジプトのいわゆる「ピラミッド・テキスト」である。第五王朝から第六王朝（紀元前二四九四〜二一八一年ごろ）の時代に、サッカラのピラミッド内の壁と石棺に刻まれたものだ。内容は、死者が死後世界につつがなく入るための祈りの言葉、呪文、指示で、多くは神官が儀式で唱えることを想定していた。なかには第二、第三王朝（紀元前二八九〇〜二六一三年ごろ）までさかのぼれる文言もあるという。

最も古い形の儀式は、人間のことをしばしば気まぐれで懲らしめてくる神々のご機嫌をとることが目的だったにちがいない。酒や農作物、動物の生贄を神に捧げる行為は、伝統的な宗教のほぼすべてで見ることができる。イエスが登場する以前の時代の、ユダヤ教の第一神殿と第二神殿では、動物の供犠はすでに一般的で、野菜や穀物の捧げ物も行なわれていた——後者については、異論はあるだろうが現代のキリスト教にもその風習は残っていて、地方の収穫祭では教会が秋の実りで飾られる。

儀式での供犠は人間までも対象となった。紀元一世紀のどこかで、イングランド北西部のケルト人はひとりの二〇代の青年に最後の食事として黒焦げのパンを与え、その後首を絞め、喉をかき切って殺した。遺体は丸裸にして、遠くの湿地に捨てた。そこは現在リンドウ・モスと呼ばれている。一九八四年にリンドウ・マン（発見された遺体につけられた名。ピート・マーシュとも呼ばれる）が発見されてから、イギリスの湿地から一四〇の遺体が見つかった。すべて同時代のものである。デンマークでも同じような「湿地人」が数多く出土しているので、当時ヨーロッパ北西部で広く行なわれていた慣習だったと思われる。それは、ローマがグレート・ブリテン島とライン川以北の大陸ヨーロッパの征服を開始した時期とも重なる。ひょっとすると人身供犠には社会の大混乱に直面して、神々をなだめる意図があったのかもしれない。

宗教と法の支配

先に述べたように、小さな社会から大規模社会へと拡大するにつれて生じるストレスに対処する手段として、宗教は自然と形式が整っていったと考えられる。その変遷がくわしくわかる例が南アメリカにある。ボリビアのチチカカ湖に伸びるタラコ半島で、紀元前一五〇〇年から前二五〇年まで（ティワナク文化の形成に先立つ時代だ）の村々の規模の変化をたどってみよう。自給自足農業が主体だった初期は、ひとつの村の住民は平均一二七人で、一七〇人に達すると分裂する傾向があった――三〇〇〇年後の北アメリカのフッター派（第4章）とほぼ同じだ。紀元前一〇〇〇年には、村の人口は平均二七五人に増え、四〇〇人を超える村が全体の四分の一におよんでいた。そして紀元前八〇〇年ごろになると、村の人口増加にともないヤヤ＝ママと呼ばれる本格的な宗教様式ができあがった。それまで見られなかった、儀式を行なう公共空間（漆喰を塗った一段低い中庭）、装飾された水鉢や陶製のラッパ、香炉、特徴的な様式の石像が見つかっている[24]。

アメリカの平原先住民はまた別の例を与えてくれる。彼らの一部は一年周期で集団の状態を切りかえていた。こうした部族が一年の大半を過ごすのは、六家族ほど（計三〇〜三五人）でつくる小さな移動集団で、それぞれにチーフはいるものの、形式を定めた儀式はほとんど行なわない。しかし年に一度のバイソン狩りでは、ひとつの野営地にその部族の移動集団が集結し、数千人規模にもなった。その時期だけは、各集団のチーフたちが全権評議会を開いて、最高位のチーフを選出した。さらに男性だけの秘密結社も結成され、宗教儀式を行ない、行動規範をはずれる者が出ないよう正式な警察力が目を光らせた。分散行動の時期には、こうした活動は見られないし、その必要もない。

警察力による上からの秩序強制は、共同体の構成員（とりわけ若い男性）の問題行動を管理するのに役だつが、各人が共同体への参加意識を持って自重するほうが、秩序維持にはまちがいなく効果的だ。突きつめれば、それが宗教の最も望ましい役割だろう――信念と儀式を共有して帰属意識をつくりだすのだ（第5章で紹介した友情の七つの柱を思いだしてほしい）。実際、友情の七つの柱は、たとえるなら村の中心に立つトーテムポールで、村人たちは自ら進んでそこをよりどころにしている。さらに、高みから道徳を説く神の目が光り、宗教で正当化された道徳規範（十戒のような）が加われば、飴《あめ》と鞭《むち》で効果は絶大だ。高みから道徳を説く神の社会的、政治的な相関関係を分析したドミニク・ジョンソンは、教義宗教にしか見られないこの種の神が登場するのは、人びとが大きな共同体で生活し、「共同体の上に管理階層」を持つ社会（ひと握りの支配層が共同体全体を統治する政治的に複雑な社会）であることが断然多いと指摘する。[25]つまり組織化された宗教は、大規模な共同体が存続するための、争いの種に蓋をする仕組みの一部であったようだ。

高みから道徳を説く神（人間の行動になにかと関心を持つ神）は、いつ、どんな理由で出現したのだろう。その謎を解く試みは、主に経済や人口の文脈で行なわれてきた。第7章でも言及したように、高みから道徳を説く神への信仰は、牧畜あるいは農業を営む部族に限られる傾向があるとハーヴィー・ピープルズは指摘している――言いかえるなら財産所有社会だ。高みから道徳を説く神は、支配層が人びとの労働の成果に対する支配権を維持するための補助として現われたとピープルズは考え、それが可能だったのは牧畜（家畜の数が地位の高さに直結するので、ほとんどの牧畜民は大きな群れを持つ）や集約農業を行なう社会でだけだったと主張する。

けれども、これは馬の前に荷車をつなぐような本末転倒の説明に思える。牧畜は共同体単位ではなく家族単位で営むのが普通で、家族関係における互いへの責任感で充分に管理できるからだ。牧畜民の最大の悩みは、ほかの牧畜民からの襲撃にどう備えるかだ。家畜を移動させるということは、世界中の牧畜民がつねに家畜強奪の脅威にさらされているということであり、そのとき巻き添えとなるのは人の命や女性だ。防衛と反撃をするためには、大きな共同体のなかで団結し、戦闘要員を用意するしかない。高みの神が必要なのは、共同体の結束を強めておたがいを守るためであって、牧畜の仕事を管理したり、共同体内部での窃盗を防ぐためではないのだ。

高みの神への信仰が出現したのは、複雑な政治体制が出現するより早かったのか、それとも遅かったのか。近年、そこに着目する分析がいくつも発表されているが、その多くは超自然的な懲罰と、高みから道徳を説く神を独立した二つの現象として区別している。超自然的な懲罰には、気まぐれな神々をなだめる儀式がともなう。この神々は人間の道徳的な行動には関心がないが、怒りを静めるための生贄などを要求する。その例がアステカの宗教で、血に飢えた軍神ウィツィロポチトリなどの神々に捧げた生贄は膨大な数になる（多くは捕虜や奴隷であり、生きたまま心臓を抉《えぐ》りだすこともあった）。なかでも雨の神トラロックは子どもの生贄を好んだ。雨を降らせるには、子どもの涙が不可欠だったのだ。いっぽう高みから道徳を説く神は、自分のことを信じる人間たちの幸福と行ないに関心があり、神自ら定めた戒律を守る者には（通常は天啓《てんけい》を通じて）ほうびを与え、守らない者には（ただちに、もしくは死後の世界で）罰を与える。アブラハムの宗教はその古典的な例だ。気まぐれな神々の宗教では、儀式は共同体の責務という認識であり、神罰は社会全体に一様に下される。これに対して、高みから道徳を説く神への信仰では、天罰はあくまで個人が対象で、個々のそれまでの生きかたの報いととらえられる。

第3章で触れたように、オーストロネシアの文化では、人身供犠とそれに関連する一連の儀式が出現したことと、単純な社会が階層化していったことは密接に関連していた。これは一例にすぎず、さらに儀式に人身供犠を取りいれた文化は、階層社会への移行を成し遂げ、その結果共同体の規模を大きくすることができた。分析結果は明解だ——人身供犠の出現は階層化より早かった。人身供犠と教義宗教の要となるその儀式が、複雑な（そして大規模な）社会への道をひらいたのである。それは規則を破った者を容赦なく処罰することで可能になった面もある。適切な儀式を発展させなければ、社会は小規模でまとまりがないままだっただろう。そう考えると、人身供犠は共同体の一員であることの心理的要求を引きあげるとともに、人智を超えた脅威（私たちの神はとても厳しいから、気をつけないと生贄にされるぞ）として働いていたともいえる。

別の分析手法として、地域を限定し、そこでの歴史的な変化を実際に起きた順番で見ていくというやりかたもあり、異なる視点を提供してくれる。なぜなら、単純な集落だった共同体が、古典的な都市国家になり、大きな帝国へと発展していく過程で、各種の儀式や信仰の獲得に人口や経済状況の変化を重ねあわせることができるからだ。この手法を用いて、高みの神がいつ、どんな理由で出現したかの特定を試みた最近の研究を三例紹介しよう。

ひとつは、過去一万年に存在した三〇〇〇以上の社会のデータを照合し、社会の複雑さの変遷を、超自然的な懲罰および高みの神（筆者らは「道徳に基づく超自然的懲罰」と呼ぶ）の信仰の出現とともに描きだした研究だ。社会の複雑さの判断材料は、人口規模、階層構造および司法構造、インフラストラクチャー（運河や道路など）、暦、文字、硬貨と多岐にわたる。分析で判明したのは、社会構造の複雑さが頂点に達してから約三〇〇年後に、高みから道徳を説く神が出現する例が多いことだった。両者に直接の因果関係はないが、どちらもより高度な軍事技術（とくに騎馬戦術）と農業（割合は低いが牧畜も含む）の台頭に対応して起きているという。ただし、高度な軍隊を持つために複雑な宗教が必要だったのか、たえず攻撃を受ける状況下で軍事化と宗教が相関しながら発達していったのかはわからない。

重要なのは、因果関係に関するいかなる仮説にも、二つの因果の道筋が存在しうることだろう。最初に宗教を複雑にしてからでないと、社会は複雑になれないのか。それとも社会が複雑化したあとに、社会を安定させる手段として宗教も複雑になっていったのか。それには複雑な「高みの神」の宗教獲得に失敗した社会が、成功した社会より早く瓦解《がかい》したかどうかがわかれば理想的だ。いずれにせよ、高みの神が出現する分かれ目が人口一〇〇万人前後であることは、データがはっきり物語っている。つまり高みの神は都市国家というより帝国と結びついており、ひいてはかなり大規模な社会政治的なストレスに対応するためのものだった可能性がある[26]。

これより規模は小さいが、さらなる洞察を与えてくれるのが、高みの神と社会の階層化の共進化を探った第二の研究だ。それによると、オーストロネシアの社会では、超自然的な懲罰は社会の階層化が始まる前兆であり、高みから道徳を説く神は階層化のあとに出現するという[27]。この研究で取りあげられた社会は、ほぼすべてが人口一〇万人未満だった。第一の研究によれば、高みから道徳を説く神が出現するのは人口一〇〇万人前後であり、実際、第二の研究では高みから道徳を説く神を持つ社会はほとんど見られなかった。ここからうかがえるように、人口の変化によって生じるガラスの天井は、高い位置にもあれば、低い位置にもあるようだ。社会が制約を打破して規模を拡大し次のレベルに進むには、各段階で新しい仕組みが必要になるのだろう。この種の分析では、原因と結果の順序をまちがえてはいけない。正しい因果関係は、社会が複雑になった結果、安定を得るために、高みから道徳を説く神の信仰を進化させたのであり、高みから道徳を説く神の信仰が、ある種の必然の結果として、社会を複雑に進化させたわけではない。実生活と同じく、進化においても解決策は問題のあとにやってくる。問題になりそうなことを先どりはしないのだ。

今日の世界を支配しているひと握りの主要宗教は、いずれも中国の黄河と長江《ちょうこう》流域、インド北部のガンジス川流域、地中海東岸に端を発している。地理的に離れているにもかかわらず、どれも紀元前一千年紀（前一〇〇〇～前一年）のいわゆる枢軸時代に出現したことは、長いあいだ歴史研究の大きな謎だった。第三の研究によると、枢軸時代への移行に関して最も信頼できる指標は、ひとり当たりの年間エネルギー産出量（基本的には農業生産量）で、約二万キロカロリーが移行の閾値として確認されたという。この値はおそらく、ローマのような帝国中心部の大都市を養うのに充分な余剰農産物をつくりだせる生産レベルを表わしている。その次に信頼できる指標は人口密度だ（人口密度はもちろん余剰エネルギーと相関関係にある）。人口規模、主要都市の大きさ、国家の領土面積は、それぞれ単独では影響はないに等しいが、実際には、これらは相互に関連したひとつの複合変数を形成しているようだ(28)。

生活に余裕ができると、人びとは所有財産を守るために向社会的になるというのが第三の研究の筆者らの考えだ。その結果、たがいに協力することが重視され、たとえば他人から盗むといった利己的な態度や行動は抑制される。こうして無法状態だった社会が、法の支配が適用される社会へと急転換し、向社会的なふるまいをうながす観念が発達していく。枢軸時代の特徴である大規模な教義宗教が、善行をたっとび個人の行動責任を強調するのも、その観念が反映されているからだというのだ。問題はこの主張にどこか集団選択説のような怪しさを覚える点だ。虐げられている大衆がなぜ支配層の富を守ることを自発的に受けいれるのだろうか？　第1章で見たように、意図的にしろうっかりにしろ、集団選択を持ちだす説明に進化生物学者は神経をとがらせる。それに農業生産だけでは、進化の充分な説明にはならない。ただ食料をより多く生産できるようにするという目的のために、進化が起こるわけではない。食料生産が何かの代替となるか、あるいは制約を取りはらうための解決策となり、それによって個人の適応度を最大化させる、より高度な観念が現われたのだ。

以上三つの研究からは、二つの結論がおのずと浮かびあがってくる。まず、高みから道徳を説く神の出現はとても遅く、枢軸時代と呼ばれる紀元前一千年紀がほとんどだった。そのすべてにおいて、社会と政治が急速に複雑さを増し、人口が一〇〇万人規模に増大して、それにともなう集団生活のストレスの増加に対処するのが難しくなっていったことが関係している。これまでに見てきたように、暴力や窃盗、虐待、口論が増え、人間関係が緊張してきたのだ。もうひとつは、高みから道徳を説く神が出現する前に、天罰を恐れる人びとが神をなだめるため、儀式を複雑化させていった時代が長く続いていたということだ。これは人口一〇万人前後の社会と関わりがあると思われ、最も古いのは紀元前六〇〇〇年ごろのアナトリアやレヴァントだが、高みの神が登場するおよそ二〇〇〇年前（紀元前二五〇〇年ごろ）という例が多い。

これは見すごされがちなことだが、ほとんどの場合、こうした儀式の形態が現われたのは、人口が急増してひと握りの中心地（町や都市）に集中した直後に社会の複雑さが急激に増したのと同時期である。人口の増加は、これらの地域で農産物の余剰を増やせる条件が整ったこと、さらには気候も関係しているようだ。いっぽう、都市の急成長はほとんどの場合、富と権力の中心地における経済的な機会が、地方から人びとを吸い寄せることで達成される――これは今日まで続く構図だ。共同体がここまでの規模になるには、宗教も複雑の度を増さなければならなかった。まるでそこにはいくつものガラスの天井があるようだ。各段階で解決策を見いだすことで、無秩序による混乱や内戦による内部崩壊に陥いることなく共同体を大きくすることができ、次のガラスの天井にぶつかる。解決策が見つからなかった共同体は規模が小さいままか、分裂を起こしてさらに小さい共同体で安定する。

最後に触れておきたいのは、聖職者階級（宗教専門職）が出現する社会状況だ。ジョセフ・ワッツは進行中の研究プロジェクトで、世界中にいまなお存在する狩猟採集社会を対象に、宗教専門職の存在／不在に関する民族誌学データを比較法により分析している。ワッツが興味を持っているのは、情勢の予測がきわめて困難なときに宗教専門職が出現するかどうかだ――占い師やシャーマンが環境の激変を予測し、制御する役割を果たすかもしれない状況である。しかしワッツの分析では、情勢の予測不能性それ自体と、宗教専門職の存在は直接関連していなかった。代わりに宗教専門職の出現に最も直接の影響をおよぼしていたのは、食料備蓄の存在だった。食料の備蓄があるということは食料に余剰があるということである。つまり宗教専門職が現われるのは社会が充分に豊かなときで、宗教活動に専念する者のために食べ物を取っておけるのだ。ここから考えられるのは、個人のシャーマンや治療師とは対照的に、聖職者階級が出現するのは、農業生産が拡大し、人口も増えて、余剰食料が持てるようになってからということである。もちろん人口がこれぐらいの規模になれば、社会は深刻なストレスに直面する。

一神教と枢軸時代

主要な教義宗教が出現したのは、世界のなかでも人口の増加が著しく、大きな国家が出現していた地域だった。ではなぜその時代にそうした地域で人口が増加したのだろう。目立っているのは、巨大な世界宗教はすべて、熱帯地方のすぐ上に位置する北半球の亜熱帯地方という、非常に限られた緯度帯に出現したということだ（図11）。亜熱帯地方はそれぞれ緯度にして一二度を占めるだけなので、北半球の亜熱帯地方は世界の陸地面積の一〇パーセントほどになる。さらに、世界の一六の一神教と主要な国教のうち、この範囲の内側もしくは境界で創設された宗教は一四もある。もちろん、南回帰線を越えると陸地がほとんどなくなるし、南半球の三つの大陸の南部を歴史的に占めていた部族は、（一四〇〇年以降にバントゥー族がアフリカ南部に侵入する前は）例外なく分散生活の狩猟採集民だった。それを考えれば、こうした宗教のほとんどが北半球起源に偏ることは不思議ではない。それでも亜熱帯というごく狭い気候帯で、なぜこれほど多くの主要宗教が生まれたのかという疑問は残る。

この問いに答えるには、多くの社会的、生物学的現象と緯度とのより全般的な関係に注目する必要がある。熱帯地方が病原体進化の温床であることは昔から知られていた。気候が一定で暖かく、極端な季節の変化がないからである。それを目で見て確かめるなら、熱帯地方に点在するヨーロッパ人墓地を訪ねるのがいちばんだ。一八世紀から一九世紀、西アフリカや南アジアの熱帯地方に移住したヨーロッパ人は、現地の病に対する抵抗力を持っていなかったため、数年ではなく数か月単位で生涯を終える者が多かった。(29) 北極や南極に近づくほど、冬が長くなり、気温も低くなって、病原体が増殖したり、新しい種《しゅ》に分化する能力は落ちる。実際に、病原体の変異や病

図 11　主要な一神教および国教の発祥地。点線は赤道で、その上下の実線ではさまれたのが熱帯地方。影をつけた部分が亜熱帯地方。（地図の出典は www.Free-Printables.net）

★アフリカの一神教の発祥地
A アテン信仰（古代エジプト）
B スーダン北部に起源を持つクシ語系諸族およびナイロ＝ハム語系諸族（オロモ族は現在エチオピア北西部に居住、マサイ族そのほかは現在ケニアとタンザニア北部に居住）
C イボ族（ナイジェリア南東部、ニジェール中央部の平原から移住した）
D ヒンバ族（バントゥー系民族で現在はナミビア北部に居住）

☆主要なアブラハムの宗教（「啓典の民」の宗教）の発祥地
1 キリスト教
2 ユダヤ教
3 イスラム教
4 マンダ教
5 マニ教

☆アジアの一神教（左から）
ゾロアスター教
シク教
殷代中国の上帝信仰とその派生である墨家

▲多神教信仰の主要国家
アステカ（メキシコ南部）
インカおよびその直系祖先ティワナク（ボリビアのチチカカ湖）
ヒンドゥー教
神道（日本）

●神を持たない主要な世界宗教
ジャイナ教
仏教

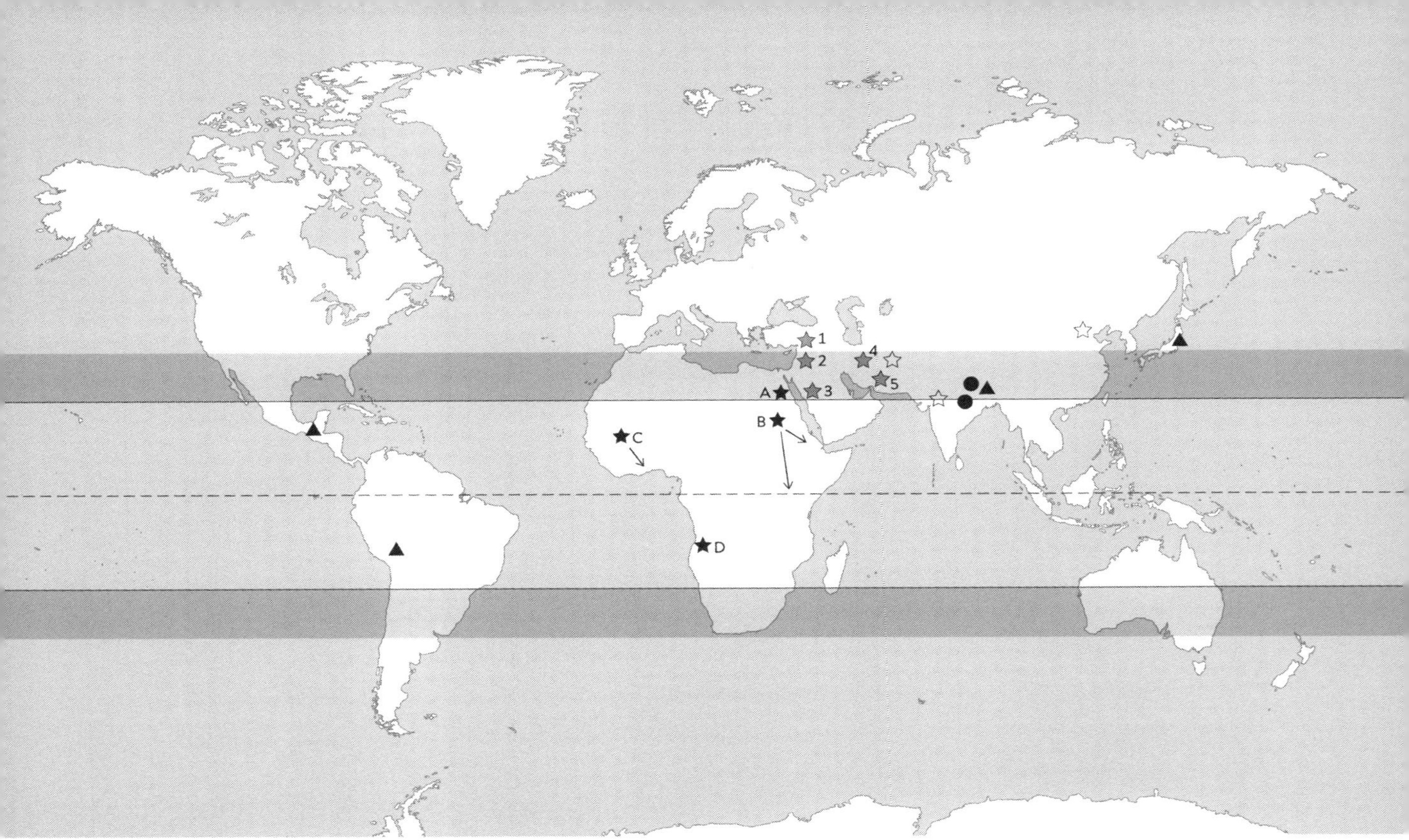
1
2
3
4
5
A
B
C
D

気の流行は赤道付近で多く、熱帯地方を出ると急速に減少する。

熱帯地方では、病気はこのようにヒト集団に対して大きな圧力をかける。そのため病原体の影響を減らすものが強く選択される。[30] 死を招く病にかかるかもしれない人の数を減らすには、交易や異なる集団との婚姻の数を減らすことが重要だが、それには隣人たちとちがう宗教を持つのがかんたんだ。たしかにこのことは、病気の負荷に応じてある地域での部族宗教の数が増加し（図12a）、その平均信者数が減少していることからも確かめられる。さらに病気の負荷が大きくなるにつれて、人びとの社会的態度がより地域社会を重視するようになり、個人主義ではなく集団主義的になることからも裏づけられる（図12b）。つまりよそ者との交流を最小限に減らして、社会生活を部族を中心とした小さな共同体に限定するのだ。

熱帯地方には、それでもやっていける条件が整っている。最も重要なのは、通常は栽培期間が一二か月におよぶこと、つまり一年を通して作物を栽培できることだ。年に何回も収穫があるので、よその集団と交易しなくても自給自足できる。交易には共通の言語が必要なので、交易がさかんかどうかは言語ごとの話者数を見ればわかる。図12cは、このことを、ある国で話される言語の数と栽培期間の長さをグラフにして示したものだ（国土面積で調整している）。高緯度地方のように栽培期間が短いところは、広く話される言語がわずかしかない（すなわち非常に広範囲で同じ言語を使っている）。しかし赤道に近づき栽培期間が長くなるにつれて、言語の数が増える。狭い地域でわずかな人しか使わない言葉ばかりになるのだ。

宗教の密度と同じくこちらの関係も指数関数的で、栽培期間が六か月以上になると——ちょうど熱帯地方の境界あたりだ——言語の数が急増する。高緯度地方は食料供給が不安定なので、広い範囲で交易網を築いておかないと生存がおぼつかない。交易相手のうち少なくともひとつは、どんな災厄に見まわれたときにでも避難できるよう、充分に遠い必要がある。交易の交渉には共通言語が不可欠なので、言語共同体の規模（その言語を話す人の数）と、その共同体が占める地理的面積は、互いに比例しながら大きくなる。たとえば約四〇〇万平方マイル（一〇〇〇万平方キロメートル）の面積を有するヨーロッパ全土には、わずか四〇種ほどの言語しかなく、それぞれが広大な地域で話されているのに対し、ほぼ赤道直下のパプアニューギニアでは、わずか一八万平方マイル（四六万平方キロメートル）ほどの面積に八五〇もの公用語が存在する。ちなみに第5章で取りあげた友情の七つの柱のうち二つが言語と宗教だ。

つまり熱帯地方の人びとが隣人と交流しようとしないのは、食料供給がらみの問題からではなく、免疫のない未知の病をうつされる危険が高まるからだ。それは栽培環境が豊かで、一年を通じて食べ物がふんだんにあるからできることだろう。たしかに高緯度地方では感染症の負荷は軽くなるかもしれないが、季節の変化が大きいし、気候も年ごとに変動が激しいため、凶作の危険がつねにつきまとう。だから赤道から離れるほど、広い範囲で交易網をつくっておくのが有利となるのだ。

ここでは、病気がおよぼす影響と食料生産能力とのあいだに、明らかなトレードオフが見られ

図 12

12a（上）
国ごとの部族宗教の数（国土面積は調整）と、その国で記録が残る寄生虫感染症の関係を示したグラフ（177 か国のデータにもとづく）。[31]

12b（中）
個人主義的（対集団主義的）な態度の度合いと、病原体負荷の関係を示したグラフ（67 か国のデータにもとづく）。個人主義指数はホフステードによる IBM の従業員に対する世界的な調査にもどづく（0 ＝完全な集団主義、100 ＝完全な個人主義）。病原体負荷は 9 種類の主要感染症（リーシュマニア症、トリパノソーマ症、マラリア、住血吸虫症、フィラリア症、ハンセン病、デング熱、発疹チフス、結核）の有病率の合計。[32]

12c（下）
熱帯地方の 74 か国について、1000 平方キロメートル当たりで話されている言語の数（面積で調整）と、栽培期間の長さ（生態学的予測可能性により測定）の関係を示したグラフ。[33]

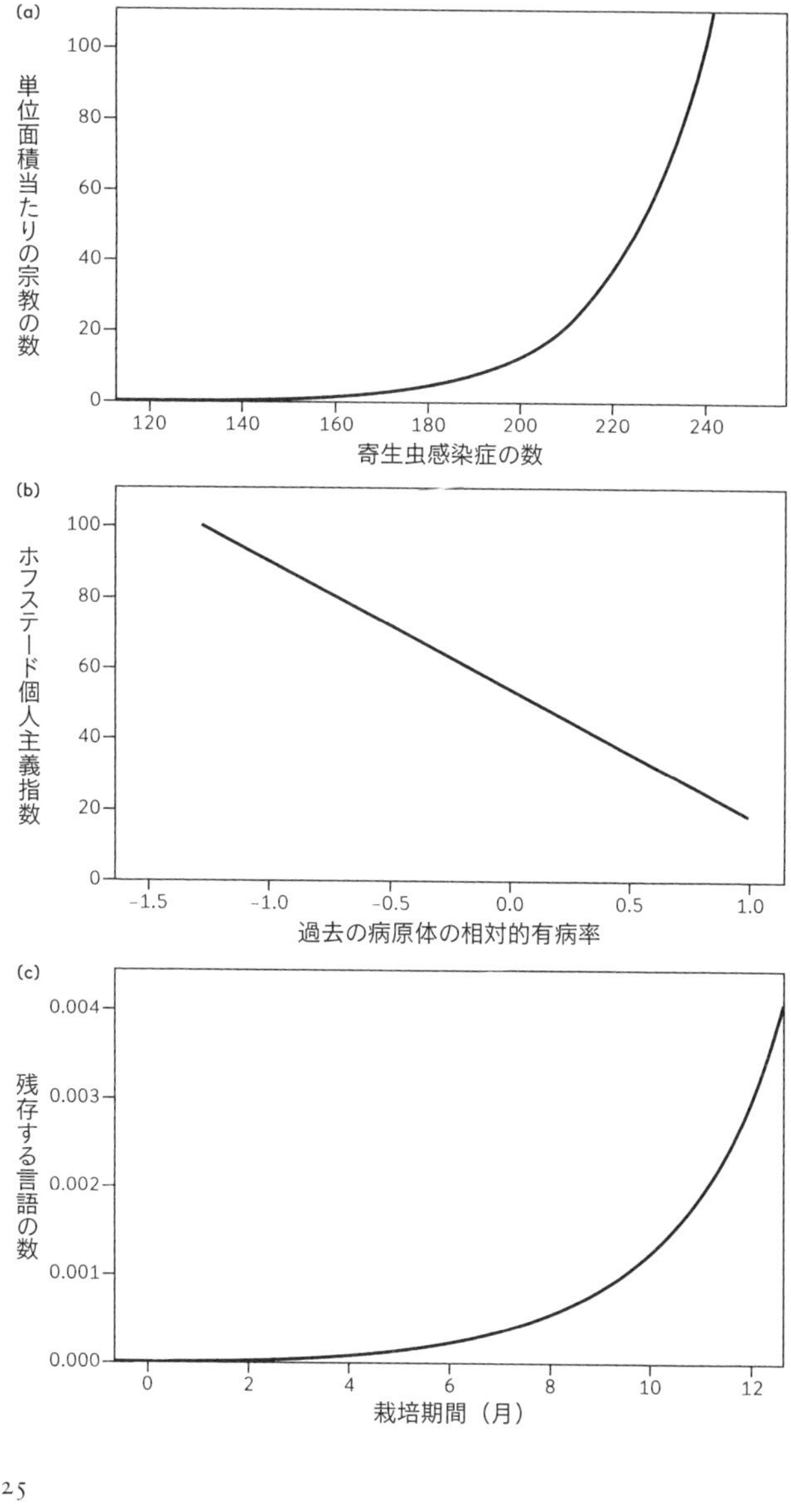
(a)
単位面積当たりの宗教の数
100
80
60
40
20
0
120
140
160
180
200
220
240
寄生虫感染症の数
(b)
ホフステード個人主義指数
100
80
60
40
20
0
-1.5
-1.0
-0.5
0.0
0.5
1.0
過去の病原体の相対的有病率
(c)
残存する言語の数
0.004
0.003
0.002
0.001
0.000
0
2
4
6
8
10
12
栽培期間（月）

る。人口増加はこの二つの変数の差によって最適化される。高緯度地方も極地付近になると、自然条件が厳しすぎて歴史的に見てもこれまで狩猟採集経済しか成立せず、人口密度はつねに低かった。熱帯、それも赤道に近いところでは、人口を制約するのは食料ではなく病気だ。感染症の負荷と、それを軽減するための社会政治的な分断が合わさって、人口密度が抑制されてきた。この両極端のあいだのどこかに、望ましい均衡状態が存在するはずだ。図13は栽培期間と感染症負荷を緯度に対してグラフにしたものだが、二つの曲線の形状から両者の差が最大になるのは亜熱帯地方(緯度二三〜三五度)とその境界周辺であることがわかる。枢軸時代のすべての宗教が、亜熱帯という狭い地域から出現した理由がこれで見えてくるはずだ。栽培期間が充分に長く、感染症の負荷が小さい——人口急増の条件が完璧に整っていた。

紀元前二〇〇〇年以降に地球の温暖化が進み、気候帯が大幅に動いたことも、この推論に説得力を加えている。それ以前の北半球では、亜熱帯地方はいまよりはるかに緑が豊かだった。気候は湿潤で、アフリカ大陸のサハラ中心部には大きな湖と恒常河川がいくつもあって、魚、ワニ、カバがいた。ヒヒ、サイ、イボイノシシ、ガゼルなど、いまはもうそこでは見られない陸上哺乳動物もたくさん生息していた。たとえば森に暮らすヒヒで見ると、紀元前二〇〇〇年当時の生息域の北限は今日より八五〇マイル(一四〇〇キロメートル)も北だった。古代エジプトの精力と死の神であり、文字を発明した神々の書記官でもあるトートは、マントヒヒの姿をしていることが多く、古代エジプト人にとってこの動物が身近だったことがうかがえる。しかし今日では、エ

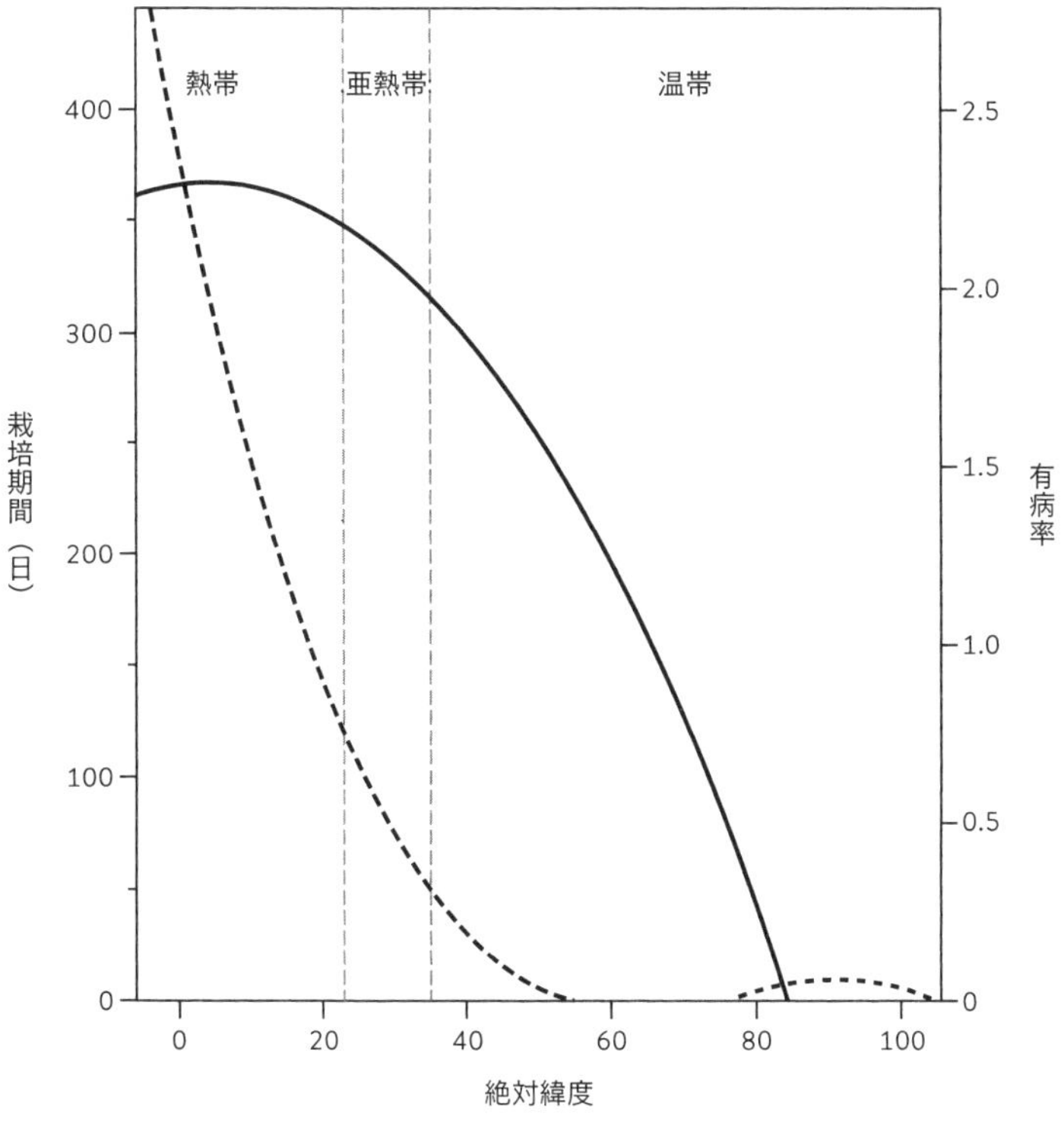

図13　実線で示した栽培期間の長さ（湖の水温が連続して 9℃を超す日数）と、濃い点線で示した現在の病気負荷（ベクター仲介性疾患と寄生虫感染症）を、緯度との関係で示したグラフ。薄い点線は亜熱帯の境界。(34)

ジプトにいちばん近いマントヒヒの生息地は八〇〇マイル（一三〇〇キロメートル）南のエチオピア北部だ。サハラは紀元前四〇〇〇年ごろから徐々に乾燥が進んで、紀元前二〇〇〇年ごろに現在のような砂漠地帯になった。

紀元前八〇〇〇年ごろに始まった新石器時代の集落形成期には、アフリカ北部とレヴァント地方は気候面でも植生環境の面でも、多くの人口を支えることができたはずだ。もっと南の熱帯地方であれば感染症の負荷が大きかったが、それもなかった。住民は爆発的に増え、それはつまり略奪しあう条件が整っていたともいえる。紀元前四〇〇〇年以降は気候条件が悪化していき、乏しくなるいっぽうの資源をめぐって、共同体間の紛争が激化する。食料不足を補うには、弱い共同体を襲うほうが手っとり早いと学んだのだろう。地中海東岸地域では、この時代に大規模な人口移動があり、沿岸部で襲撃が頻発した痕跡が残っている。

こうした外憂に直面したとき、共同体の結束と協力体制を固めるのに宗教が役だつことを示唆する研究がある。九七か国から集めた一九〇以上の部族集団や社会集団を分析したもので、それによると「宗教浸透度」（偏見や差別を正当化するといった、公私の生活に宗教が根づいている度合い）は、近隣社会との世界観の衝突度、近隣社会との競合度のどちらとも顕著な相関関係にあることがわかった。これらの変数の因果関係を分析したところ、価値観の不一致と近隣社会への差別の度合いのあいだに見られる因果関係を、宗教が強化していることも判明した。[35]

高みから道徳を説く神は、牧畜民のあいだに非常によく見られたというハーヴィー・ピープルズの発見も偶然ではないだろう。牛や羊や山羊（北半球）、ラマやアルパカ（南半球）が最初に家畜化されたのは亜熱帯地方だった。そしてアブラハムの宗教が、羊や牛の群れを世話する人びとから始まったことも、きっと偶然ではない。牛飼いが大半だった東アフリカのクシ語系諸族とナイロ＝ハム語系諸族も一神教を信仰している。彼らは亜熱帯の境界であるナイル川上流域に端を発し、過去一〇〇〇年にわたりエチオピアや東アフリカに南下した。東アフリカ中央部に到達したのは一八世紀半ばである。

＊　＊　＊

顔を突きあわせて生活するストレスは、生殖能力の低下を引きおこす。それがすべての霊長類と人類の社会の進化における、一連のガラスの天井になったと考えるのがよさそうだ。進化の過程で一部のサルと類人猿は、認知および行動の新戦略を編みだしてガラスの天井を破り、より大きな集団で暮らせるようになった（こうして捕食の危険がある場所でも生活できるようになった）。霊長類の場合、そのための解決策はグルーミングを通じた関係強化であり、階層化された社会システムであり、数は少ないが警察のような社会的役割をつくることだった。

私たち人類の祖先はさらに大きな社会集団をめざした。そのために必要だった新たな結束強化の手段が、歌や踊りや宴会であり、言語ができてからは宗教も加わった。ただ、それではせいぜい一〇〇～二〇〇人のまとまりのゆるい共同体しかつくれない。この壁を越えて共同体の規模を大きくするには、社会の構造化と、組織的で形式の確立した宗教の導入が不可欠だ。つまり教義宗教は、おたがいが顔を突きあわせる小さな社会を脱却して、私たちがいま暮らしているような巨大国家を実現する最終段階だったのである。それぞれの段階は、治安を維持するためにますます複雑化する世俗や司法の仕組みと結びついてはいるものの、それでも宗教的要素それ自体は、ヒトにだけ見られる特徴なのだ。多くの世界宗教に見られる「高みから道徳を説く神」は、住民の数が膨大になったときにのみ出現する発展の最終段階を表わしているのである。

第9章　カルト、セクト、カリスマ

どんな宗教も、始まりはカリスマ指導者を中心とするカルトだ。指導者はたいてい放浪の聖者で、多くは男性だが女性もいないわけではない。既存宗教内の派閥争いの結果、新しいカルトが誕生することもある。そうでなければ、孤独な黙想の日々を過ごし、人生と神学について新たな着想を得た者に感化された人たちによってカルトができあがる。だがそのちがいは取るに足らないものだ。新しい宗教の創始者といえども、文化の真空地帯にいるわけではなく、すでにある信念や慣習に首までつかりながら、それを新たな方法で、あるいはそれに反発しながら発展させただけだからだ。

多くのカリスマ指導者は、存命中と死去直後までしか影響力を持てない。記憶は風化し、信者も離れて、その名前は歴史のどこかに消えてしまう。仏教を始めたガウタマ・シッダールタ、シク教を開いたグル・ナーナク、イエス・キリスト、預言者ムハンマドなど、世界を席巻するほどの宗教運動を創始した者はむしろ例外だ。アッシジの聖フランチェスコや、イエズス会をつくったイグナチオ・デ・ロヨラのように、のちに彼らの宗教の先鋭部隊となる修道会を創設して多大なる功績を残した者もいる。それは教義宗教の枠内で、神学的な正統性を保持したカルトと呼んでいいだろう。だが多くのカルトは、神学的な異端を理由に追放されたり、自らの意思で袂を分かった。

カルトは例外なく、自分たちが身を置いている宗教的景観のどこかに反発して始まる。そのため多くの既存宗教はカルトに対して相反する感情を抱き、充分に確立して注目されるようになったカルトに対して何らかの圧力をかけようとする。多様な表現を容認し、カルトの繁栄を認めた宗教はわずかしかない（認められるのは、土着の聖者や神々を崇めるカルトのことが多い）。ヒンドゥー教がその最たる例で、多種多様な神々と宗教的伝統が幸せに共存してきたことで知られる。だがそれ以外の主要宗教は、多くが神学的な逸脱に不寛容だ。中世に出現したカタリ派（アルビ派ともいう）の例を見てみよう(1)。

カタリ派が既存の主流宗教をいちばん刺激したのは、その神学的な立場だった。神についての個人的な知識を基本としてグノーシス主義に傾倒し、三位一体《さんみいったい》論に反対する立場をとり、ある種の生まれかわりを信じていた。こうした考えの多くは、九～一〇世紀にアルメニアとバルカン半島でさかんだったグノーシス主義のパウロ派やボゴミル派の影響を強く受けている。礼拝の進行役を男女ともに務める平等意識を持ち、菜食主義を掲げていたことも（あらゆる生命を奪うことは罪だとされた）心証を悪くしたにちがいない。[2] 一二世紀の南フランスと北イタリアでカタリ派はあまりにも大きな政治勢力となったため、一二〇九年、ローマ教皇インノケンティウス三世はカタリ派制圧のためにアルビジョア十字軍を結成した。ラングドック地方だけで数万人のカタリ派が犠牲になっているが、その主な理由は、十字軍に降伏した町や都市で、市民がすべて異端と見なされて虐殺されたからだ。十字軍の圧勝で、宗教運動としてのカタリ派は消滅する。それでもカタリ派の思想は、ベギン会（半隠遁の集団生活を送っていた女性の互助組織）をはじめとする西欧のキリスト教運動に近代まで影響を与えつづけた。

この章ではカルトとセクトをくわしく取りあげるつもりだが、それは二つの疑問を考えるためだ。ひとつはカルトがなぜ、どのようにして形成されるのかということ。なぜ人びとはカルト指導者に追随するのだろう？　もうひとつは、揺るぎない地位を持つ宗教からでも、たやすくカルトが生まれるのはなぜかということだ。[3] カルトの研究にしても、新宗教運動の一例として個々のカルトの動向に注目するものがほとんどだ。なぜ次々とカルトが湧いてでるのか、立ちどまって問いかけることはめったにない。どうして宗教はあっけなく分裂し、セクトに分かれて反目しあうのだろう？

事例研究――メイベル・バールトロップとパナシア協会

カルト形成の過程を掘りさげるために、まずカルトの典型ともいえるパナシア協会の例を見てみよう。これを選んだのにはいくつか理由がある。まず、奇抜で型やぶりな神学理論を展開していたにもかかわらず、地域の教会組織から変わり者扱いされるだけですんだこと。次に、その時代を象徴する事例であり、さまざまな出どころから集まった主題が、カルト創始者の思考のなかでどのように結びついたかが端的にわかること。また有名なカルトは色眼鏡で見られがちだが、パナシア協会はあまり知られていないおかげで、偏見を持たずに考察できることだ。だが、最後の理由がいろんな意味でいちばん重要かもしれない。パナシア協会より前に異国で出現したカルトは、その起源が時間のかなたにかすんでおり、文書資料があったとしても当局によって消されていることが多い。しかしパナシア協会は、多くの情報を集めることができる稀有《けう》な例なのである。質の高い記録が豊富に残っているのは、関わった人びとの多くが高い教育を受けていて、綿密な記録を残してきたおかげだ。そうした資料は、現在は小さな博物館に収められている(4)。

ヴィクトリア朝後期には、英国国教会が唱える心地よい正説にもかかわらず、とくにイングランドでは異端の哲学やカルトへの関心が高まっていた。たとえば心霊主義のように、ローマに征服される以前から連綿と続くオカルトへの関心から生まれたものもある（「はじめに」を参照）。また神智学のように、インドを中心とする東洋の哲学や宗教に触れる機会が増えたことで発展していったものもある。いっぽうでそのほかの小さなカルトは、伝統的な宗教や地域独自の信念を折衷的に取りまぜた特異な主張を展開した。一九一九年にベッドフォードでメイベル・バールトロップが創設した半閉鎖的な千年王国共同体、パナシア協会もそのひとつだった。

メイベル・バールトロップは英国国教会の牧師の妻だった。一九〇六年に夫が亡くなったとき、彼女は重度のうつ病と診断され、地元の精神病院に入院していた。夫が慢性的な病を抱え、教会で安定した地位を得られなかったことが、発病のきっかけだったのだろう。バールトロップの実の父は彼女が九歳のときに亡くなっており、あとには半病人の母親だけが残された。そしていま、夫に先だたれた四人の子どもを持つ彼女は、自分の母と同じ状況に直面していた。うつと妄想で二度目の入院生活を送ったあと、一八世紀の女預言者ジョアンナ・サウスコットの教えに感銘を受け、たまたま夫と住むことになったベッドフォードこそ、エデンの園があった場所だと信じるようになった。そして夫の死後ベッドフォードに土地を買い、一二人の女性使徒とともにパナシア協会というサウスコットの教えに基づいた共同体をつくった（イエスが弟子たちの足を洗った逸話にならい、バールトロップも使徒たちの足を洗う儀式を行なった）。

ジョアンナ・サウスコットは六四歳のとき、『創世記』でヤコブが約束したシロ（メシア）を妊娠したと宣言する。だが赤ん坊は生まれず、サウスコットは人前から姿をくらまし、まもなく世を去った。サウスコットの予言したシロとは、バールトロップのことだという啓示を使徒のひとりが受けたことで、バールトロップは自らを赤子の生まれ変わりと考え、サウスコットの八番目の預言者オクタヴィアを名乗るようになった。

パナシア協会は、サウスコットの教えにもとづいたフェミニスト神学を採用し、キリスト教、とくに英国国教会の男性支配に異を唱えた。バールトロップ自身も聖餐式で司祭の役割を担ったが、当時はそれが聖職者の権威に対する暴挙だと見なされたことだろう。やがてバールトロップは三位一体に四番目の位格を加えて、「娘なる神」と自らを見なすようになる。つまり父なる神、母なる神（もとの三位一体では聖霊）、子なる神（イエス）、そして娘なる神の四位一体に改変したのだ。バールトロップと使徒たちは、毎日午後五時半に神のお告げを直接書きとる自動書記を行ない、それは急いで夕べの礼拝に届けられ、期待に満ちた信者たちの前で読みあげられることも多かった。

一九三〇年代には、パナシア協会では約七〇人が共同生活を送り、外で生活する「シールド・メンバー（必要な訓練を受けて会員としての義務を果たすことを誓約した者）」は一三〇〇人を数えるまでになった。希望する会員に無償で与えられたのがバールトロップが祝福した亜麻布《あまぬの》の切れ端で、これを浸した水を直接飲んだり、あるいはその水で入浴すれば、多くの病が癒《い》えるとされた。パナシア協会は二つの世界大戦のあいだに最盛期を迎えるが、その時期には世界中で一三万もの人がこの亜麻布の切れ端を求めたという。

共同生活をしていたのは高齢女性が中心で、英国国教会の聖職者の妻、未亡人、娘、姉妹など、英国国教会に失望し、一家の主が早逝《そうせい》してしまうと経済的に立ちゆかなくなる者が多かった。一九二〇年代後半には、現役の英国国教会の司祭を含む数名の男性が入会を許可されている。けれども男性が加わったことで人間関係の緊張が高まり、とくに恋愛感情は厄介で、目障りなカップルはたいてい共同体から追いだされた。あるアメリカ人の男性会員は、協会乗っとりをたくらみ、男性会員を同性愛的な方向に誘導したとして追放されている。会員のひとりエミリー・グッドウィンという女性は、「母なる神」のお告げを受けたと主張し、この男性がニューヨークで死ぬと予言した。数か月後、男性がニューヨークで死んだ知らせが入ってくる。グッドウィンの評価は高まり、すぐにバールトロップの右腕となった。

共同生活は、規模が大きくなると人間関係の管理が難しくなってくる。パナシア協会が数十人を超えたあたりで、バールトロップは生活規則を明文化する必要に迫られ、会員の行動や活動を非常に細かく定めた。トイレは使うたびに掃除する、使ったタオルはきちんとかける、コートは輪を縫いつけて専用のフックに吊るす、訪問者の宿泊禁止などなど。とくに茶のいれかたと料理の内容は細かく決められた。また共同生活者は仲間の前で自己批判を行ない、仲間の反社会的な、もしくはいらつく行為を「母なる神」に報告しなくてはならない。共同体は外界とはほぼ隔絶状態にあり、バールトロップ自身は建物から七五ヤード（約六八メートル）以上離れることがなかった。いちばん憐《あわ》れだったのは、バールトロップの末娘ディリスかもしれない。高齢女性に囲まれ、息の詰まる共同体で二〇歳のときから暮らした彼女は一九六八年に死去した。

バールトロップが一九三四年に世を去ったあとは、新しい入会者は増えず、既存の会員も死んだり脱会したりで、共同体は少しずつ衰退していく。二〇一二年に最後の会員が死去したあと、パナシア協会は活動を終了する。資産は慈善事業に寄付されて、建物は博物館になった。パナシア協会の物語は、いろんな意味でカルトの典型だ。創始者が死んで数十年もすると、ほとんどのカルトは消滅する。創始者の存命中に生みだされたものがほぼすべてで、次の世代にはその難解な教義や慣行がしっくりこない。後継者は創始者にくらべるとカリスマ性も熱意も乏しく、草創期の熱気や勢いをよみがえらせる指導力もない。加えて組織の規模も大きくなっている。それまではいわばひとりの独裁者が専制的に支配していただけに、組織内で軋轢《あつれき》が生じても対処しきれない。

パナシア協会は終わりを迎えたが、この本が主張することの多くを体現している。伝統的宗教に不満を抱えていた信者のもとに、同志が集結する。それが始まりだった。創始者が女性であったため、既存社会のネットワークは性別によって大きく偏ることから(5)、女性の賛同者が多く集まったのは当然だし、そこに男性が加わって人間関係に摩擦が生じたのも不思議ではない。この点に関していえば、一九世紀アメリカに出現した千年王国共同体では、多くが信者間のセックスを禁止していたし、シェーカー派のように、男女を別々の建物に分けて生活させるところもあった。創始者がしだいに自らを神格化して、自分の衣服や日用品には治癒力が宿っていると主張しはじめるのもカルトに共通の傾向だ。パナシア協会の場合、最初のうちは共同体の運営も暗黙の了解で成りたっていたが、一気に会員が増えてからはきちんとした組織が必要になった。その結果、頂点に立つバールトロップのまわりを少数の補佐役が固めるという階層的な構造が出現する。「娘なる神」を自称する自己神格化も、自動書記で神との直接交流を行なうのも、個人に権威があるかのように装うと同時にその権威を高めることもできる、カルトの古典的な発明品だ。

バールトロップの死後八〇年ほどでパナシア協会が消滅したのは、二つの異なる要因が鎖のように結びついた結果だ。ひとつは幅ひろく布教を展開したり、ほかの場所に新しい共同体をつくったりする努力がされなかったこと。(6) そもそもバールトロップ自身が隠遁生活を好み、外に出かけたり、外で生活する信者に説教することに積極的でなかった。そこに拍車をかけたのが第二の要因だ。バールトロップの後継者は誰ひとりとして、変わっていく世界に対応して協会の方針を修正しようという発想がなく、それができるカリスマ性もなかった。これはキリスト教の歴史において、ごく初期に起きたことを見るとわかりやすい。伝統を重んじてユダヤ教の一教派に留まりたい人びと（一二使徒の一部が中心）と、古代ギリシャ＝ローマ世界にも積極的に広めていきたい人びと（あとから入信したタルソスのパウロが中心）が分裂した。前者は数十年後にはあとかたもなく消え、後者は大いに隆盛して今日のキリスト教が誕生した。

ここで二つの興味が湧いてくる。いったいどんな人物がカリスマ指導者になるのか。なぜ人びとはカリスマ指導者に惹かれ、ついていくのか。

カリスマ指導者

カリスマ指導者とは何だろう。何が人をカリスマにするのか。その答えははっきりしない。なぜならカリスマ性は本人の特性というより、信奉者によって与えられることが多いからだ。カリスマ性のある人にはたしかに周囲から賞賛されて、信奉者を惹きつける何かがある。だが具体的にその人のどこがとなると、かならずしも明確ではない。それでも聖俗に関係なくカリスマ性のある人には、たがいに関連する二つの特徴がある。それは宗教、政治、スポーツ、軍事などの分野で（ときにはたんに肉体的魅力のこともある）、自分には特別な能力あるいは使命があると確信していること。そしてそれをある意味自信を持って提示できることだ。後者に関しては外向的な性格ということではなくて、むしろその役目を務めるとき（たとえば人びとの前で説教をするときなど）、その確信がまぶしいほどに輝くのだ。

宗教のカリスマ指導者の場合、この二つの特徴の根底に霊的な主張がある。自分は神のことを誰よりも深く理解している、あるいは人びとを救済に導くよう神から命じられたといったものだ。自分が神であるとか、少なくとも神がつかわした救世主だという主張も驚くほど多い。そんな人物を数多く輩出したのが中世だ。六世紀の南フランスに現われた自称「ジェヴォドンのキリスト」は、マリアと名づけた連れの女とともに、治療師・占い師として多くの信奉者を集めた。裕福な旅人から金品を奪って貧者にほどこすよう呼びかけたところは、ロビン・フッドを彷彿とさせる。(7) 八世紀には、ソワソンのアルデベールが自分は生ける聖人であると宣言し、イエスからの書簡を持っていると主張した。彼も信奉者が増えすぎて、地元の教会が当時のローマ教皇ザカリアスに対処を求めたほどだった。一二世紀に入ると、アントワープのタンケルムと呼ばれる放浪の説教者がついに自分は神だといいはじめた。彼も絶大な人気を集め、パリ郊外の野原で挙行した聖母マリアとの婚礼には、一万人の信奉者が出席したと伝えられる。(8)

時代が進んでからは、たとえば一六四〇年代に、初期のクエーカー派、ジェイムズ・ネイラーは、ロバにまたがって熱狂的な女性信者たちとともに、ブリストルに乗りこんだ。ネイラーをイエスの生まれかわりと信じる女性たちは、彼の行く先の道にヤシの葉をまいたという。一八四〇年代には、預言者エリヤを自称したヘンリー・プリンスが、主教によって聖職を解かれてしまった（その後プリンスは自らを神に格あげしている）。彼は数度の「霊的結婚」をして、礼拝のときは何かにとりつかれたような挙動を見せた。そのおかげか、地方のささやかな教会の信者は激増し、日曜礼拝を二度開くほどになった。メイベル・バールトロップと、それ以前にはジョアンナ・サウスコットもここに加わる存在だ。彼女たちは巨大な氷山の一角にすぎなかったのだ。

ヨーロッパ以外の文化圏でも同様の事象が記録されている。カリブ海地域のアフロ・クリスチャン教会を研究したクリストファー・パートリッジは、ジャマイカの土着バプテスト教会では一九世紀から二〇世紀初頭にかけて、聖職者の多くが強烈なカリスマ性を帯びていたと報告している（一八三〇年代のサミュエル・シャープ、一九〇〇年代のアレクサンダー・ベドワード、一九二〇年代のマーカス・ガーヴィーなど)[9]。多くは自分が神もしくは黒いメシア――囚われの人びとを約束の地へと導く黒いモーセ――と信じこんでいた。ベドワードはイエス・キリストの生まれかわりを主張し、ある時は、馬車で天にのぼると宣言して、実際に木の枝にしつらえた椅子に腰かけて昇天を待った。しまいにはベドワードは精神病院に入院し、そこで一九三〇年に死んだ。

虐げられた貧者のひとりが立ちあがり、彼らを抑圧者から救済する話はヨーロッパでも繰りかえし現われる。一七六〇年代にロシアで去勢教を創始したコンドラーチー・イヴァノヴィチ・セリヴァノフは脱走農奴で、「神の子」や「あがない主」と自称した。彼もまた精神病院への入退院を繰りかえし、これ以上影響されやすい農民たちを感化しないよう、最後は修道院に閉じこめられた。

自分には特別な使命があるという信念は、多くの場合、激しい精神的動揺と結びついているようだ。イエス自身、荒野で悪魔の誘惑に耐えぬいたあと布教を開始した。メイベル・バールトロップも夫の境遇を不安に思うあまり、重いうつ病を経験している。日本でも一八三八年、農民の妻で読み書きもできなかった中山みきが、何人かの子どもを亡くし、家も傾きかけていたときに、月日《つきひ》と呼ばれる神が乗りうつる体験をした。治療師あるいは狂女と評価が二分したものの、中山は多くの信奉者を集めて天理教という宗教運動を生んだ。一世紀半がたった今日、天理教には一万七〇〇〇もの教会があり、信者は二〇〇万人を数える。ガウタマ・シッダールタは貴族の家に生まれたが、現実世界の苦難を彼に見せたくなかった両親から、宮殿から出ることを許されなかった。ようやく外に出ることができたシッダールタは、人びとの苦しみに深く思い悩むようになり、ついには物乞いをしながら放浪生活を始めた。激しい宗教的体験や信仰への目ざめは、人生の矛盾と悲劇に直面して存在の危機に陥ったときによく見られる反応のようだ。

カルトが軌道に乗るには、指導者のカリスマ性と、救済の鍵は自分が握っているという深い確信が条件となる。なぜ深い確信が必要かといえば、指導者が頑なに自分の意見を曲げないことで徐々に支持者が現われはじめ、しまいには集団が全体として支持者側に回るからだ。信奉者の数が増えてくると、指導者を頂点として、それを取りまく少数の上層部という階層構造が生まれる。上層部は指導者と一般信者との連絡役であると同時に、指導者への接近を制限する門番にもなる。(10) その結果指導者は遠くの謎めいた存在となり、神秘的な魅力が増していく。指導者との距離があればあるほど、近づくことを許された者は名誉に感じるのだ。メイベル・バールトロップを取りまいていた上層部しかり、オレゴン州にラジニーシプラム市をつくったバグワン・シュリー・ラジニーシの上層部しかり。もちろんイエスの一二使徒もそうだ。

だが存在の危機を経験しても、カリスマ指導者になる者とならない者がいる。これはどういうことだろう？

カルト指導者の挙動の多くは、偏執的、猟奇的なものであったようだ。ジム・ジョーンズ（人民寺院の教祖、ジョーンズタウンの大虐殺で知られる）や、デヴィッド・コレシュ（ブランチ・ダヴィディアンの教祖、ウェーコの虐殺で知られる）になるととくに重症で、集団内で自分の立場を脅かす者や、政府機関による襲撃への不安が偏執病《パラノイア》の域に達していた。一九二〇年代、一夫多妻を掲げるモルモン教分派のカルトがメキシコで創始され、一九七〇年代に創始者の息子アーヴィル・ルバロンがその一派の指導者の地位についた。ルバロンは、長兄ジョエルをはじめとして、教義や性格の面で折りあいの悪かった信者を少なくとも一〇名殺害している。そのうち数名は、一三人いた彼の妻が手を下した（妻たちの多くは未成年のときに結婚している）[11]。一九八〇年代には、オハイオ州カートランドでやはりモルモン教分派のカルトを主宰していたジェフリー・ランドグレンが、一部の信者の忠誠心に対しての被害妄想にとりつかれ、その一家全員を殺害した（この罪によりランドグレンは二〇〇六年に薬殺刑に処せられた）。

一九七〇年代、ロシュ・テリオーはケベック州の森のなかに、セブンスデー・アドベンチスト教会の教えを基盤とする小さなカルト「アント・ヒル・キッズ（蟻塚の子どもたち）」を創設する。彼は信者の行動を徹底的に管理して、信仰に迷いがある、スパイ行為を働いている、教団を出たがっていると見なした相手には、容赦なく暴力を振るった。自らの脚をハンマーで折る、おたがいの肩を銃で撃ちあう、死んだネズミを食べるといった罰が下されたのだ。さらに治療師としての力を見せつけるため、おとなだけなく子どもにも麻酔を使わず素人手術を行なった。それが直接の原因かどうかはともかく、手術で女性三人と赤ん坊ひとりが亡くなっている。生命こそ失わなかったが、ほかの者たちも恐ろしい後遺症を負った（ある女性は歯を八本抜かれ、チェーンソーで腕を肩から切断された）。テリオーは有罪となって収監されたが、それでも一部の信者は忠誠心を保ちつづけた[12]。

こうしてみると、彼らは人格に重大な問題を抱え、その多くに精神病的傾向が見られるようだ。具体的には時間感覚のゆがみ、共感覚、幻聴や幻視、自己と他者の境界の喪失、社会的離脱、そして葛藤や不安といった感情が突然「理解した」感覚に変わり、新たな自己意識を得ることなどだ。こうした状態にはしばしば激しい自己嫌悪の発作がともなう。二つの新宗教運動（ハレー・クリシュナ運動とドルイド）の信者を、精神病患者および正常対照群のサンプルと比較した研究がある。それによると新宗教運動の信者たちは妄想的観念[13]が対照群より強く、精神病患者に匹敵することがわかった[14]。正常対照群では、宗教を信仰する人とそうでない人とのあいだには、差は見られなかった。

精神科医で人類学者でもあるサイモン・デインは、宗教心と心理的特徴の関係を詳細に調べた研究のなかで、統合失調症と宗教体験では、脳内の同じ認知プロセスが関わっていることを示唆している。統合失調症患者では最大七〇パーセントが、幻聴と幻視を経験する。宗教的妄想（神の声が聞こえる、悪魔が嘲笑する、自分は神の遣いである、もしくは神そのものだと信じる）は、統合失調症でよく見られ、かつ治りにくい症状のひとつだが、とくに患者が宗教に積極的だとそれに拍車がかかる。統合失調症患者はまた、陰謀論を唱えたり、自分は執拗に迫害を受けていると考える傾向にある。カルト指導者の多くにもある程度そうした特徴が見られるが、本格的な統合失調症を患っていることはあまりない。むしろ、統合失調症の特徴が薄まった形で現われる、統合失調型パーソナリティ障害を抱えていると考えたほうがよさそうだ。

こうした心理的特徴は、神経学的な差異に起因しているのかもしれない。たとえば神経画像技術を使った複数の研究から、統合失調症患者は脳室（脳脊髄液で満たされた脳内の空間）が大きく、側頭葉と前頭葉の灰白質《かいはくしつ》が減少していることがわかっている。側頭葉てんかん、それも側頭葉深部の微小発作は統合失調症患者によく見られるが、これも宗教体験やトランスのような状態と結びつくことが多い。たとえばピオ神父は、ミサの最中にしばしば立ちすくんだままトランスに入ることがあって、信者たちは神父が我に返るまでおとなしく待っていなければならなかった。同様の現象は中世カトリックの聖人にも数多く見られたという。

臨床および神経生物学的な証拠を総合すると、統合失調症、双極性障害の躁《そう》状態、それに激しい宗教的行動では、脳の同じ領域が過活動を起こしていることがわかる。(15) その領域とは大脳基底核、扁桃体、皮質下の大脳辺縁系、前頭前皮質（とくに眼窩前頭皮質と背内側前頭前皮質）、それに右の側頭葉で、どれもメンタライジングと社会的関係に不可欠なところだ。つまりここでもデフォルト・モード・ネットワーク（DMN）がからんでくるわけだ。DMNを刺激して得られるある種の恍惚感は、さまざまなタイプの宗教的実践にも、またさまざまなタイプの人にも共通している。DMNに対する刺激が強すぎると、宗教的な逸脱が起こる。どうやらメンタライジング・ネットワークの皮質系が活性化すると信念体系が変化し、DMNの中脳系が活性化すると儀式行動（とりつかれたように祈禱するなど）に変化が起こるようだ。

統合失調型パーソナリティ障害、そして統合失調症は、その疾患を有しているかいないかがはっきり区別できるような、明確なカテゴリーではないことを知っておく必要がある。むしろほかの性格型《タイプ》と同じようなもので、私たち全員がそれに属しているのだが、統合失調症はその正規分布の最も端に位置するにすぎない。つまり統合失調症パーソナリティ障害を抱える人は、ほかの人よりも激しい形で宗教現象を経験し、ひいては信仰の目ざめや強烈な宗教体験を引きおこす自己同一性の危機に陥りやすいだけなのだ。

さらにカリスマ指導者の多くは親を早くに亡くしていたり、恵まれない境遇で育ったりしたということも指摘されている。預言者ムハンマド、孔子《こうし》、モーセ、アビラの聖テレサ、おそらくイエスもそうだったのだろう――イエスが一二歳のときを最後に、父ヨセフに関する記述がなくなるからだ。宗教にかぎらず、多大な影響力を持つ人物には、幼くして親を失った者が驚くほど多い。政治指導者や思想家では、アリストテレス、チンギス・ハン、マクシミリアン・ロベスピエール、メネリク二世（一九世紀後半にエチオピア近代化の道をひらいた皇帝）、ジョモ・ケニヤッタ（ケニアの初代首相、初代大統領）、ヤセル・アラファト、蔣介石《しょうかいせき》、マルコムX。作家では、ドストエフスキー、ジョン・キーツ、エドガー・アラン・ポー、ラシーヌ（フランスの劇作家）。芸術家では、ミケランジェロ、サルバドール・ダリ。音楽家では、J・S・バッハ、アントン・ブルックナー、エラ・フィッツジェラルド、ルイ・アームストロング、ジョン・レノンなどがいる。アメリカの平原先住民シャイアン族では、戦闘集団を率いる者はかならず孤児だった。親がいないために、奴隷や捕虜と同じく社会の最下層に位置づけられ、武功を立てることが結婚など人生の成功につながる唯一の方法だったのだ(16)。

貧しく不安定な幼少期のトラウマを乗り越え、厳然と立ちはだかる社会に挑まなければならなかった彼らは、人生の早い段階から多くを学び、逆境に立ち向かい嘲笑をはねのける精神的な強靭さを身につけたのだろう。進む方向が政治なのか、知的活動の分野なのか、あるいは宗教なのかは、文化的な環境、影響を受けた人物、心のトラウマの深さ、さらには人を惹きつけられるかどうかなど、その時々の状況が偶然的に決めるのかもしれない。

シャーマンを筆頭に、神秘主義者は一般に定型からはずれた者が多い。精神疾患を抱えていることが多く、それがトランス状態に入りやすい素因になっている。見た目や挙動が奇妙で、周囲からは狂人扱いされるが、それでも人びとは彼らのことを信じる。なぜ信じるのかといえば、ひとつにはその他大勢に埋没しない、突出した存在を頼みにしたいと思う気持ちがあるからだろう。とくに顕著なのはシャーマンで、人びとは彼らが超人的な能力を持っていると信じこむことが多い。キリスト教の聖人も同様で、宙に浮かんだとか、同時に二か所に存在していたといった奇跡が語られる。アッシジの聖フランチェスコ、アビラの聖テレサ、クパチーノの聖ヨセフ、そして二〇世紀に入ってからは、ピオ神父でさえそうだった。イエスだってガリラヤ湖を歩いて渡っている。宇宙の法則にも日常経験にも反する奇跡を生み出す能力は、ほぼすべての宗教で特別な人に宿るものとされている（カトリック教会ではそれが列聖の条件でもある）。これは、「最小限の反直観性」という、宗教の認知科学のひとつの主張である——物理法則は無視するが、あまり派手には（信憑性を失うほどには）無視しない。

信者はなぜカリスマ指導者についていくのか？

カルトや宗教に傾倒している決定的な証拠、それは信仰のために死ねるかどうかだ。一九七七年、人民寺院の指導者ジム・ジョーンズの呼びかけで、一〇〇〇人近い信者がカリフォルニアを離れ、南米ガイアナのジャングルを開拓して新しい共同体を建設した。それからわずか一年半後の一九七八年一一月、信者たちは集団自殺を図る。シアン化物を混ぜたぶどうジュースをまず子どもに飲ませ（共同体の構成員はおよそ三分の一が子どもだった）、それから自分たちも飲んで、ほぼ全員が死亡した。同様に一九九三年四月には、デヴィッド・コレシュが設立したブランチ・ダヴィディアンで七九人の死者が出た。テキサス州ウェーコに近いマウント・カーメル・センターで、連邦政府のアルコール・タバコ・火器および爆発物取締局の捜査官と銃撃戦になったためだ。ともに神または救世主を自称したジョーンズとコレシュは、心理的に問題を抱え、人間関係で衝突が多かったにもかかわらず、信者たちは最後まで彼らに忠誠心を貫いた。

その後の一〇年間には、それ以外に少なくとも三つの千年王国的な主張の教団やニューエイジのカルトが、カリフォルニア（ヘヴンズ・ゲート）、スイスとカナダ（太陽寺院）で集団自殺を起こしている。二〇〇〇年のはじめには、ウガンダで神の十戒復古運動の七七八名（聖職を追われた司祭や修道女と、カトリック教会から離脱したばかりの信者たち）が、さまざまな形で大量殺人や自殺を図った。こうした事件の多くでは、宗教上の理想や信念というよりも、カリスマ指導者への忠誠心が背景にあったようだ。

たとえばカリフォルニアで始まったヘヴンズ・ゲートからもわかるように、カルトの信仰はかなり奇妙でありながら（少なくとも部外者にとって）、全面的に従うことを信者に要求する。一九七四年にマーシャル・アップルホワイトとボニー・ネトルズが創始したヘヴンズ・ゲートでは、キリスト教の禁欲主義、グノーシス主義、東洋の神秘主義を織り交ぜたものに、宇宙人が地球を救いに（あるいは全滅させに）やってくるという現代的な千年王国観を加えた信仰が柱となっていた。さらに二人の創始者は、新約聖書のヨハネの黙示録に出てくる「二人の証人」は自分たちのことだと信じており、個人崇拝の対象になっていた（古今のカルトの例にもれず、アップルホワイトはその後自らをイエスに昇格している）。一九六〇〜七〇年代の「スピリチュアル・ヒッピー」がいかにも飛びつきそうなカルトだったのだ。一九九七年、残ったメンバーはアップルホワイトの指示のもと、集団自殺を図る。ヘール・ボップ彗星の接近に合わせて宇宙船が地球にやってくると考え、天に召されれば地球外生命体の仲間に加われると信じたのだ。

それにしても疑問なのは、信者たちはなぜカリスマ指導者のためなら死もいとわないほど彼らのことを信じられるのかということだ。経済学では、個人が特定の宗教、さらには特定の教会に参加したりやめたりする判断を、購買の最適化に関する問題として扱ったモデルがいくつも提唱されている。それぞれの教会がもたらすコストと利益を天秤にかけ、最大利益または最小コストをもたらす教会を選ぶというわけだ。ある程度まではそれも正しい――負担が大きすぎたり得るものがほとんどなければ、人びとは別の宗教や教会に乗りかえる。かつては信徒にならないとキリスト教系の病院には入れないと宣教師から言われたり、新しい教会や宗教のほうが便宜を図ってくれそうといった理由で改宗することもあった。日本人は仏教と神道の両方を信仰しているので、婚礼はやや地味な仏前式より華やかな神前式で、葬儀はより手厚く弔《とむら》う仏式で行なう。たしかにこうした経済学のモデルは人びとの選択予測には有効だが、そもそも人びとがなぜ宗教心を持つようになったのかについてはうまく説明できていない。というより、宗教心があることが前提になっている。さらには人びとがなぜ特定の宗教や教会に参加してそこにとどまるのか、その背後にある感情的な経験についても説明していない。

ビッグファイブ[17]と呼ばれる性格特性のなかで、宗教心のある人は（かならずではないが）協調性と誠実性が高い傾向にある。だが多くの人は、生まれたときからその宗教だったとか、そのなかで育ってきたからというだけの理由で、信仰を続けている。価値を疑わないことで得られる帰属意識に充分満足しているのだ。場合によっては、共感できる大切な友人と仲たがいしたくないという理由だけで、信仰を続けようと決めることもあるだろう。多くの人は、カルトから追放されたり、カルト指導者が死んだときには深い喪失感を味わい、途方に暮れる。その感情は離婚や恋人と死別したときと同じで、いっそ自らも死んだほうがいいと思うのかもしれない。一九七〇年代にヒッピー・コミューンで青少年期を過ごし、仲間意識と帰属意識を経験した人は、あのころが人生最良の時期だったと振りかえる。親密な人間関係に守られていると感じていたのだ[18]。

そのいっぽう、改宗の過程を経て宗教に参加する人もいる。改宗は知的な葛藤をともなうものとされることが多く、たしかにそれが当てはまるときもある。だが多くの場合、改宗にともなって生じるのは感情の変化で、葛藤を覚えるのも、新しい宗教がそれ以前の習慣や喜びを手放し、これまでの友人や家族との関係を断ち切ることを求めるからだ。また、トラウマや心理的苦痛を引き起こしうるという点では、改宗の過程でエンドルフィン系を刺激され、激しい帰属意識をもたらすことも考えられる。人生の重大な危機に直面した人にとっては、新しい宗教やセクトに入ることで得られる心理的な支えほど魅力的なものはないのかもしれない。そして儀式によってエンドルフィン系が活性化することで得られる穏やかで心地よい感覚も、温かい腕に包まれているような感情を呼びおこすという大事な役割を果たしている。

聖俗にかかわらず、なぜ指導者は超人的な力を持つと思われるのか。納得のいく説明はまだないが、指導者が帰属意識の焦点として機能する共同体の自然な心理が関係しているのかもしれない。そこから、指導者に触れて力を授かりたいという、非常に人間的な願望につながることも多い。聖人の遺物はもちろん、彫像や肖像に口づけしたり、手で触れたりする光景は随所で見られるし、「ロイヤル・タッチ」という概念にも現われている。これはイギリスやフランスで一八世紀まで続いていた信仰で、リンパ腺結核（結核の一種）などの病気が、男女関係なく君主が手を当てるだけ（もしくは衣服の端がかすめるだけ）で治癒するとされていた。

南アジアのヒンドゥー教系カルトでは、グル（尊師）は「特別な贈り物」を授かった神聖な存在と見なされ、熱心な信者（とくに女性）は「グルに触れたい、そばにいたい、グルの残したご飯を食べたい、グルがまとった服を着たい、グルが寝た場所で寝たい」と願ってやまない[19]。これは「近接欲求[20]」と呼ばれ、女性が恋人の服を借りて着る行為を連想させる（男性はまずやらない）。グルを頂点としたカルトの多くでは、グルとの物理的な距離による暗黙の、ときに明確なヒエラルキーが存在し、それが集団内での地位につながっている。私の考えでは、これは、最も近しい関係では自然と肉体が関わるものであり、そこには触れあうことがかなり含まれるということに直接由来している[21]。ここにはまちがいなく親子関係の性質も含まれている。人間の子ども時代が異常なほど長く、子どもが一〇代に入ってからも親は食料と安寧を提供し指導役を務めることを考えると、あまり驚くことではないだろう。

身体的な接触が社会的関係のなかでどれほど重要か、私たちは充分に認識していない。心理学者ロバート・スタンバーグは、その有名な「愛の三角理論」のなかで、恋愛関係は親密さ、コミットメント、情熱の三つの鍵となる要素の交わり方によって特徴づけられると提唱している。親密さとは愛する人と一緒にいたいという欲求で、コミットメントは心理的な距離の近さ、つながりや絆の感情で表わされる[22]。これはのちにアーサー・アーロンとエレイン・アーロンによって、あらゆる人間関係に適用できるよう「寄りそう気持ち」と「寄りそう行動」の二つの要素にまで一般化された。[23] この寄りそう感覚は本能に根ざすもので、社会的グルーミングが重要な役割を果たしていた霊長類の祖先までさかのぼる。なぜこれが重要かというと、触れることによってC触覚線維と呼ばれる求心性神経を経由してエンドルフィン系が活性化し、親密で温かい感覚が生まれるからだ（第5章参照）。

これに関しては顕著な性差がある。女性には男性よりはるかに「触れあいたがる」傾向があり、メンタライジング（人間関係を直観的に管理するための認知機構）のような社会的認知能力も高いのだ。[24] 宗教の心理学では、女性のほうが男性より宗教心が強く、カルトの信者になりやすいということが一貫して言われているが、それもこれで説明できるかもしれない。たとえば二〇一四年に発表されたピュー研究所の報告書では、宗教は自分の人生においてとても重要なものだと評価したアメリカ人女性は六〇パーセントにのぼったが、男性では四七パーセントにすぎなかった。毎日祈ると回答した女性は約六四パーセント（男性は四七パーセント）、毎週礼拝に出席する女性は四〇パーセント（男性は三〇パーセント）だった。世界宗教に範囲を広げて行なったその後の調査でも、男女差は多少縮まったものの同様の傾向が確認できた。[25] 中世ヨーロッパでも、アントワープのタンケルムや自由心霊派の信者は女性が圧倒的に多かった。ヴィクトリア朝中期の堅苦しいイギリス社会では、ヘンリー・プリンスのもとに多数の女性信徒が集まるようになった。主教から諫《いさ》められたのを機に、プリンスは六〇人ほどの支持者――ほとんどが女性――を引きつれて独自の宗教共同体を設立する。プリンスは彼女たちに洗礼をほどこし、大真面目に「主の花嫁たち」と呼んだ(26)。

世俗における身体接触と激しい感情、そしてセックスの関係を考えれば、カルトの世界でも、指導者と直接触れあいたい欲求が高じるあまり、そのつもりはないのにセックスに至るとしても不思議ではないし、男性のカルト指導者がその気持ちにつけこんでもおかしくない。末日聖徒イエス・キリスト教会（モルモン教）の創始者ジョセフ・スミスは、妻の長年の反対を押しきって二番目の若い妻をめとるため、「男性は複数の妻を持て」という都合のよい啓示を神から受けたことで有名だ。それ以来スミスは、神から与えられた義務を非常に重く受けとめ、一説では一四歳から四〇歳までの三〇人の女性と結婚したという。あらゆる教義宗教の歴史において、改革の機運が高まる主なきっかけは聖職者の堕落にあったはずだが。

いまではほとんど忘れられているが、二〇世紀前半には姦通や自由恋愛の容認によってカルト指導者が告発されることもあった。ホーリー・ローラーズのジョシュア・ザ・セカンド（一九〇〇年代）、ヴァンクーヴァー島のアクエリアン・ファウンデーションのブラザー・トウェルフス（一九二〇年代）、それにカリフォルニアのファウンテン・オブ・ザ・ワールドのクリシュナ・ヴェンタ（一九五〇年代）などだ。アント・ヒル・キッズのロシュ・テリオーは、九人の女性とのあいだに二〇人の子どもをもうけた。ブランチ・ダヴィディアンのデヴィッド・コレシュは、教団内に夫がいる場合も含めて、すべての女性と寝る権利が自分にはあると主張し、少なくとも二一人の子どもをもうけたといっている。バグワン・シュリー・ラジニーシが「セックス・グル」の異名を取っていたのにはちゃんと理由がある。彼が若いころはカリスマ性が強烈で、彼が話すの聞いただけで女性信者たちはたちまち恋に落ちたという。コレシュと同様、ラジニーシが関係を持った女性の多くは教団内に夫がいた。グルと寝ることはすなわち神聖な手で触れられることであり、それが救済と幸福への扉を開くのだ。

宗教権力者が魅力的なのは何も教義宗教やそのカルト教団に限った話ではない。人類学者リチャード・カッツは、クンのシャーマンであるトマ・ゾーが、女性は治療師が大好きだと語った話を引用している。「誰かがヌム［トランス・ダンスのときに湧く治癒エネルギー］を渡されるときには、この男とセックスするところを想像しろと言うんだ」これは一九六〇〜七〇年代のロックバンドと取りまきの女性グルーピーとの関係に、どこか似ているようにも思える。

カルト指導者は共同体の流儀として信者に乱交を奨励することが多かった。一六世紀のドイツを舞台に出現した二つのカルト、クラウス・ルートヴィヒのミュールハウゼン血の友人団と、ヤン・ボッケソンのミュンスター再洗礼派はどちらも自由恋愛を標榜していた。一六五〇年代、オリヴァー・クロムウェルが統治していたイングランド共和国では、喧騒派が乱交にふけっているともっぱらの評判だったが、これもあながち悪意の噂だけではなかったようだ。帝政ロシアの鞭身派では、祝祭者たちがたき火や水桶のまわりで賛美歌を歌いながら踊り狂い、恍惚状態に入ったあと、自由に関係を持ったとされている。[27]

一八四八年、ニューヨーク州北部でオナイダ・コミュニティを創設したジョン・ハンフリー・ノイズは、いろんな意味で最も聡明なカルト指導者のひとりだ。従兄弟が第一九代アメリカ合衆国大統領ラザフォード・ヘイズという強力な縁故を持つ彼は、共同体では複数の相手と関係を持つことを奨励した。[28] 二〇世紀後半では、チルドレン・オブ・ゴッド（現在のファミリー・インターナショナル）を創設したモーセ・デヴィッドことデヴィッド・バーグや、チャールズ・マンソン（悪名高きマンソン・ファミリーの創設者）が、勧誘手段（いわゆる「浮気釣り」）としてだけでなく、自我を解体して共同体に傾倒させるためにも乱交を行なわせていた（もちろんカリスマ指導者にも性的な利益がある）。

意図的かどうかはともかく、一九世紀アメリカの千年王国共同体の多くがセックスを禁じていたのは、夫婦の結びつき（もしくはさらに強力な親子の結びつき）がじゃまをして、共同体と距離ができたり、摩擦が起きたりすることを案じていたからではないだろうか。夫婦の絆はまちがいなく共同体の結束に勝る。それが女性ならなおさらだ。つまり共同体を安定させるには、完全な自由恋愛（誰かに「恋をする」という自然な感情に反して）か、セックスを完全に禁止するしかないのだろう。難しいのは、セックスはしばしば絆を生むという点で、これを避けるすべはないのかもしれない。

カルト指導者だけが信者とセックスできることにするのも、ひとつの解決策だろう。信者が指導者に恋をすれば、指導者と共同体への忠誠がさらに強くなる——信者間の嫉妬をうまく管理できればの話だが。ただし男性と女性では、宗教心の強さがちがい、親密な関係のありかたも大きく異なるため、この方法を使えるのは指導者が男性の場合に限定されるだろう。女性は男性にくらべ、恋人とも同性の親友とも親密で強い結びつきを築くことができる。対して男性は、より大雑把で一時的な関係になる傾向がある。[29] 人間関係におけるこの心理のちがいと、地位やより高次の霊力に近づける期待とが混じりあうことで、女性が性的搾取の対象となりやすくなるのだろう。逆にいうと女性であるがゆえに、男性には閉ざされた世俗的、霊的な力の源に飛びこむことができるのだ。

＊　＊　＊

この章では、宗教的文脈において、カリスマ指導者を中心に小さな共同体が自然と形成されていく動きを見てきた。カリスマ指導者の地位はとりわけ親密な人間関係の影響を受けやすく、良くも悪くもすぐに性的関係へと流れてしまう。修道会がつねに男女別なのも、シェーカー派が男女の宿舎を別棟にしたのもこれが理由だろう。ただし、男どうし、女どうしの集団のほうが何かとうまくいくのも関係あるかもしれない。[30]

よく考えてみれば、セックスが宗教に入りこんでいても驚く必要はないのかもしれない。第5章で取りあげたように、神秘主義者の多く、なかでも女性の神秘主義者は、神の存在に浸った経験を、恥じらいもなくまるで恋愛を語るかのように口にする。第8章で紹介した地中海東岸や中東の神殿では、女性祭司がしばしば神殿娼婦の役割を担っていた（主に男性祭司のためだったと思われる）。宗教や宗教組織も社会現象であることに変わりはなく、それを支える心理的なプロセスは私たちの社会を成り立たせるものと同じということだろう。

私たちは霊長類の従兄弟たちと同じく、社会性がとても強い種だ。社会性は進化を成功に導いた原動力であり、いまの私たちの姿と行動をつくる推進力でもあった。たんに宗教もその一部ということである。では宗教はセックスするための文脈にすぎないのかというと、もちろんそうではない。大規模な宗教に属する人の多くは、従来どおりまっすぐな気持ちで人智を超えた世界への信仰に向き合っている。ただその感情の下には、日々の社会生活に存在する暗い欲求や動機が潜んでいるのだ。カリスマ指導者、儀式、歌や踊りをともなう激しい動き、エンドルフィン分泌、向精神性物質が溶けあって興奮を呼ぶカルトという密室では、それが表に出てきやすい。性的搾取もかならずそんな場面で起きている。

第10章　対立と分裂

前章からは二つの重要な結論が得られる。まず、カリスマ指導者の魅力がカルト形成に大きな役割を果たすということだ。教祖と弟子の関係は非常に個人的なものとなる。次に、教義宗教でも啓示宗教でも、カルトの形成をつうじて組織が分裂する危険をつねに抱えている。どちらもヒトの心が本来はごく小さな社会しか扱えないことに起因するようだ。大規模な共同体の形成に使われる上意下達の仕組みも、広い世界を小さくて親密な集団に切りわけたがる人間の性向を打ち消すほどではない。私たちにとってほんとうに意味があるのはこのひと握りの人間関係で、そこでは社会集団が効果的に機能するために必要な信頼と責務を実感し、参加意識を持てるのだ。そんな小さな集団は居心地がいいし、そこから多くのものを得ることができる。

最終章では、これまで取りあげてきたテーマをまとめて、教義宗教でしばしば見すごされてきたある大きな特徴を説明していこう。それはつまり、緻密に築かれた神学という殿堂にも、その土台を掘れば遠い過去に祖先が信仰したシャーマニズム宗教が埋まっているということだ。この古い信仰形式は、私たちに宗教心をもたらす心理的基盤の中心的な役割を果たす。なぜなら宗教は、突きつめれば知性ではなく感情の現象だからだ。教義宗教では草の根からたえずカルトやセクトが出現するが、それはなぜなのかという疑問もここから説明できるはずだ。

なぜ宗教は分裂するのか

宗教が分裂する速さは、階層化された運営組織を持たず、規律を強制できない新宗教運動で顕著に現われている。第9章で紹介した天理教は日本の中山みきが創始した宗教で、正式な発足は一八六〇年代である。師から弟子に教えを授ける形をとっていることから数々の分派が生まれ、その多くが独自の成功をおさめている。一九世紀の終わりごろ、家運が尽きかけていた農家の三男、大西愛治郎は天理教に入信する。一三年間布教に励むが成果はあがらず、重いうつ症状で半年間家にこもった結果、大西は自分こそが生き神「甘露台《かんろだい》」――天理教の信仰や運営の中心地であり、いまも中山みきの魂が住まうとされる「元の屋敷」に建てられた柱――であると悟った。教団本部から破門されたのち、煽動《せんどう》の疑いで逮捕されるが（自分は日本の真の指導者だと主張していた)、一九三〇年に精神鑑定の結果無罪となる。その後、自ら千年王国的な教団「天理本道(のちに「ほんみち」に改称)」を設立する。ほんみちは現在に至るまで相当数の信者を擁し、活動を続けている。一九五八年に大西愛治郎が没したのち、娘の大西玉は、自分は世界を救うために神から遣わされたと確信する。そして弥勒《みろく》(未来に救済のために現われる菩薩)を名乗り、ほんみちから独立して、浄土真宗の瞑想とほんみちの教義を取りいれたほんぶしんを設立した。現在では一〇〇万人近い信者数を誇り、本家である天理教に迫る規模まで拡大している。[1]

前章に登場したルバロン一族も、モルモン教から分かれて一九二四年に教団をつくった。創設者はアルマ・デイヤー・ルバロンで、その祖父ベンジャミン・ジョンソンはモルモン教開祖ジョセフ・スミスの秘書だった。モルモン教会が連邦当局の圧力に屈して一夫多妻をやめることになったとき、アルマ・デイヤーは激しい論争の末に教会主流派と袂を分かったのである。アルマ・デイヤーが一九五一年に死去したあと、後継者となった彼の長男ジョエルは教団をファーストボーン・イン・ザ・フルネス・オブ・タイムズ教会と命名。同時に弟のウェズリーも別のファーストボーン教会を立ちあげた。そのころ、ジョエルの教会のナンバー2で六人兄弟の次男アーヴィルは、ジョエルは真の指導者ではないと吹聴しはじめる。一九七二年、アーヴィルは対抗して神の子羊ファーストボーン教会を創設、長男の教会を激しく攻撃し、ついにはジョエルを殺害してしまう。ジョエルの跡を継いでフルネス・オブ・タイムズ教会の指導者となったのは四男ヴァーランだったが、交通事故で死亡する。この教団からも新たな分派が生まれ、兄弟のひとりアルマ・ジュニアがエコノミック・ガバメント・オブ・ゴッド教会をつくり、別の兄弟のフローレンも、指導者を持たない教会を結成した。さらにルバロン一族でない信者たちが、少なくとも二つの分派をつくっている。まとめると、モルモン教会から分離したこのひとつの教会は、半世紀と少しのあいだに、少なくとも六つの独立したカルトを生みだしたことになる。ただし、どれも勢力を拡大することはなかった。

どの例もカリスマ指導者を中心にカルトがつくられており、その点では大規模な教義宗教の起源と似ている。これはつまり、すべての主要な宗教は規模が大きくなるにつれて(勧誘の結果であっても子が増えた結果であっても)、内部にストレスが生じるということを示唆している。その発端となるのが共同体の結束を揺るがす衝突だ。派閥を率いる者どうしがたんに性格のちがいからぶつかりあうこともあるが、儀式のやりかたや道徳的禁止事項の解釈の変更をめぐって激しい論争になったりすることもある。ときには神学についての難解な議論に発展することもあるが、大部分の信者はそうした論争に無関心だ。彼らが関心を寄せるのは自身が支持するカリスマ指導者の見解と、「自分たちのいつものやりかた」だけだからである。

キリスト教やイスラム教で過去に起きた大きな分裂の多くは、聖職者の信仰態度や道徳心の低下が目に余り、それを改革しようとして始まっている。よく知られているように、一五〇〇年代初頭にマルティン・ルターが宗教改革を始めたのもこれが理由だった。過去三世紀にイスラム教スンニ派に次々と起こったワッハーブ派、サラフィー主義、デーオバンド派の各改革運動は、いずれも規律が乱れていく状況に反発し、純粋なイスラム教への回帰を求めるものだった――おそらくシーア派が徐々にカリスマ的な聖者を祭りあげはじめたことに対する反発もあっただろう。スンニ派の改革者からすれば、唯一神アッラーへの崇拝を離れて、地域の「神々」に対する崇拝へと流されているように映ったのだ。

初期キリスト教にも典型的な例がある。ローマ皇帝デキウスが紀元二六九年に発した、すべての市民はローマの神々に供物を捧げよという勅令は、激しい論争を呼んだ。デキウスは、ローマ帝国内で信者を増やしていたキリスト教を弱体化させるべくあれこれ手を打っており、この勅令もそのひとつだった。奴隷にされたり処刑されるよりはと命令に従ったキリスト教徒の多くは、それはただの形式にすぎず「魂まで売ったわけではない」と主張した。だが彼らは最後まで抵抗した信者たちから激しく非難され、破門されることさえあった。後者にとっては勅令に従うこと自体が信仰に対する裏切りだったのである。実はこの内部紛争の前から、ローマのキリスト教徒のあいだでは、姦通や姦淫を大罪から小罪に格下げするかどうかをめぐって対立が起きていた。これは聖職者が自らの非道徳的な行為に逃げ道をつくるためだったと考えられており、このことがきっかけとなって、三世紀初頭に長老ヒッポリュトスが初の対立教皇に選ばれる。対立教皇とは正当なローマ教皇に対抗して立てられた教皇のことで、その後も数多く出現する。

初期のキリスト教会の歴史は、次から次へと現われる異端集団との戦いの歴史だ。どの集団も、地域でカリスマ的な地位を獲得した個人の宗教観を色濃く反映していた。紀元一五〇年から、正教会を生んだ一〇五四年の東西教会の分裂までのあいだに、キリスト教では二二回の大きな分裂が起きている。その大半は跡形もなく消滅したが、コプト教会やアルメニア教会、マロン派など、少数ながらキリスト教の一派として独自に確立したものもある。

このように新たな教派が続々と生まれたのは純粋に規模の問題で、紀元一千年紀にキリスト教共同体が地理的に拡大し、意思疎通に時間がかかるようになった結果だと考えられる。こうして古くからある土着宗教や周辺地域の宗教の考えに影響を受けた、特異な信仰や慣行を持つ新しいカルトが出現したのだ。

紀元五世紀までに開かれた公会議〔キリスト教の教義や規律に関する事項を審議決定するための宗教会議〕の多くは、異端と見なされるものへの対応を決めるのが主な目的だった。三二五年に開催された第一ニカイア公会議では、「ニカイア信条」を作成しキリスト教の信条を正式に定めたが、これにはアリウス派――アレクサンドリアの司祭アリウスが広めた三位一体否定説を掲げる集団――に対抗する意味も込められていた。四三一年のエフェソス公会議は、マリアを「神の母」とすることを否定し、イエスを三位一体の一部に位置づけることに疑いを持つネストリウス派に対抗するために召集された。四五一年のカルケドン公会議は、キリストはひとつの本性（神性）しか持たないという単性論を糾弾することが目的だった。[2] こうした公会議はほとんどの場合、異端は弾圧されるか、さもなければ新興教会の一部が独立して新たな共同体を設立することで決着を見た。

より規模の小さい個々の修道会でも同じことが起きている。たとえば、一二〇九年にアッシジの聖フランチェスコが設立したフランチェスコ会（フランシスコ会とも。正式名称は「小さき兄弟会」）を見てみよう。聖フランチェスコが死んで一〇年もしないうちに、会の基本理念である清貧と無所有の定義をめぐって内紛が勃発する。イタリアからの直接支配をよしとしない北ヨーロッパの管区は反乱を起こしかねず、ついには教皇が介入する事態になった。だが介入の効果もなく、この紛争は三世紀にわたって続き、少なくとも六つの集団が離脱した（その一部はのちに教皇の命令によって解散している）。一五一七年、ついにコンヴェンツアル派と改革を求めるオブセルヴァンティス派（ほかの者たちをあまりにもだらしなく感じていた）が大分裂する。教皇が幾度も再統一を試みるが分裂は続き、次世紀に入ると跣足《せんそく》派、レコレクト派、レフォルマーティ派、カプチン会など、多くの教派が生まれた。一九世紀末に教皇レオ一三世が統一に本腰を入れたにもかかわらず、今日でも、小さき兄弟会、コンヴェンツアル会、カプチン会（特徴的な修道服の頭巾《カプチン》が名前の由来だ）の三つのフランチェスコ会が独立して存在し、それぞれ独自の伝統を守りながら、聖フランチェスコのメッセージについて異なる見解を主張している。

ローマの中央組織が長らく懸念していたのは異端の存在で、それは教会当局がことあるごとに疑わしき者を呼び出していたことからも明らかだ。彼らの多くはのちに聖人に列せられたが、当時は異端の思想を広めているのではないかと疑いの目を向けられていた。多くは名の知れた神秘主義者で、教会が彼らを告発したのは、制御しきれない神秘主義が中央当局に恐怖を与えていたことの表われだろう。以下、当局に目をつけられた代表的な人物を挙げる。

・ドミニコ会の神学者で神秘主義者のマイスター・エックハルト（対立するフランチェスコ会から異端告発を受けたが、のちの神学者や思想家に大きな影響を与えた。）
・ピエール・ヴァルド（一二世紀リヨンの商人で、信徒伝道者になって私財をすべて投げうった。教会の教義と慣習への見解は、のちにマルティン・ルターによって取りいれられた。）
・ベナのアマルリクス（一二世紀にその名を馳せたパリ大学の哲学者。汎神論と千年王国説、自由恋愛を唱えたが激しく非難され、一〇人の弟子とともに火刑に処せられた。）
・ジャンヌ・ダルク（敵に捕らえられたジャンヌが火刑に処せられたのは異端であったため。イングランドに対して戦功を挙げたからではない。）
・イグナチオ・デ・ロヨラ（イエズス会創立者）
・中世イギリスの有名な神秘主義者マージェリー・ケンプ
・一七世紀スペインの神秘主義者ミゲル・デ・モリノス（祈りの儀式よりも瞑想を重視する静寂主義を提唱した。）
・いうまでもなくアッシジの聖フランチェスコ

一六世紀の宗教改革では、カルトやセクトが大量にあふれだした。よく知られているのが、再洗礼派やタボル派、フス派、メノー派だろう。イギリスでは喧騒派、バプテスト派、メソジスト派、クエーカー派が、神秘主義的、またはそうした要素を持つカルトとして誕生し、幅ひろい支持を集めた。喧騒派以外の三派はいまでこそ確かな評価を得ているが、当時はその不審な儀式や慣習が地元の教会権威から疑いの目で見られていた。一九世紀に入ってからは、イギリスとアメリカでは有名無名問わず無数のカルトが出現した。ともにニューヨーク州に現われたジョン・ハンフリー・ノイズのオナイダ・コミュニティや「ジャンピン・ジーザス」マシューズの信者集団、ヴィクトリア朝サマセットのより洗練された環境で設立されたヘンリー・プリンスのアガペモナイトなど、そのほとんどは最後は静かに姿を消していった。そのいっぽうで、ニューヨーク州北部で設立されたジョセフ・スミスのモルモン教やシェーカー派の共同体など、創始者の死後も長く存続しているものもある(3)。

　モルモン教が存続し、オナイダ・コミュニティが消滅した理由は明確ではないが、おそらく二つの重要な特徴が関係していると思われる。ひとつは、モルモン教が体系化された組織をつくり、教義にもとづいた規律を保つことに成功したこと。もうひとつは、モルモン教が外の世界に目を向け、積極的な勧誘活動を展開したことだ。シェーカー派がたどった変遷も興味深い。シェーカー派は当初は急速に発展し、一九世紀半ばにはアメリカ国内で一八の大規模コミュニティを構え、無数の小さなコミュニティも有していた。しかし勧誘に失敗した結果、現在はメイン州にあるサバスデイ・レイク・シェーカー・コミュニティひとつを残すのみとなっている。その理由として考えられるのは次の三つだ。まず、シェーカー派の共同体はなかば独立した形で運営されており、統一性を求める中央組織が存在しなかったこと。次に共同体は内向きで、他宗教からの改宗をうながしたり新しい共同体を設立したりする、セクト全体としての一貫した戦略を欠いていたこと。そして最後は多くの無名なカルトや宗教共同体に共通しているが、結婚を奨励せず、男女別々の生活を強制したことだ。

教団を拡大していくには、生まれた子どもを信者にすることが唯一にして最も重要な戦略だろう。なぜなら宗教やカルトのなかで育った子どもは、その精神を自然に吸収し、生涯にわたって影響を受けつづけるからだ。(4) 文化を通じた学習は効果ばつぐんで、宗教への信仰の遺伝率(次世代にどこまで忠実に複製されるか)は実に七〇パーセント前後に達する。これは遺伝で継承されるほとんどの生物学的な形質にくらべてかなり高い(たとえば身長の遺伝率は二〇パーセントにすぎない)(5)。つまり、宗教などの文化的な形質が次世代にそのまま受け継がれる確率は、生物学的な形質よりもはるかに高いのだ。小規模カルトの多くは性交渉を禁じていたため(指導者は例外だったりするが)、カルト内での信者の自然増はゼロに近く、存続できるかどうかは外部からの勧誘にかかっていた。だが広い世界では流行も関心も移ろいやすい。結果、パナシア協会のように新規入会者が完全にとだえることも珍しくなかった(第9章を参照)。

イスラム教では、預言者ムハンマドの死後わずか数か月で早くも最初の分裂が起きた。ムハンマドの衣鉢《いはつ》を誰が継ぐかで始まったスンニ派とシーア派の対立は、その後数世紀にわたって尾を引く。少なくともシーア派では、最後の正統なイマーム(預言者の精神的後継者)の解釈が分かれて分裂を繰りかえした。十二イマーム派は、神の定めるムハンマドの正統な後継者を一二人とし、最後の後継者マフディーは「隠れ」の状態にあるが、終末のときに再び姿を現わすと考える。ザイド派が認めるイマームは最初の五人で、イスマーイール派は六人だ。後者のイスマーイール派からはさらに多くの独立した分派が生まれた。ニザール派（宗教指導者はアーガー・ハーンと呼ばれる）、ボーラ派、ドゥルーズ派、サトパント派（一四〜一五世紀にヒンドゥー教からイスラム教に改宗した集団）は現在も存続する分派のごく一部で、七イマーム派（七人のイマームしか認めない）やハーフィズィー派のようにすでに消滅した分派もある。スンニ派からも分派が生まれたが、こちらはおもに儀式の厳格さや頻度によって立場が異なる。

ユダヤ教からも分派は生まれた。ナザレのイエスの時代の一世紀ほど前から、そしてそれ以後の時代にも、預言者と救世主は旧約聖書で言及される以外にも現われた――ローマ帝国の拡大にともない政情が不安定だったせいもあるだろう。イエス以後の救世主の代表格が、紀元二世紀にユダヤ人の独立国家を短期間ではあるが建国したシモン・バル・コクバだ。本人が救世主を自称したわけではなく、エルサレムの一部のラビが彼を救世主の再来と認定した。その後は救世主を自称する者が数多く登場する。紀元五世紀のクレタのモーセや、ユダヤ教最後の偉大な神秘主義者とされるサバタイ・ツビ（一六二六〜七六）が有名で、それぞれ絶頂期には地中海東岸でかなりの信奉者を集め、大きな影響力があった。一六六六年、サバタイ・ツビはオスマン帝国で捕らえられ、死刑を免れるためにイスラム教に改宗した。さらには亡命生活の果てに生涯を終えるが彼の名声は衰えず、一八世紀にはその名を冠したセクトを復活させる動きが少なくともひとつはあった。こうしたカリスマ性豊かな個人を別にしても、ディアスポラ以降ユダヤ教は大きく分けて正統派、保守派、改革派に分裂し、それぞれがある程度独立した形で活動しながら、さらに細かい分派を生みだしていった。

一九六〇年代のカウンターカルチャーからは、より現代に直結した洞察が得られる。この時代には、東洋の瞑想と西洋のゲシュタルト心理学を融合させた「人間性回復運動」を基盤に、さまざまな運動やコミューンが花ひらいた。なかでも影響力が強かったのは、スタンフォード大学の卒業生マイケル・マーフィーとディック・プライスが一九六二年にカリフォルニア州ビッグ・サーにつくったエサレン協会だ。[6]

プライスは、オルダス・ハクスリーがカリフォルニアで向精神薬を自ら試した経験（第2章参照）をもとに行なった「潜在的可能性」についての講義に感銘を受けていた。マーフィーはインドのアシュラム[7]に数か月滞在した経験がある。二人はマーフィーの祖母がビッグ・サーに所有していた土地を借りてコミュニティを設立する。そこではエンカウンター・グループ[8]という方法を用いて人間の意識を探求し、身体と心のつながり、東洋の哲学と宗教、ゲシュタルト心理学、代替医療に重点を置いたオルタナティブ教育も始めた。その主な目的は、人間の意識をかつてない次元に高めることだった。エサレン協会の成功は、当時を代表する知識人や音楽家、さらには科学者の多くをセミナーや保養所に呼べたことに依るところが大きい。集まった彼らが協会の哲学

を熱心に広めてくれたのだ。(9)

エサレン協会は一九七〇年代のカウンターカルチャーに多大な影響をおよぼし、一九八〇年代の数々のニューエイジ運動の発展にも寄与した。典型的なニューエイジ運動は、折衷的な教義を掲げ（超自然的な知識と東洋の神秘主義的哲学に重点を置いてはいたものの）、いろいろな手段で通信できる霊的存在を信じており、明らかにカルト的要素が強く、新しい「水瓶座の時代（エイジ・オブ・アクエリアス）」の到来を信じるという千年王国的な考えを持つことが多かった（ゆえにニューエイジ）。水瓶座の時代になれば、現代社会に巣くう悪も格差も一掃されて、平等主義の社会に置きかわるというのだ。

この地上の楽園が出現するには、人間の意識が高い次元に到達し、精神と魂に新しい可能性をひらかなくてはならない。それがすべてのニューエイジ運動から生まれたカルトに共通する主張であり、そこに至る道としてそれぞれのカルトが独自の洞察を提示していた。また、古い東洋のカルトが課していた心身の激しい修行をせずとも、向精神薬を使用するだけで悟りが得られると主張するカルトも多かった。ニューエイジ運動のカルトの多くが消滅したのは、内向きで広い外界と接触したがらず、世俗社会との交流を避けるためあえて人里離れた場所に移っていったからだ。

第4章では、自然発生的な共同体や教会の信者集団の大きさを考察したが、そこで得た教訓の多くをここにも見ることができる。信者集団も、教会も、宗教も、すべて人間の組織である以上ほかの社会集団と同じく、社会脳による人数面と心理面の制約を受ける。集団のなかには、特異な信念が芽ばえてきて存在が浮いたり、話が合わなくなったりする個人はかならず出てくる。共同体がおよそ一五〇人までなら、顔と顔を突きあわせて話しあえば、よく知っている者どうしの義理も働いて、妥協点を見いだせる可能性がある。けれども集団の規模がそれ以上になると、この仕組みが働かない。顔を合わせる機会が減って、文化の一貫性を保てなくなるのだ。意見の衝突とそこから生まれるストレスは組織構造を崩していく――それを防ぐには、上の立場から規律を強制するしかないのだ。

二つの宗教の物語

この本の最初で、宗教は大きく二種類に分けられると書いた――シャーマニズム宗教（没入型宗教）と教義宗教である。人間の思考力は驚くほど貧弱で、何でも白か黒に分けないと世界を理解することができない。けれども現実には、そのあいだにいろんな濃さの灰色があるし、ひとつの状態から別の状態に瞬時に切りかわるわけでもない。重要なのは、それぞれの段階や局面を、人口によって生じるガラスの天井を打ち破る試みとして理解することだ。宗教が発展していった段階は四つに分けられるだろう。

第一段階は、まだ形の定まっていない没入型の原始宗教だ。三五〜五〇人のバンドに散らばって暮らしていた、一〇〇～二〇〇人の小さな狩猟採集共同体を結束させるための宗教である。神といったものは存在しなかったが、自然の特徴と結びついた霊的存在や、トランス状態を経由して入れる霊界は信じていた可能性がある。この段階の宗教は道徳規範や行動規範とはほぼ無縁で、すべては共同体の結束のためだった。つまり、徐々に大きくなっていく（少なくとも霊長類の基準で）集団を結束させる必要に迫られて、宗教という高度な認知能力が求められる仕組みを採用したのだ。ある意味、（より大きな集団での人間関係に対処するために）脳が大きくなることで、より高度なメンタライジングが可能になった副産物といえるかもしれない。そうすることで、好奇心旺盛な個人がほかの動物とはまったくちがうやりかたで、自分のいる世界とその裏側に疑問を抱くようになったのだ。さらにその高度なメンタライジング能力によって、私たちはより広い世界とトランス世界の両方を、自分たちと同じような心を持つ霊的存在として見るようになったのかもしれない。

第二段階は、専門職としての治療師と占い師の出現だ。依然としてシャーマニズム宗教、没入型宗教の世界であることに変わりはなく、正式な教義も存在していない。不妊、流産、双子、奇形児といった現象や病気が特定の霊と結びつけられるようにはなるが、そうした状況はとりわけ狩猟採集社会では女性に大きな負担となり、それが悪運や魔術のせいだと考えられたのである。そうすると、単純な身体的治療では治癒できない心理的・精神的異常がとくに問題になってくる。霊界と交わる能力に優れたシャーマンのもとには、その力にすがろうと遠くからも患者がやってきたはずだ。弟子として、または崇拝者としてシャーマンに仕えんとする信者集団もできていたかもしれない。

およそ一万年前、新石器時代の始まりとともに、人びとは定住生活へと移行する。その結果、とくに人数が三〇〇~四〇〇人を大幅に超えてくると、共同体が対処すべきストレスの中身が大きく変化した。この時代の初期が第三段階にあたり、より形式の整った儀式、専門職（聖職者）、儀式の場（神殿）や、土着の神々を有する宗教が生まれた。神の数は多いのが一般的で、それは特徴的な地形を、トランス状態のときに遭遇する精霊の住処と見なす傾向が長く続いてきたためだった。神々は善悪両面をあわせもつことが多いが、人間の営みへの関心はそれほど高くなく、怒りを鎮めるために必要な生贄を捧げなかったときに罰を与える程度だ。規模はまだ小さいものの、こうした宗教は集団を上意下達で管理できるように進化していた。個人どうしの関係や仲間からの圧力だけでは協力や統制が成立しないほどにまで共同体が大きくなっていたのだ。これはマルクスが想定したような政治的統制ではなく、共同体一丸となって外部の脅威から身を守れるよう、近接して暮らした結果生じるストレスや負担をやわらげることが目的だった。

そして約四〇〇〇年前、いよいよ第四段階が始まる。このころから集落やその統治体制が急速に拡大していく。ちょうど都市国家や帝国の出現とも重なるのは、その前の数千年間は北半球の亜熱帯地方の気候が温暖で、人口が増大したからだろう。人間に無関心な神々に生贄を捧げていた時代は終わりを告げ、役割や責任がはっきりした具体的な神々の集合への信仰や、より複雑な儀式へと移行していく。

それには専門の聖職者と儀式、そして正式な神殿が必要だった。こうした形態の宗教は基本的に、正式な儀式、神学的な信仰体系、神学的に正当化された道徳体系、そして聖職者の階層構造からなる世界観を共有する人びとの集まりといった性質を持つ。さらには中央集権的な官僚機構が、神学的な正しさや善き行ないとは何かを定めたのだ。信者かどうかを判断するのに、ほかの信者と個人的に知り合いかどうかは関係なく、たんに所属している事実があり、それが周知されていればよかった。これに「高みから道徳を説く神」が加わるのはそれより後で、枢軸時代の北半球の亜熱帯地方、つまり二五〇〇年前ごろのことだったようだ。一神教の宗教ではより標準化された形式とより明確な教義が求められ、それが引き金となってほかの宗教に対する反感も芽生えたのかもしれない。

興味ぶかいのは、高みから道徳を説く神をあがめる一神教と牧畜経済の強い結びつきで、それが一神教の諸宗教が生まれた年代を特定する手がかりにもなる。ナイル川流域とそれに隣接するサハラの湿地帯に家畜（牛）が定着しはじめたのは、約九五〇〇年前のことだ。羊と山羊は少し遅れて七七〇〇年前以降に登場する。この時代は共同体の定住化や自給自足農業との結びつきも強かったようだ。明らかな牧畜社会が出現するのは六〇〇〇年前よりあとのことで[10]、一神教の登場はそれよりさらに遅く、おそらく四五〇〇年前ぐらいだと思われる。気候が急激に変化して亜熱帯地方の砂漠化が進行し、徐々に減りゆく水場と牧草地をめぐって部族間の争いが激しくなったころだ。この段階では、牧畜社会はまだサヘルに留まっていた――サヘルとはサハラ砂漠南縁の乾燥地帯のことで、一年のうち決まった季節だけ草原になる。そして二〇〇〇年前ぐらいから、こうした牧畜社会は新たな牧草地を求め、ナイル川流域を下降して東アフリカに広がったのだ。神学的により厳格な一神教の宗教を信仰していた彼らは、広範囲に広がるかなり大きな共同体を結束させることができ、さらには伝統的な部族の枠をはるかに超えた防衛同盟を組織することができたようだ。

ネアンデルタール人やそのほかの旧人類が信じていた可能性があるまだおぼろげな形の宗教は別として、こうした宗教の発展はすべて、私たちと同じ解剖学的現生人類(ホモ・サピエンス)によるものだ。ホモ・サピエンスは出現してまだ二〇万年程度で、脳の認知機能に関連する遺伝子の変異もほとんど起きていないから、認知機能も遺伝子レベルで大きく変化してはいない。もちろんそのあいだに遺伝子の変異がまったくなかったわけではなく、体型や肌の色、病気に対する抵抗力、さらには視覚系まで、それぞれの集団が居住環境に適応していくなかで小さな変異は無数に起きている。(11) ただしどの変異も認知能力に影響をおよぼしてはいない。むしろ一連の宗教の変化は、地域の人口が変動した結果生じたストレスに対応して、文化が牽引《けんいん》したものだろう。

それは時とともに積みあがる人類の叡智《えいち》と同じようなものだ。宗教の各段階も、歴史のそれぞれの場面で立ちはだかる社会や環境の脅威に対して人類が見つけだした解決策のひとつにすぎない。人口規模が拡大するにつれて強まるストレスに、その都度対応していったのである。増えつづける人口に食料を供給するため、効率的な農法を追求していったのと同じことだ。本来の生物学的進化（第1章で触れたように方向づけされていない）とは対照的に、宗教進化の各段階は、条件さえ整えばすべての社会が進化していくなかで経験する自然な経過をたどっている。なぜなら宗教の進化は、環境の変化全般に対する種レベルの反応ではなく、時とともに共同体が拡大していくなかで生じた社会結合の問題に対して、共同体レベルで見いだした解決策だからだ。これらはヒトという種が持つ、（遺伝子型ではなく）表現型の適応という驚くべき能力の一端を示している。

宗教の進化を支えているのは神秘志向である――これがこの本の最大の主張だ。神秘志向は、現生人類のみが持つと思われる高次元のメンタライジング能力と、別次元の意識のなかで強烈な没入感をともなうトランス状態を生みだすエンドルフィンの働きによって生まれる。人智を超えた世界に関わるこの能力は、二つの点で重要だった。ひとつは、社会的結束の神経生物学的な基盤をもたらして、参加意識を生みだせること。これは抽象的・観念的な信念にはできないことである。目に見えない超自然的な世界と、そこにいる存在を信じることは、人の心をかきたてる特別な魅力があるようだ。ただしその世界に住むのが何者かは、それぞれの文化の信仰によって異なる。もうひとつは、結束を強める行為のなかでも、宗教は規模が格段に大きいということ。笑い、会話、踊り、語り、宴はどれも規模が限られるし、小さい共同体でしか効果がない。歌唱はいくらかましだが、それでも宗教が対応できる規模とは比較にならない。宗教は友情の七つの柱のひとつにも数えられるほどだから、膨大な数の他人どうしの心をひとつにすることもできる。

この本で二番目に重要な主張は、宗教は段階を追って進化するなかで、ある形から別の形へと完全に入れかわるわけではなく、古い核のまわりに新しい層が加わっていくということだ。最初期の宗教形態もいまだ教義宗教のなかに根を張っていて、けっして消えることはない。それは不慣れな信者の信念や行動のなかにだけでなく、教義宗教の儀式や慣行にもはっきりわかる形で残っている。個人の信仰や参加意識の感情的基盤、共同体意識の心理的基盤は、教義宗教になっても遠い昔のシャーマニズム宗教のころとまったく変わっていないのだ。日本人が目だった矛盾を抱えることなく、仏教と神道の枠組みを自在に行き来しているように、私たちもシャーマニズム宗教と教義宗教を出たり入ったりしている——支配層の聖職者は認めないだろうが。こうした没入型の宗教形態が根底にあるからこそ、神学的に納得できた教義宗教に対して、私たちは愛着を抱くようになるのだ。それがなければおそらく教義宗教は存在していなかっただろう。

古代の没入型宗教がいまも教義宗教の土台となっていると考えられる理由は、ひとつには、小さな共同体の結束づくりに活用され、シャーマニズム宗教や没入型宗教の一部を構成する要素の大半が、いまもすべての教義宗教のなかに見られるからだ。それは歌唱や舞踊であり、同期した動きや、感情に訴える語り（創始者がくぐりぬけた苦難や試練など）、断食と祝宴の儀式である。これらが重要なのは、すべてエンドルフィン系を活性化させるものだからである。霊長類や人類にとって、エンドルフィンは一対一の友情関係でも共同体レベルでも結束を強める、主要な仕組みなのだ。

エンドルフィン系が中心的な役割を果たす場面は三つある。まず、個人どうしを結びつけ、「友だちの友だち」という連鎖で共同体感覚を生みだす。次に、前向きな感情を高めて免疫系の微調整もしてくれるので、病気に対する抵抗力が高まる。またうつ病など精神的な不調もやわらげるので、不安定な状況にも対処しやすい。最後に、エンドルフィン系は個人の向社会的な傾向も強めるため、共同体全体が支援ネットワークとして効果的に機能するようになる。後者の二つの利益は、結束の強い集団で生活することで得られる副産物であると同時に、集団の絆をさらに強化するフィードバックループとしても働き、共同体全体の利益が大きくなる。

以上のことを総合すると、教義宗教の二つの特徴、すなわち信者集団の最適規模が意外なほど小さいことと、世界宗教は例外なくカルトやセクトを生みだすことも説明できそうだ。巨大な共同体を創出し、束ねることが宗教のめざすところだとすれば、どうしてすぐに分裂が起きてしまうのか。それはいちばん避けたい事態のはずなのに、宗教は明らかにその方向に進んでしまうのだ。だが宗教の土台となる心理が、遠い祖先の社会――男女と子どもを合わせて一〇〇～二〇〇人の共同体を基本とする社会――に適応したものであるなら、これらすべては納得のいく話である。

このことは、共同体がこの規模を超えたときに生じる亀裂に対して、教義宗教が完璧な解決策を見つけられずにいる理由も説明する。教義宗教はこの亀裂につぎはぎを当てる形で進化してきたが、それもある程度までしか機能しない。宗教の共同体は、友情の七つの柱のうちひとつしか共有されていないため、結束が弱いのだ。結果、下からはたえずカルトが湧きあがってくるが、その規模は、宗教が結束を強めるため進化してきた当初の共同体の自然な大きさを反映する。こうしたカルトには例外なくカリスマ性が入りこみ、かならずではないが、しばしば強烈な神秘主義的要素もしくは禁欲主義的傾向を持っている。もちろん後者の土台となる苦難や規律は、神秘主義的要素と同じくらいエンドルフィン反応を引き起こすのに効果的だ。

＊　＊　＊

ここからは二つの全般的な結論を導きだせるだろう。ひとつは純粋に組織に関するものだ。信者集団には最適な大きさがあり、それは二つの相反する要求の兼ねあいで決まる――多少の人の入れ替わりには動じないほど集団は大きい必要があるし、あまりに大きくても帰属意識が薄れてしまう。最適な大きさは一五〇人前後と具体的に決まっていて、これを少しでも超えてしまうと無情にも結束が失われてゆく。そして三〇〇人を超えてくると、次の構造に移行しないと組織を維持も拡大もできないが、その代償として帰属意識が徐々に減退することは避けられない。

もうひとつは社会学的な側面だ。宗教は小さな共同体を取りこむ形で進化してきたので、友情の七つの柱から派生した「私たちVS.あの人たち」というヒトの自然な心理を巧みに利用する。これがとても小さな共同体でとりわけ有効なのは、強烈な帰属意識を生みだすからだ。構成員は共同体に対しての誠実さを保ち、たがいに協力しあって物事を首尾よく進めることができる。だが新石器時代以降、人口規模が急速に拡大してくると、集団心理の効果によりあっというまに宗教紛争へと発展した。数千年前から続く大規模な宗教の歴史が、例外なく激しい暴力に彩られているのはそのためだ。どれだけ個人レベルで恩恵をもたらそうと、宗教は異教の信者に対する集団的暴力性を呼びおこし、その力はほかの世俗の思想をはるかに凌ぐ。この二つの問題を同時に解決することが、グローバル化が進む世界で宗教がつねに抱えてきて、いまも直面する課題である。

ここで二つの疑問が浮かんでくるが、それを考察して終わりとしよう。宗教が共同体の結束を強めるうえで重要な役割を担ってきたのだとしたら、とりわけ西洋では、なぜ人びとの宗教心が薄れていっているように見えるのか？　もしそれが本当なら、長期的にどんな影響があるのか？

第一の疑問に関しては、おそらく二つの異なる意見がある。ひとつは、世界の歴史のなかで宗教が勢いを失ったのは初めてではないというもの。経済状態が良好で、富の格差が小さいと、宗教への関心が低下することはすでに指摘されている。貧困と抑圧の苦しみから逃れるのに、宗教に癒しを求める必要がないからだ。もうひとつは、宗教はどこでも後退しているわけではないという意見だ。宗教がいまもさかんな地域は、世界のかなりの部分を占めている。後退がささやかれる西洋の先進諸国でも、低調なのは一部の宗教だけだ。キリスト教の主流派は、たしかに西洋では勢いを失っている。けれどもハウスチャーチ運動や、よりカリスマ性の強いペンテコステ派などの形式にとらわれない非主流派は盛りあがっているし、イスラム教も充分な人気を維持している――どちらもあまり裕福でない階層が中心だ。南北アメリカ、アフリカ、南アジアなど、富の分配に格差がある地域では、キリスト教もイスラム教もさかんに信仰されている。

潮の満ち引きのように、隆盛を誇った宗教が衰退していった例は歴史上いくらでもある。マニ教は中東と地中海東岸であれほど繁栄したが、とうの昔に消滅したし、そのライバルだったマンダ教も似たようなものだ。両者の偉大な先駆者であるゾロアスター教もかなり衰退している。この三つはイスラム教台頭の勢いに飲みこまれたといえるだろう。古代エジプトの神々も、それぞれ南欧、北欧を治めていたローマとスカンジナビアの神々も、キリスト教の熱狂的な改宗圧力に負けて一〇〇〇年ほど前に姿を消した。教義宗教のほとんどが、誕生してせいぜい二〇〇〇年程度であることを考えると、二〇〇〇年後の宗教の顔ぶれはずいぶん変わっているかもしれない。

一九世紀フランスの社会理論家たちが望んだように、宗教が衰退の一途をたどっていくのであれば、それが何らかの影響をおよぼすだろうか。宗教はおたがいがつながっている感覚を生みだし、それをつうじて共同体の結束はもちろん、個人の心理的、身体的な健康と幸福という真の利益をもたらしていることを考えると、影響がないはずがない。宗教は未来の友人と出あう手段でもある。信仰の場は、かつての見知らぬ者どうしが、志を同じくする者どうしへと変わる場所だからだ。また信仰があるかどうかは別として、超大規模な集団の結束を支える国家儀式にも、宗教が意味を与えてくれる――厳粛さをかもしだすという意味で。共同体や国家の儀式の場に宗教を象徴する要素を取りいれると、純粋に世俗的な儀式ではまねのできない神聖な何かが生まれるのだ。宗教儀式ならではの崇高で荘厳な雰囲気を、ほかで再現することは難しい。同様に宗教音楽も洋の東西を問わず美しく、感情をかきたてるが、それでいて心を落ちつかせてくれる。世俗の音楽でこれほどの効果を生みだせるものはめったにない。ただし、それを作曲する人間はかならずしも信者というわけではない(12)。

すると私たちには、答えの出ていない疑問が残る――世俗宗教、つまり人智を超えた世界を信じなくても同じように高揚させてくれる代替宗教は、可能だろうか？　一九世紀から二〇世紀にかけて人間主義的宗教をつくるさまざまな試みがなされたが、結果はかんばしくなかった。二〇世紀には共産主義体制が宗教を根絶して、世俗の思想で置きかえようとしたが、こちらも期待どおりにはいかなかった。国家主義の形をとった世俗宗教が成功した例もなくはないが、それもごく短期間で、擬似宗教の飾りつけでは本物の宗教の持久力を手にすることはできなかった。代表例はナチスだ。「フォルク（民族）」という空想の世界の概念を掲げ、大行進と大合唱と大演説を行ない、カリスマ指導者が新たな未来という幻想を描きだしたナチ党は、世俗宗教の熱狂を生みだすのに最も肉薄した集団といえるだろう。もし彼らが故意に戦争を起こさなければ、もっと成功したのだろうか。それは誰にもわからない。

カウンターカルチャー全盛期の一九六〇年代、人類を救い、これまでとは異なる意識を持つことを提唱したニューエイジ運動も健闘した。だが熱心な信奉者もやがて離れ、あれほど反発していた旧来の世界に戻っていった。その多くはカリスマ指導者のふるまいに幻滅したためだ。最近誕生した「エクスティンクション・レベリオン（絶滅への反抗）」に代表される環境保護運動も、未来への視点、カリスマ的人物、そして集団行動など、いくつか同じ感覚を持ちあわせてはいる。ただ、その活動の主眼はあくまで世俗の関心事に置かれており、幅広い支持を得ることができない。息長く活動が続くのか、一九六〇年代のカウンターカルチャーのようにしぼんでいくのかは、時間が教えてくれるだろう。いずれにしても、その主張はけっして新しいものではなく、その焦点もあまりに狭い。人の社会生活からは切り離されており、宗教のような重みを持つに至らない。また中央の運営組織が存在しないので、内部のいざこざで崩壊する危険も抱えている。

要するに、人間の営みにおいて宗教に取ってかわる何かが存在すると証明するのは、難しいということだ。宗教は人間に深く根ざした特性である。中身は時代とともに変わるだろうが、良くも悪くも私たちから離れることはけっしてないのである。

謝辞

宗教の起源と進化、および宗教が共同体の結束に果たす役割には長年関心を持っていて、それがようやくこの本で形になった。この主題を本格的に掘りさげる機会が訪れたのは二〇一五年で、テンプルトン宗教公益信託から三年間の研究プロジェクト（宗教と社会脳）の資金提供を受けたことがきっかけだ。プロジェクトは、「宗教とは何か」「宗教はいかに進化したのか」といった疑問についての具体的な仮説を検証することが主な目的だった。この本はその成果をもとにしているが、私の研究グループが、霊長類とヒトにおける社会性と共同体結束の仕組みを二〇年近く調べてきた研究も基盤になっている。英国学士院や欧州研究評議会から資金提供を受けて行なった「ルーシー・トゥ・ランゲージ」プロジェクト、ＲＥＬＮＥＴプロジェクトで得た知見も、重要な発想源になった。これらの活動に参加した多くの共同研究者、ポスドク研究員、大学院生に感謝したい。

テンプルトン宗教公益信託の研究は、オックスフォード大学、ケンブリッジ大学、コヴェントリー大学、リンカーン大学、それに国際科学宗教学会の共同プロジェクトで、私以外の参加者を以下に紹介する。ロジャー・ブレザートン、サラ・チャールズ、ミゲル・ファリアス、アラステア・ロックハート、ヴァレリー・ファン・ムルコム、エリー・ピアース、マイケル・ライス、レオン・ターナー、ベス・ワールマン、フレイザー・ワッツ、ジョセフ・ワッツ。それに研究助手のエリーゼ・ハマースラグとキャシー・スプルース。サイモン・デイン（ユニヴァーシティ・カレッジ・ロンドン）、リチャード・ソシス（コネティカット大学）は外部の共同研究者だった。プロジェクトの諮問委員を務めたアーミン・ギアツ（オーフス大学）、ジム・ジョーンズ（ラトガーズ大学）、エマ・コーエン（オックスフォード大学）の見識からも大いに得るところがあった。この本の内容について彼らが責任を負うことはもちろんないが、主眼となる議論を発展させるうえで、個人あるいは集団での貢献はとても貴重だった。

フレイザー・ワッツ、レオン・ターナー、リチャード・ソシスは原稿を通して読み、意見を述べてくれた。ロジャー・ブレザートンは第4章を、ミゲル・ファリアスとサラ・チャールズは第6章と9章を、アラステア・ロックハートは第9章を読んでくれた。図7と8のスケッチはアラン・ダンバー作である。

解説　ヒトの進化と宗教の起源

自然人類学者・進化生物学者　長谷川眞理子

あなたは何かの宗教を信じていますか？　この質問は、日本人にとっては、結構やっかいなものだろう。仏教だと言う人は多いだろうが、では、仏教を信じているとはどういう意味か、とさらに聞かれると、あまり明確には答えられない。日本中にあまた仏教の寺はあるものの、人々の毎日の生活に深く根ざしているわけでもないらしく、葬式仏教などと半ば軽蔑して呼ばれることさえある。

日本という文化は、強烈に一つの宗教でまとまっているわけではなく、宗教的信念が政治的信念と結び付いて、社会の分断を引き起こしている、ということもないようだ。この状況は、日本以外の世界ではかなり異なる。米国は顕著にそうだが、欧州も、アラブ世界も、アフリカも、アジアも、だいたいはそうなのだ。だから、宗教とは何か、なぜこんなものが出てくるのか、についての考察が必要なのである。

著者のロビン・ダンバーは、もともとサルの仲間の社会行動を研究する霊長類学者であったのだが、その後、ヒトという生物（つまり私たち自身）が持っているヒトに固有の性質、すなわちヒトの本性は何であり、なぜこのように進化したのかを研究する、進化心理学者に脱皮した。「脱皮した」という言い方をしたのは、サルの仲間の研究をしている霊長類学者のすべてが、ヒトに対するこのような問題意識を持つに至るわけではないし、ましてや、その解明に大きな貢献をできるような問題設定を思いつくこともないからだ。ダンバーはそれを果たせたと思う。

ダンバーは、霊長類が、哺乳類の中でも特別に社会性を発達させた動物だという認識から出発し、では、ヒトという生物において、この社会性はどのように進化してきたのかを研究してきた。その成果の一つが、ヒトが真に親密性を感じて暮らすことができる集団のサイズには上限があり、それはおよそ一五〇人である、という結果である。これは、世の中で「ダンバー数」という名前で知られるようになった。

ダンバーは、もともと、脳の新皮質の大きさから、その動物が処理出来る社会情報の限界を計算し、ヒトの場合は一五〇人だという数字を導き出した。それは、仮説に基づく予測であったが、現実にさまざまな人間集団の営みを調べると、確かに一五〇人という数字には意味があるようなのだ。人類の進化史の九〇％以上において、人類は狩猟採集生活をしていた。この暮らし方では、一五人くらいまでの小さなバンドで日常的に生活し、バンドが寄り集まって部族を形成してきた。その最大サイズは、およそ一五〇人なのである。

もちろん、現代の私たちは、一五〇人を優に超える人数の人々を知り、それらの人々と交流し、自治体や国家の規模も何百万を超えるものさえある。それでも、私たちが、相手の顔を思い浮かべ、その人と自分との関係やその人と一緒にした経験を思い浮かべ、その人の性格やら友達関係やらを思い浮かべるということを、さほどの認知的負荷を感じずにできるのは、一五〇人ぐらいが限度ではないだろうか？　あとは、単に知っているだけ、名刺交換しただけか。

さて、そこで宗教である。一五〇人というダンバー数の考察と宗教の進化心理学は、どんな関係があるのか？　人類は、およそ一万年前に農耕・牧畜を始め、定住生活を始めた。そこから都市が形成され、文明が生まれた。つまり、一五〇人以上の数の人々が集まって暮らすようになったのだ。脳の自然な認識の限界を超えた数である。それを可能にしたものの一つが、宗教的信条を同じくする人々の結束であったのではないか。身近にすぐ思い浮かべて、経験を共有したことがあるような人々のサークルを超えて、「同じ私たち」という感覚を想起させ、一緒に共同作業にいそしむようにさせる、それを可能にした重要な要素が宗教だったのではないか。

では、なぜ宗教というものが出てきたのか、なぜそれは広まるのか？　それは、こんな大きな文明世界が出現する前から、ヒトが持っていた脳の働きに起因する。ヒトという生物は、自己と他者を認識し、自分の心が自分の状態を作り出していることを認識するとともに、他者も他者自身の心を持っており、それによって行動を決めることを知っている。そして、自分と他者とを脳の中でシミュレーションすることによって、自分に起こったことではなく、他者に起こったことを、まるで自分に起こったことであるかのように、他者に共感することができる。

また、ヒトは、このような想像とシミュレーションを働かせることにより、あまり原因がよくわからないことが起こった場合に、何か、自分たちとは異なる能力を持った存在がいて、それらの存在がそんなことを起こしているのではないか、と想像することができる。そして、それを他者に伝え、他者もそれに同意することができる。ヒトは、確かに、こんな高度な認知機能を有している。それが脳の中のどんな場所にあって、具体的に何をしているのか、現在では、そんなことも徐々に解明されているのだ。

宗教の根源には、「現象を因果関係によって説明する」ということと、「何か、自分たち人間とは異なる能力のある何かが存在する」という考えとが結び付いている。現象を因果関係によって説明するのは、脳の前頭葉の働きだろうが、自分たちとは異なる能力のある何かが存在する、という感覚はどこから来るのだろう？

それには、トランス状態というものが大きな役割を果たしている。踊り続ける、歌い続ける、ということをすると、脳内のエンドルフィンなどの伝達物質の分泌が変化し、「奇妙な精神状態」になるのだ。このメカニズムも、最近では、かなり明確に明らかにされている。みんなで歌って、みんなで同じ動作で踊ると、何か心に変化が起こるのは、みんなわかるでしょう？　それを極限まで続けると、また次に段階になるのだ。

ところで、私自身は、このような「みんなで同じ動作をする、同じ歌を歌う」などといった、同調的な行動が大嫌いな性格である。そんなことは絶対にしたくない。だから、中学でも高校でも、体育の時間にマスゲームのようなものをやらされるのが、心底嫌いだった。そして、私自身は、未知の現象に対する宗教的な説明は受け付けないし、占いも信じない。その意味では、有名な進化生物学者であるリチャード・ドーキンスが、「宗教というものはただの妄想であり、人類に対して、何らよいことなどもたらしていない」というキャンペーンを張っていることに対して共感を感じるし、おおいに応援したいと思うのである。

では、ダンバーはどうか？　彼自身は、自分の宗教に対する態度を明確には表明しない。ドーキンスの言うように、宗教は悪いことばかりもたらしてきたのは事実かもしれないと認めてもいる。しかし、それにもかかわらず、人類の大部分が宗教を信仰しているのは事実であり、なぜこんなにも多くの人々が宗教を信じるのか、それを冷静に進化的に分析しよう、というのが彼の態度だ。それは私にも理解できるし、重要な分析だと思うので、本書は大変に興味深く拝読した。

ヒトには、宗教を生じさせる脳内の基盤がある。しかし、それは、宗教を生み出すことが主眼で進化してきたのではない。物事の因果関係を推論すること、物事の原因として他者の心を想定すること、そのような解釈を、他者と共有すること、などが人類の進化史上、重要だったから進化した脳の基盤だ。それが集まると、宗教というものがおのずと創発してしまうのだろう。そして、一度そういうものが出現すると、今度は、それが新たな意味を持ち始める。それは大きな集団をまとめる力にもなり、思いを同じくしない「他者」を攻撃する理由にもなる。宗教的集団は、大きくなると「組織」になり、政治・経済と結び付いて、さらに話がややこしくなる。

最後に、宗教的集団はなぜ内部に多数のカルト集団を発生させ、分裂と抗争を繰り返すことになるのか、に関する問題も考察されている。そこにも、一五〇人というダンバー数が影を落としている。カリスマ的な教祖はなぜ発生するのか、そうしてできた新しいカルトのうち、長続きするものと消えていくものがあるのはなぜか、そのあたりの考察も秀逸《しゅういつ》である。まだまだ、研究する課題は多いと感じさせる。

個人的な経験の話を一つ。二〇〇〇年代の初め、私は、カンボジアを訪ねてポル・ポト政権時代に大量虐殺が行われた跡を見学したことがある。何百と積み上げられた犠牲者の頭蓋骨、捕虜《ほりょ》たちが閉じこめられていた収容所とそのベッド、踏みしめる土の間に、今でも垣間見られる犠牲者の衣服の切れっ端。一日中、そんな光景を見たあと、私は、無性にどこかのお寺でお祈りしたくなった。

日本の仏教とは違う、カンボジアのお寺である。それでも何でもいい。ともかくも、聖なる場所で、裸足でぺたんとすわって、どうしようもない現実の中で命を奪われた多くの人々の霊のために祈りたかった。この無神論者の権化《ごんげ》のような私が、である。それは、頭で認識できる事態の悲惨さに対し、それを認識している私が何もできないという無力さの実感がなさせたものだった。こんな理不尽なことが起こったという事実の認識に対し、私自身の心の平安を得るには、何か、超自然の力に祈るしかすべがなかったのだ。

おそらく、古代より、人々はこんな感情を抱いていたに違いないと、そのときに思った。世界の現状はあまりに理不尽で、なぜそうなったかが理解できたとしても、自分ではどうすることもできない。共感の感情を得てしまったヒトは、それでは心の平安を得られないのである。認識と納得、理解することと心の平安を保つこととの違いを実感した瞬間であった。

宗教と人間の生活のあり方は、かくも複雑なのである。本書は、その両方を進化的ないきさつから説明しようと、真に大きな考察を展開しようと試みる大作である。

ーと妻ローラ、ジェリー・ハード、それに人類学者グレゴリー・ベイトソン。協会の形成に影響を与えた人物としては、ほかにも人間性心理学の研究者エイブラハム・マズロー、ドイツ生まれの精神科医フレデリック・パールズ（エサレン協会でのゲシュタルト心理療法の講義は何年も続いた）がいる。

10. Andrew Smith（1992）
11. 鎌状赤血球とサラセミアの遺伝子（前者は西アフリカ、後者は地中海東岸でマラリアへの抵抗力を高める）、コーカソイドの薄い肌の色と乳糖耐性（ビタミンDの合成とカルシウムの吸収を助ける）、高緯度地域で見られる眼球と視覚系の巨大化（明るさが不足しがちな環境で鋭敏な視覚を保つ）などがある。これに関しては自著『進化――みんなが知っておくべきこと〔未邦訳〕』（Dunbar 2020）でくわしく論じている。
12. よく知られている比較的新しい例としては、ヴォーン・ウィリアムズ（「陽気な不可知論者」を自称し、英国国教会のために宗教音楽を多数作曲した）、ベルリオーズ「キリストの幼時」、ブラームス「ドイツ・レクイエム」、ヴェルディ「レクイエム」、リムスキー＝コルサコフ（ロマノフ朝の宮廷礼拝堂合唱隊のために多くの曲をつくった）がいる。

論争を支配し続けた。

3. シェーカー派は正式名称をキリスト再臨信仰者協会といい、1750年代のイギリスでクエーカーから分かれる形でマザー・ジェーン・ウォードリーが設立した。1774年、初期の転向者であるマザー・アン・リーが少数の信奉者を連れてアメリカに渡り、現在知られているようなシェーカー派をつくりあげた。「シェーカー」という呼びかたは、19世紀後半に礼拝の中心となった、催眠術のようなゆったりとした動きの踊りからつけられたわけではなく、設立から数十年のあいだに信者が経験したトランス状態に由来する。
4. 聖イグナチオ・デ・ロヨラは「生まれた子どもを七歳まで預けてくれたら、人にして［生涯変わらぬカトリック教徒にして］お返ししよう」と言ったとされるが、元はアリストテレスの言葉で、宗教的な含みもない。
5. Luca Cavalli-Sforza & Marcus Feldman（1981）遺伝率とは遺伝学の専門用語で、環境による影響に対して、遺伝子が集団内の形質の差異にどれだけ影響をおよぼすかを示した相対的な割合のこと。形質を定めるものでなく、むしろある形質で観察されたばらつきを定めるものである。
6. エサレンとはこの地域に暮らしていたネイティブアメリカンの小部族のこと。設立当初は、プライスが運営を一手に引きうけ、目標づくりやプログラムの考案も行なっていたが、1985年にプライスがハイキング中の事故で死んだあと、組織は危機に直面した。それでも理事会が正式な運営体制を整え、一貫性のある事業計画を推進したことで崩壊はまぬがれ、組織として着実に継続している――ただし現在はビジネスとして成功しており、設立当初の成功の鍵だった、「社会の末端に位置する非公式なコミューン」の性質は薄まっている。
7. アシュラムとは、カリスマ性の強い導師を中心としたヒンドゥー教の非公式な僧院のこと。
8. エンカウンター・グループの参加者は、一対一でロールプレイや内省を行ない、相手の思考や行動に対してはっきりと感情を表明する作業を通じて、自分自身について学んでいく。1960～70年代に軍や企業で大流行し、チームづくりの初期段階でさかんに活用された。しかし、参加者は内なる悪魔と密接に対峙することになり、好ましくない影響をおよぼすこともあるとして、カウンターカルチャーの世界でこの方法を使うことを懸念する声もあった。
9. とくにカリフォルニア在住だったイギリス出身の作家オルダス・ハクスリ

18. Guinevere Turner（2019）
19. Amanda Lucia（2018）
20. Tulasi Srinivas（2010）
21. Juulia Suvilehto et al.（2015, 2019）
22. Robert Sternberg（1986）
23. Arthur Aron et al.（1992）
24. Juulia Suvilehto et al.（2015）; Robin Dunbar（2018）
25. ただしイスラム教では、女性より男性のほうが礼拝への出席頻度がはるかに高い。この宗教が日々の生活に重要だと考えるのは、わずかながら女性のほうが多いにもかかわらずだ。イスラム教では、男性の礼拝は公開の場で行なわれるのに対し、女性はカーテンやついたての陰に隠れていることも関係あるかもしれない。男性は礼拝時に「見られる」ことがモスクの共同体に加わる手段なのだ。一種のクラブみたいなものである。対して女性の信仰はより個人的な形をとり、それは友だちづきあいでも同じだ。
26. 礼拝中に祭壇上で花嫁のひとりと公開セックスにおよび、それが原因で信者数名が共同体を離れたと伝えられる。
27. かつて鞭身派を信奉していたひとりが「怪僧」ラスプーチンである。治療師としての能力と、ロマノフ家をはじめとする女性たちの熱狂的な指示を集めたことで知られ、密通の噂も絶えなかった。
28. 男性が自制心によって射精を止めるという避妊法を主張していたにもかかわらず、58歳以降少なくとも8人の子どもをつくっている。
29. Tamas David-Barrett et al.（2015）; Robin Dunbar（2012, 2021）
30. 個人の社会ネットワークの70パーセントは女性だけ、もしくは男性だけであることはすでに述べている。Robin Dunbar（2021）も参照。

第10章　対立と分裂

1. Robert Kisala（2009）
2. この論争を機に、北アフリカと近東、およびエチオピアで単性論（キリストは唯一神性を持つ）を掲げるコプト教会が設立された。それ以外のキリスト教世界（のちにローマカトリック教会と東方正教会となる）は、ニカイア公会議で定められ、カルケドン公会議でも支持された両性論（キリストは神性と人性の2つを持つ）に従っている。この区別は現在に至るまで続いている。また、些細にも思えるこの対立は、その後1000年間の神学

ちがいも表わせていない。そのちがいは、主に人口規模である。宗教研究、人類学、考古学では、カルトは儀式複合体と定義されているが、これはミニマリスト的な定義であり、私はそれよりも意味を限定しない形で使いたいと思う。

4. パナシア協会の歴史に関しては、ありがたいことに Jane Shaw（2011）や Alastair Lockhart（2015）をはじめとする新宗教運動の研究者によっても綿密に調査されている。
5. 個人の社会ネットワークは、5歳から85歳に至るほぼすべての年代で、顕著な性別の偏りを示している。女性の社会ネットワークの70パーセントは女性だけで、男性の社会ネットワークの70パーセントは男性だけで構成されているのだ（Dunbar 2018, 2021を参照）。
6. 対照的に文鮮明の統一教会は積極的な布教活動が奏功して勢いを拡大した。またフランチェスコ会は創始者が生前から聖者として、また奇跡を起こす者としてその名を広く知られていたことが成功の要因となった。
7. 最後はル・ピュイの司教アウレリウスの命令で斬殺された（Norman Cohn, 1970を参照）。
8. 残念なことに聖母はその日、所用でお出ましになれず、かわりに自らの影像をつかわしてくださった。
9. Christopher Partridge（2009）
10. Tamas David-Barrett & Robin Dunbar（2014）
11. 彼は獄中で生涯を終えたが、死因は自然死だった。
12. 収監後も夫婦面会を利用し、信者の女性たちとのあいだに4人の子どもをもうけた。
13. 精神科医は、妄想的観念を「あまりにも強力なため、反対の証拠を示しても説得したり考えを変えさせたりすることができない奇妙な信念」と定義している。自分はほんとうは死んでいるとか、自分の臓器が傷痕も残さず入れかえられた、神や宇宙人に支配されている（そして行動の指示を出される）、誰かが自分に熱烈に恋している（現実は恋していない、あるいは会ったこともない）、誰かが自分を陥れようとしている、あるいは殺そうとしているなど。自分が偉大な存在だという誇大妄想も多い。
14. Emmanuelle Peters et al.（1999）
15. Patrick McNamara（2009）
16. Robin Dunbar（1991）
17. Vassilis Saroglou（2002）

22. Martin Daly & Margo Wilson（1983）
23. Robin Dunbar（2021）
24. Matthew Bandy（2004）
25. Dominic Johnson（2005）
26. Harvey Whitehouse et al.（2021）
27. Joseph Watts et al.（2015）
28. Nicholas Baumard et al.（2015）
29. 西アフリカに言及した 19 世紀の有名な二行連句がある。
ベニン湾にはご用心、ご用心
入る者は多く、出る者は少ない
30. Corrie Fincher & Randy Thornhill（2008, 2012）; Fincher et al.（2008）
31. Corrie Fincher & Randy Thronhill（2008）にもとづいて作図。
32. Corrie Fincher et al.（2008）にもとづいて作図。
33. Daniel Nettle（1998）にもとづいて作図。
34. 栽培期間は Hakonson & Boulion（2001）; 有病率は Bonds et al.（2012）
35. Steven Neuberg et al.（2014）

第9章　カルト、セクト、カリスマ

1. Jonathan Sumption（2011）
2. こうした立場の多くは 7 世紀のアルメニアに出現したパウロ派に由来しているようだ。パウロ派は三位一体、旧約聖書、十字架、秘跡だけでなく、教会の階層全体や聖母マリア崇拝まで否定した。パウロ派自体も、4 〜 10 世紀に地中海地方で栄えたペルシャのマニ教（ゾロアスター教に強い影響を受けている）や、おそらくは東方のジャイナ教や仏教の思想からも影響を受けたと考えられている。
3. ここで私なりの用語の使いかたを明確にしておく必要があるだろう。「カルト」という言葉はここ数十年で新宗教運動の研究者から反感を買うようになったが、私はそれを承知のうえで使っている。彼らが嫌がるのは、この言葉が侮蔑的な含みを持つようになったと感じているからだ。代わりに「新宗教運動」という言葉を使ってほしいようであるが、造語にありがちなことで、この言葉はおさまりが悪いうえに、カルト（ひとりのカリスマ指導者を中心とする小規模共同体）とセクト（複数の共同体を持つまでに発展したカルトで、個人ではなく教義への忠誠に移行している）の重要な

5. Matthew Liebmann, T. Ferguson & Robert Preucel（2005）
6. Scott MacEachern（2011）; James Wade（2019）
7. P. Willey（2016）
8. Wahl & Trautmann（2012）; Meyer et al.（2015）; Alt et al.（2020）
9. Carlos Fausto（2012）
10. Zerjal, T.（2003）歴史資料によると、モンゴル人は主要都市を占領するたびに、男は皆殺しにして女はハーレムに入れるという単純な戦略をとっていた。それから8世紀たった今日でも、モンゴル人が征服した集団にその遺伝的特徴を確認できるのは驚きである。
11. Mark Thomas et al.（2006）ミトコンドリアはすべての細胞にエネルギーを供給する。その遺伝子は母親からしか受けつがれないので、母系を切れ目なくさかのぼることが可能だ。同じようにY染色体は父親からのみ受けつがれるので、こちらは父系をさかのぼることができる。
12. アングロサクソン人は先住民のことを、wealasc（外国人または奴隷を意味する）と呼んだが、これはいまも残る「Welsh（ウェールズ人）」の語源で、島の西部の山岳地帯でアングロサクソン人の略奪から生きのびた人びとの子孫を指す。
13. この史実はアイスランドのファミリー・サーガ（一族の物語）にたびたび登場する。
14. 皮肉なことに、これはアイルランド人による奴隷売買だけを禁止しようとするもので、教会が奴隷を所有することを禁じるものではなかった。アイルランド人はローマ時代以前から12世紀まで一貫して奴隷制を敷いていた。敗北した敵を奴隷にしたり、グレート・ブリテン島で奴隷狩りをすることもあった。9世紀から12世紀にかけて、ロシアを経由して近東のアラブやトルコの帝国にイギリス人奴隷を輸出するヴァイキングの奴隷貿易では、ダブリンが主要港として機能していた。
15. Elizabeth Marshall Thomas（2007）
16. Robin Dunbar & Susanne Shultz（2021）
17. Polly Wiessner（2005）
18. Bruce Knauft（1987）
19. 回帰の統計値：$r^2=0.857$, $N=9$, $p=0.003$　出典：Sam Bowles（2011）; Robin Dunbar（2021）
20. Richard Wrangham et al.（2006）
21. Napoleon Chagnon & Paul Bugos（1979）

を推測するのが最善のやりかただろう。頭蓋容積の推定値が存在するそれぞれの化石について、霊長類全体を対象にした計算式を用いて、まず脳の容積、続いて前頭葉の容積を推定した。そして最後に、霊長類のメンタライジング能力（到達可能な志向性のレベル）と前頭葉の容積の関係式から、何次志向性まで到達できるかを推定し、種ごとの平均値を算出した。ネアンデルタール人は視覚系が異常に大きいことを考慮して、脳の大きさを下方修正したうえで数値を算出している（Pearce et al.2013, 2014; Pearce & Bridge 2013 を参照)。サル（マカク属）と大型類人猿（オランウータン、ゴリラ、チンパンジー）の数値は Devaine et al.（2017）と、Dunbar（2009, 2014a, b）に引用された情報源にもとづく。

13. Dunbar（2014a), Figure 7.4. にもとづく。
14. これに関しては、重要なのは相対的な脳の容積（脳の容積を体重で割ったもの）だという意見もあり、実際に体重を計算に含めて比較分析を行なっている例も多い。しかし残念ながら、神経学的な見地からはこれは完全にナンセンスである。認知能力と相関するのはつねに脳（もしくは脳領域）の絶対的な容積であって、相対的な容積ではない。いずれにしてもホモ・ナレディの脳と身体の大きさはアウストラロピテクス属と同じなので、相対的な脳の大きさも現生人類並みにはならない。わかりやすい例が中央アフリカのピグミーだ。身体の大きさからすれば、彼らの脳はほかのアフリカの住人と比較して小さくなるはずだが、そんなことはない。ただ身体が小さいだけである。逆にいえば、身体に比して脳が大きいからといって、彼らの知能がずばぬけて高いわけでもない。絶対的な脳の大きさがすべてなのである。
15. ほかの例としては、中国にいたホモ・エレクトスや、インドネシアのフローレス島にいた小型のホモ・フローレシエンシス（ホビットとも呼ばれる）も、およそ6万年前まで（現生人類がオーストラリアに到達したころだ！）生存していた。

第8章　新石器時代に起きた危機

1. Sam Bowels（2011）
2. Allen Johnson & Timothy Earle（2001）
3. Quentin Atkinson, Russell Gray & Alexei Drummond（2009）
4. Margaret Nelson & Gregson Schachner（2002）

第７章　先史時代の宗教

1. 化石人類を現生人類に引きよせたいあまりに、こうした極端な主張になることは残念ながらままある。実際、サルやチンパンジーは、同じように手足を失うといった障害を負いながら、集団の仲間の利他性に頼らずに野生で生きのびてきた。そんな個体は追放こそされないものの、社会的グルーミングに加わる回数が減り、集団のなかではやや距離がおかれた存在になる。それでもこの制約に順応して、たくましく生きているのだ。S.E. Turner et al.（2014）を参照。
2. David Lewis-Williams（2002）
3. E. Guerra-Doce（2015）
4. Patrick McGovern（2019）
5. Oliver Dietrich et al.（2012）; Oliver Dietrich & Laura Dietrich（2019）
6. Neil Rusch（2020）
7. サンスクリット語（およびその派生語である北インドのヒンディー語とベンガル語）には、古代ギリシャ語やラテン語、ひいてはほとんどのヨーロッパの言語と共通する単語が多いことは、18世紀末にはわかっていた。それがインド・ヨーロッパ語族を形成しており、142ある主要な語族のひとつとなっている（ただしある程度の規模となると14語族ほどしかない）。歴史言語学者たちは過去2世紀にわたり、世界の約7000の言語のなかから共通の単語を持つものをグループ化して、言語の系統を探ってきた。その結果完成した系統樹を見れば、任意の2つの言語の関係がどれだけ深いかがわかり、さらに、ある特徴を共通の祖先から文化の継承を通じて受け継いだ可能性がどれだけあるかもわかるのだ。
8. Hervey Peoples & Frank Marlowe（2012）; Hervey Peoples et al.（2016）
9. Marie Devaine et al.（2017）
10. James Carney, Rafael Wlodarski & Robin Dunbar（2014）
11. Nathan Oesch & Robin Dunbar（2017）
12. サルは志向性課題をこなすことはできない。大型類人猿は二次志向性をかろうじて持てる程度で、現生人類は五次志向性まで扱える。この値が図の点を表わしていて、あとはこれらを関連づけるパターンを見つけるだけだ。人間にかぎらず霊長類全体でも、志向性は前頭葉の容積に直結しているので、脳の大きさ（頭蓋容積で表わされる）からそれぞれの種の志向性能力

8. Wolfgang Jilek（1982）
9. V. J. Walter & William Grey Walter（1949）
10. Andrew Neher（1962）
11. 1980年代、イギリスとフランスの両政府は巨額の費用を投じた超音速航空機のコンコルドが失敗に終わったことで、この誤りを犯したと非難された。商業飛行まで行なった超音速機は後にも先にもコンコルドだけである。「コンコルドの誤謬」は進化生物学での呼びかたで、経済学では「サンクコストの誤謬」として知られる。
12. 礼拝に出席した人は、誰に対しても寛大になるのか（向社会仮説）、それとも同じ共同体に属する物乞いにだけ寛大になるのか（結束仮説）が気になるところだが、私の知るかぎり検証は行なわれていない。聖体拝領皿や募金箱への寄付では誰が受けとるのかわからないので、誰に対する施しなのかがわかる形で検証する必要がある。
13. Brock Bastian et al.（2011）
14. Sarah Charles et al.（2020a）; Dunbar et al.（2012）も参照。
15. Sarah Charles et al.（2021）
16. プラセボには通常、薬理作用のない砂糖の錠剤が使われる。重要なのは、被験者がどちらを飲んだかわからないようにすることだ。さもなければ作用に偏りが生じてしまう。
17. Charles et al.（2020b）にもとづいて作図。
18. Sarah Charles et al.（2020b）
19. Michael Price & Jacques Launay（2018）
20. Tamas David-Barrett et al.（2015）; Robin Dunbar（2021）
21. Emma Cohen et al.（2010）
22. Bronwyn Tarr et al.（2015, 2016）
23. Martin Lang et al.（2017）
24. Joshua Jackson et al.（2018）
25. Jorina von Zimmermann & Daniel Richardson（2016）
26. Paul Reddish, Ronald Fischer & Joseph Bulbulia（2013）
27. Ronald Fischer et al.（2013）
28. ダンスや曲芸的な動き、音楽を取りいれたブラジルの武術。
29. Nicholas Bannan, Joshua Bamford & Robin Dunbar（2021）

17. Penny Lewis et al.（2017）
18. Nathan Oesch & Robin Dunbar（2007）
19. Rafael Wlodarski & Ellie Pearce（2016）
20. Ara Norenzayan et al.（2012）
21. 心理学者サイモン・バロン＝コーエンは、自閉症とは極端に男性的な脳の一形態だと主張している（Baron-Cohen 2003）
22. 標準偏差とは、データセットの分布におけるばらつきの度合いを示す尺度。正規分布曲線の場合、平均値をはさんで1つめの標準偏差でデータポイントの68パーセントを占め、2つの標準偏差で95パーセント、3つの標準偏差でそれ以外のほぼすべてを占める。
23. Andrew Newberg et al.（2001）
24. Nina Azari & Marc Slors（2007）
25. Michael Ferguson et al.（2018）
26. Patrick McNamara（2009）
27. 同上

第6章　儀式と同調

1. Robert Bellah（2011）
2. Louisa Lawrie et al.（2009）
3. Chad Burton & Laura King（2004）
4. Miroslaw Wyczesany et al.（2018）
5. 看板描きのルーベン・エナイェは1986年に3階建ての高さにある看板から落下したが一命をとりとめた。そのことに感謝して、1986年から2019年まで33回志願してはりつけになっている。
6. 鞭は七つの大罪に対応して紐が7本になっている。使用されるのは主にカトリックの修道会だが、オプス・デイなどの信徒の団体や、英国国教会、ルーテル教会にも見られる。リジューのテレーズが書いた『ある霊魂の物語』には、彼女がまだ修練女だったとき、隣室の修道女たちが就寝前の祈りを捧げながら自らを鞭打つ音を聞き、最初は何のことかわからなかったというくだりがある。
7. 喉歌では倍音が顕著に生じるので、複数の音域で同時に歌っているように聞こえる。モンゴルの民謡に起源があり、そこからシベリア南部やチベットといった周辺地域に広まったと考えられている。

画像診断で使われる。

4. くわしくは自著『なぜ私たちは友だちをつくるのか——進化心理学から考える人類にとって一番重要な関係』（Dunbar 2021）を参照。
5. 「スチュワート——ア・ライフ・バックワーズ（Stuart:A Life Backwards）」（2007）はベネディクト・カンバーバッチ、トム・ハーディ主演のテレビ映画。原作はアレクサンダー・マスターズの同名書籍で、マスターズとスチュワート・ショーターの友情を描いている。スチュワートは薬物依存症のホームレスで、障害があり、虐待経験者で、ときおり軽犯罪にも手を出す。映画の最後で、自分の境遇に耐えられなくなったスチュワートは自殺する——物語が進行するにつれて、もはや避けられないと思わせる結末である。
6. Guillaume Dezecache & Robin Dunbar（2012）
7. Daniel Weinstein et al.（2014）
8. 自著『愛と裏切りの科学〔未邦訳〕』（Dunbar 2012）と『なぜ私たちは友だちをつくるのか——進化心理学から考える人類にとって一番重要な関係』（Dunbar 2021）ではさらに議論を進めている。
9. テレーズを含む5人姉妹は全員修道女になった。4人はリジューのカルメル会女子修道院に入り、残るひとりは近くのカーンにある聖母訪問会（サレジオ会）に入った。2015年には両親のルイ・マルタンとゼリーも列聖され、カトリック教会でともに聖人に列せられた唯一の夫婦となった。
10. Tamas David-Barrett et al.（2015）; Ellie Pearce, Anna Machin & Robin Dunbar（2021）
11. 報われない愛からクレランボー症候群を発症することもある。極度の恋愛妄想に陥って相手につきまとうようになり、相手に避けられても、それだけ深く愛されているとか、自分の愛の強さを試しているのだと解釈する。クレランボー症候群は性差が顕著で、女性のほうが圧倒的に多い。
12. Andreas Bartels & Samir Zeki（2000）
13. 詳細はRobin Dunbar（2018）あるいは自著『なぜ私たちは友だちをつくるのか——進化心理学から考える人類にとって一番重要な関係』（Dunbar 2021）を参照。
14. Jacques Launay & Robin Dunbar（2015, 2016）
15. Joanne Powell et al.（2012）; James Carney et al.（2014）; Nathan Oesch & Robin Dunbar（2017）
16. Joanne Powell et al.（2012）

活を経験させて本人に決めさせていた。同様に共同体から追放されることもかなりまれで、共同体を去る者は外の世界で生活基盤を築くための現金と道具類を与えられた。

28. John Murray（1995）
29. Jennifer McClure（2015）
30. Roger Bretherton & Beth Warman（未公開の研究）
31. Alice Mann（1998）
32. 実践共同体とは職場で共通の関心を持つ人たちの非公式の集まりである。特定プロジェクトのために集まったコンピュータープログラマーの作業チーム、共通の関心事や望ましい対応について議論するためさまざまな組織から集まる会計士や行政官のグループ、専門職の全国組織などが該当する。
33. Emily Webber & Robin Dunbar（2020）
34. 数年前、ヴァチカンにある教皇庁立グレゴリアン大学で開かれた神学とダーウィン進化論に関する会議で、イギリス中部地方の小教区を受けもつカトリック教会の司祭たち（全員科学者でもある）が話してくれたところによると、小教区の信者は全部で500人前後だが、日曜に3回行なわれるミサごとに出席者は決まっていて（それぞれ150人ほど）、たがいにほとんど交流はないそうだ。

第5章　社会的な脳と宗教的な心

1. エンドルフィン（endorphin）とは、「内因性モルヒネ（endogenous morphine)」を縮めた名称である。平たくいえば「脳内モルヒネ」であり、化学的にもモルヒネにとても似ている。鎮痛効果はモルヒネの30倍と強力だが、分子構造がわずかに異なるため、モルヒネやほかの「非天然」鎮痛薬のような破壊的な依存性はない。エンドルフィンの分泌がもたらす快感は、何度でも経験したいと思うが、生理学的な依存状態には陥らないのだ。
2. Juulia Suvilehto et al.（2015, 2019）
3. Lauri Nummennmaa et al.（2016）PET（陽電子放出断層撮影）は、放射性トレーサーを血管に注入して脳の血流を測定し、脳のどの部分が作業を行なっている（多量の酸素を必要としている）か突きとめるものだ。放射性トレーサーは数時間の間隔で2度注射しなくてはならず、実験に参加するボランティアにとってはかなりの負担となるため、現在は主に医療用

8. Dunbar（2020）から許諾を得て再掲。
9. Russell Hill, Alex Bentley & Robin Dunbar（2008）
10. Oliver Curry, Sam Roberts & Robin Dunbar（2013）
11. Alistair Sutcliffe et al.（2012）
12. 自著『なぜ私たちは友だちをつくるのか――進化心理学から考える人類にとって一番重要な関係』（Dunbar 2021）にくわしい。
13. Sam Roberts & Robin Dunbar（2015）
14. Dunbar（2015）
15. Wei-Xing Zhou et al.（2005）; Marcus Hamilton et al.（2007）
16. Lehmann, Lee & Dunbar（2014）
17. David Wasdell（1974）
18. Rogher Bretherton & Robin Dunbar（2020）
19. 「5つのパンと2匹の魚の奇跡」としても知られる。少年が持ってきたわずかな供物だけで、説教を聞きに集まってきた大勢の人に食事を出したというもので、新約聖書の4つの福音書すべてで言及された唯一の奇跡である。
20. Gerhard Lohfink（1999）
21. Howard Snyder（2017）
22. Robin Dunbar & Rich Sosis（2018）
23. ロバート・オーウェン（1771～1858）はウェールズ出身の紡績工場経営者、博愛主義者。労働者協同組合のアイデアを土台にユートピア社会主義を唱えた初期の社会主義者である。スコットランド南部、ニュー・ラナークで革新的な紡績工場（現在は世界遺産になっている）の建設・運営に協力するうちに、19世紀初頭のイギリスの官僚制に不満を覚え、政治的に風とおしのよいアメリカ合衆国で理想を追求しようと考えた。1825年、インディアナ州にニュー・ハーモニーと名づけた共同体を建設するが、わずか2年で終了する。それでもこの共同体に影響を受けて、中西部ではその後数十年間で社会的施設の充実が進んだ。アメリカで無料の公共図書館、市民演劇クラブ、男女共学校を最初に設置したのはニュー・ハーモニーである。のちにワシントンD.C.で、国立博物館であるスミソニアン博物館の創設に尽力したのもこの共同体の出身者だった。
24. Robert Dunber & Richard Sosis（2018）
25. Jennifer McClure（2015）
26. John Murray（1995）
27. シェーカー派の共同体は入会希望者を断ることはめったになく、実際に生

25. この制度では、姉妹のうち結婚できるのはひとりだけだ。あとは生家に残り、兄弟たちの下働きをしながら惨めな生涯を送ることになる。
26. John Crook & Henry Osmaston（1994）
27. Denis Deady et al.（2006）
28. 親がこうした算段をつけることは、農業経済ではまったくめずらしいことではない。土地は有限なので、子ども全員で等分することを何世代も繰りかえしていたら、広大な地所もやがて小作人の畑並みに縮小するだろう。ヨーロッパの歴史を見ると、ほかにもさまざまな戦略がとられていた。長子相続（長男がすべてを相続する）が導入されたのは中世後期だ。宗教改革で修道院に入る選択肢が消滅した北ドイツ（プロテスタントの地域）では、19世紀末まで小作農民のあいだで使われていた「世継ぎとその予備」戦略が導入された。「世継ぎとその予備」戦略では息子は2人までと決まっていて、1人は相続のため、もう1人は相続人が死んだときの代役だった。3人目以降の男児はろくに世話をしてもらえず、生後1年の生存率は50パーセントを切っていた。女児の場合は、たとえ社会的地位が下がったとしても嫁に出すことができたので、このような差別は受けなかった(Voland 1988)。こうした戦略は状況の変化に大きく左右された。「世継ぎとその予備」戦略を採用するか否かは時代によって異なり、新しい農地が入手できたときには息子の数を増やすこともあった（Voland et al. 1997)。
29. James Boone（1988）
30. Rich Sosis & Candace Alcorta（2003）
31. Robin Dunbar & Susanne Shultz（2021）
32. Tamas David-Barrett & Robin Dunbar（2014）; Emily Webber & Robin Dunbar（2020）; Robin Dunbar（2021a）

第4章　共同体と信者集団

1. Allan Wicker（1969）
2. Allan Wicker & Anne Mehler（1971）
3. Robert Stonebraker（1993）
4. Dunbar（1998）; Dunbar & Shultz（2017）
5. Dunbar（2020）
6. Dunbar（2018）
7. Dunbar（2018、2020）

たが、サマリアのユダヤ教徒のあいだではいまも行なわれている。
20. イギリス東インド会社が中国にアヘンを伝えて広めたというのは俗説。

第3章　信じる者はなぜ救われるのか？

1. 自著『進化──みんなが知っておくべきこと〔未邦訳〕』（Dunbar 2020）を参照。
2. Dee Brown（1991）
3. M. Akiri（2017）
4. J. B. Peires（1989）
5. Michael Huffman et al.（1997）
6. Mario Incayawar（2008）
7. Michael Winkelman（2013）
8. David Williams & Michelle Sternthal（2007）
9. Michael McCullough et al.（2000）
10. Elainie Madsen et al.（2007）; Oliver Curry, Sam Roberts & Robin Dunbar（2013）
11. Raymond Hames（1987）; Catherine Panter-Brick（1989）; Robin Dunbar, Amanda Clark & Nicola Hurst（1995）
12. 共有資源問題、フリーライダー問題としても知られる。
13. Dominic Johnson & Jesse Bering（2009）で提唱された言葉。
14. Dominic Johnson（2005）
15. Jonathan Tan & Claudia Vogel（2008）
16. Rich Sosis & Bradley Ruffle（2003）被験者はおたがい同じキブツに属することは知っているが、どちらも相手が誰かはわからない。
17. Joe Henrich et al.（2010）
18. Ara Norenzayan et al.（2016）; Michiel van Elke et al.（2015）も参照。
19. Michael van Elk et al.（2015）; Joseph Billingsley et al.（2018）
20. Quentin Atkinson & Pierrick Bourrat（2011）
21. Pierrick Bourrat, Quentin Atkinson & Robin Dunbar（2011）
22. Bryan Le Beau（2016）1711年と12年には犠牲者の多くが死後恩赦を受けたが、最後のひとりの疑惑が晴れたのは2001年だった。
23. Bruce Knauft（1987）
24. Joseph Watts et al.（2016）

画に描かれる中世の聖人と同じく）手のひらの中央に現われることが多いが、実際の磔刑で釘を打ちこむのは手首だ。手のひらだと、はりつけの犠牲者が息をしようと身もだえるうちに抜けてしまう。磔刑での死因は窒息のことが多い。十字架に腕からぶらさがると、身体の重みで息を吐けなくなる。呼吸をするため、犠牲者は腕を使って身体を持ちあげようとするが、やがて力つきる。死を早めるためにすねの骨を折ることも多かった。カトリック教会上層部は、聖痕に対してつねに相反する感情を抱いていた。ピオ神父も自傷を疑われて、医師の検査を何度か受けている。

7. いまもミュンスターの聖ランベルトゥス教会では、塔の同じ場所に3つの檻が吊るされている。
8. Erika Bourguignon（1976）
9. Andreas Bartels & Samir Zeki（2000）
10. Russell Noyes（1980）
11. Raymond Prince（1982）
12. Mircea Eliade（2004）
13. 宇宙の木（生命の木、知識の木とも呼ばれる）は、物質世界と天界、地下世界をつなぐ存在であり、世界中の初期宗教に見られるモチーフである。スティーヴン・オッペンハイマー（1998）は、インドネシアの密林の島々に起源があるという説を提唱した。約1万2000年前、寒冷なヤンガードリアス期の終わりに海面が急上昇したあと人口の大移動が起きてアジアとヨーロッパ全体に広まったという。
14. Manvir Singh（2018）
15. Michael Winkelman（2000, 2013）
16. 戦争に関しては主に、中世の聖職者が戦闘開始前に兵士に祝福を与えるように、戦地におもむく者に薬やお守りを提供する、戦いを始める時期を占いで決める（戦争をするかどうかの政治的決断ではない）、といった役目を担った。
17. もともと巫女は若い処女と決まっていたが、さらわれて暴行を受ける事件があってから、年長の女性が務めるようになった。
18.「聖金曜日の実験」とも呼ばれる。LSDの生みの親ティモシー・リアリーが指揮するハーヴァード・シロシビン・プロジェクトの一環として、ハーヴァード大学の大学院生だったウォルター・パンケが行なった。マーシュ礼拝堂はボストン大学の近くにある公式の礼拝所だ。
19. ラビ・ユダヤ教では、シナゴーグの礼拝中に香を焚く習慣は中世にとだえ

て、今生で悪い行ないをすれば下段に落ちることだ。アレクサンドロス大王が西インド遠征中に仏教に触れたとき、かつて家庭教師だったアリストテレスはまだ存命だったから、仏教哲学を知っていた可能性もある。遠征に同行した哲学者ピュロンは、仏教の思想に直接影響を受けた。

13. Justin Barrett（2004）を参照。

第2章　神秘志向

1. 進化生物学における外適応とは、ある機能のために、あるいはそれに反応して進化した形質が、まったく異なる選択圧に適応する足がかりになることだ。典型的な例が、耳小骨を構成する3つの小さい骨だろう。耳小骨には、外耳の鼓膜と内耳の蝸牛底部をつないで音を伝える役目がある。これは人類の祖先にあたる爬虫類の下顎の一部で、5つある骨の奥側3個だった。すべての爬虫類は下顎を地面につけて振動を「聞いて」いるのだ。残り2個は哺乳類では顎の垂直部分と水平部分になり、いまではひとつの骨になって咀嚼中の安定性が増した。
2. この著作の正体不明の書き手は、ディオニュシオス・ホ・アレオパギテース（聖パウロによって改宗した最初のアテナイ人。『使徒行伝』に登場する）を自称していたが、著作の年代がはるかに後だったため、「偽」をつけて呼ばれている。
3. 神学者ロナルド・ノックスの『狂信——宗教史における一章〔未邦訳〕』（Knox 1950）は、4世紀から18世紀までの西欧キリスト教におけるこうした初期の運動をわかりやすく取りあげている。
4. カトリック教会において、聖人と認められる前段階（列幅）として与えられる称号。ヤン・ファン・リュースブルクの場合、存命中は異論も多かったため、列福されたのは死後630年たった1908年だった。
5. 研究や著作を通じて神学に特別な貢献をした聖人にカトリック教会から与えられる称号。現在までに36人おり、そのうちヒルデガルト・フォン・ビンゲンを含む4人が女性である。
6. 聖痕とは、イエスが十字架にはりつけになったとき、手と足に釘を打ちこまれた傷のことだ。福音書では、イエスの苦しみを終わらせるため、ローマ兵が最後に槍を刺した脇腹の傷も聖痕とされた。聖痕はただの赤い痕のこともあれば、出血する傷のこともある。ピオ神父は手からしたたる血を吸わせるために、羊毛のミトンをはめていることが多かった。聖痕は（絵

2. 1906年に73歳で死んだリチャード・マンスローは、イングランド最後の罪食いだったとされる。シュロップシャー州ラトリングホープ村の聖マーガレット教会に墓がある（2010年に募金で修復された）。
3. 2018年、新高速鉄道HS2のカーゾン・ストリート駅を新設するため、バーミンガム中心部にある19世紀のパーク・ストリート墓地の発掘調査が行なわれた。墓からは多くの皿が出てきて考古学者は頭をひねったが、近くのウェールズ国境地帯で罪食いが行なわれていたことを誰かが思いだして謎は解けた。
4. くわしくは1995年の自著『科学がきらわれる理由』（Dunbar 1995）を参照。
5. クリスマスが12月25日に定まったのは紀元336年のことだが、神学者アレクサンドリアのクレメンスは1世紀前から提唱していた。春分の日（春分点歳差のため当時は3月25日だった）を受胎告知の祭日（聖母マリアがイエスを受胎したとされる）にすることがすでに決まっており、9か月たった冬至をクリスマスにするのが好都合だった。
6. Pascal Byoer（2001）、Justin Barrett（2004）、Scott Atran & Ara Norenzayan（2004）、Josse Bering（2006, 2013）など。
7. 17世紀フランスの数学者ブレーズ・パスカルは、過ちを犯したときの代償は（しかも後悔しても取りかえしがつかない）、神を信じてこうむるわずかな犠牲にくらべるとはるかに大きいのだから、神を信じるほうが合理的だと述べた。
8. James Jones（2020）
9. 進化論に関しては近著『進化――みんなが知っておくべきこと〔未邦訳〕』（Dunbar 2020）も参照されたい。
10. リチャード・ドーキンスは、生物学的な形質に相当する文化情報を「ミーム」と名づけた。形質と同じく個人から継承されるが、この場合のように文化伝播（社会的学習や模倣を介して）でも受けつがれる。
11. もちろんウイルスや文化に動機や意図があるということではない。進化生物学者は、自然選択がまるで意図的なふるまいのように見えるため、てっとりばやくこういう言葉づかいをする。「適応度を最大化するように働く選択」という言いかたもできるが、何度も出てくると退屈だし、文章がむだに長くなってしまう。
12. この概念は、輪廻を重ねて最後に悟りを開き、「普遍的真理」に到達する仏教とも共鳴する。唯一異なるのは、仏教ではヘビもいればはしごもあっ

註

はじめに

1. 旧約聖書の預言者アブラハムを共通の祖とするユダヤ教、キリスト教、イスラム教の総称。
2. 一神教はアブラハムの宗教のほかに以下のようなものがある。シク教、ゾロアスター教、ヤズディ教、ドゥルーズ派、マンダ教、バハイ教、ラスタファリ運動、古代中国の上帝信仰。ナミビアのヒンバ族、ナイジェリアのイボ族、アフリカ北東部のクシ語系諸族も一神教を信仰する。
3. 仏教の二大宗派のひとつである大乗仏教では、菩薩とは悟りを開いて仏になる最終段階まで到達していながら、人間にかぎらず悟りのために苦心する衆生を助けるために、あえて先に進まないでいる者を指す。
4. アダム派の儀式ではかがり火のまわりを裸で踊っていたという――この儀式は19世紀に魔女の集会でよみがえった。アダム派は2世紀から4世紀まで200年近く続き、中世ヨーロッパに出現した多くの教派がそのやりかたを踏襲した。たとえば15世紀のボヘミアを拠点としたタボル派、さらにオランダの自由心霊兄弟団は、堕落する前のアダムとイヴの無垢な状態に戻ることが救済につながると信じて、人前でも全裸でいることを提唱した。
5. この教派は1740年代に誕生し、1940年代まで続いていた。ただし去勢の慣習は1900年ごろにすたれたようである。
6. 二元論を構成する要素はそれ以前の哲学にも見られたが、この概念は17世紀フランスの哲学者ルネ・デカルトと結びつけられることが多く、そのため一般に「デカルト二元論」と呼ばれている。
7. 自分自身の心のほかには何も存在しないという哲学的な考えかた。

第1章　宗教をどう研究するか

1. John Dulin（2020）

Faber.
Suvilehto, Juulia, Glerean, E., Dunbar, Robin, Hari, R. & Nummenmaa, L. (2015). 'Topography of social touching depends on emotional bonds between humans'. *Proceedings of the National Academy of Sciences*, USA, 112: 13811–16.
Suvilehto, Juulia, Nummenmaa, L., Harada, T., Dunbar, Robin, et al. (2019). 'Cross-cultural similarity in relationship-specific social touching'. *Proceedings of the Royal Society* 286B: 20190467.
Turner, Guinevere (2019). 'My childhood in a cult'. *New Yorker*, 6 May 2019. https://www.newyorker.com/magazine/2019/05/06/my-childhood-in-a-cult

第10章　対立と分裂

Cavalli-Sforza, Luca & Feldman, Marcus (1981). *Cultural Transmission and Evolution: A Quantitative Approach*. Princeton, NJ: Princeton University Press.
Dunbar, Robin (2020). *Evolution: What Everyone Needs To Know*. New York: Oxford University Press.
Kisala, Robert (2009). 'Schisms in Japanese new religious movements' in James R. Lewis & Sarah M. Lewis (eds.) *Sacred Schisms: How Religions Divide*, pp. 83–105. Cambridge: Cambridge University Press.
Lewis, James R. & Lewis, Sarah M. (eds.) (2009). *Sacred Schisms: How Religions Divide*. Cambridge: Cambridge University Press.
Pearce, E. & Bridge, H. (2013). 'Is orbital volume associated with eyeball and visual cortex volume in humans?' *Annals of Human Biology* 40: 531–40.
Pearce, E. & Dunbar, Robin (2012). 'Latitudinal variation in light levels drives human visual system size'. *Biology Letters* 8: 90–93.
Pearce, E., Stringer, C. & Dunbar, Robin (2013). 'New insights into differences in brain organisation between Neanderthals and anatomically modern humans'. *Proceedings of the Royal Society* 280B: 1471–81.
Smith, Andrew (1992). 'Origins and spread of pastoralism in Africa'. *Annual Review of Anthropology* 21: 125–41.

Press.
Newport, Kenneth G. C. (2006). *The Branch Davidians of Waco: The History and Beliefs of an Apocalyptic Sect*. Oxford: Oxford University Press.
Palchykov, V., Kaski, K., Kertész, J., Barabási, A.-L. & Dunbar, Robin (2012). 'Sex differences in intimate relationships'. *Scientific Reports* 2: 320.
Panacea Charitable Trust and Museum (2021). 'From Mabel Barltrop to Octavia'. https://web.archive.org/web/20170130010424/http://panaceatrust.org/history-of-the-panacea-society/octavia/
Partridge, Christopher (2009). 'Schism in Babylon: colonialism, Afro-Christianity and Rastafari' in James R. Lewis & Sarah M. Lewis (eds.) *Sacred Schisms: How Religions Divide*, pp. 306–31. Cambridge: Cambridge University Press.
Peters, Emmanuelle, Day, S., McKenna, J. & Orbach, G. (1999). 'Delusional ideation in religious and psychotic populations'. *British Journal of Clinical Psychology* 38: 83–96.
Pew Research Center (2013). 'The gender gap in religion around the world'. https://www.pewforum.org/2016/03/22/the-gender-gap-in-religion-around-the-world/
Prince, R. (1982). 'Shamans and endorphins: hypotheses for a synthesis'. *Ethos* 10: 409–23.
Saroglou, Vassilis (2002). 'Religion and the five factors of personality: a meta-analytic review'. *Personality and Individual Differences* 32: 15–25.
Shaw, Jane (2011). *Octavia, Daughter of God: The Story of a Female Messiah and her Followers.* London: Jonathan Cape.
Singh, Manvir (2018). 'The cultural evolution of shamanism'. *Behavioral and Brain Sciences* 41: E66.
Srinivas, Tulasi (2010). *Winged Faith: Rethinking Globalization and Religious Pluralism Through the Sathya Sai Movement*. New York: Columbia University Press.
Sternberg, Robert J. (1986). 'A triangular theory of love'. *Psychological Review* 93: 119–35.
Sumption, Jonathan (2011). *The Albigensian Crusade.* London: Faber and

David Shankland (ed.) *Dunbar's Number*, pp. 137–54. Royal Anthropological Institute Occasional Papers No. 45. Canon Pyon: Kingston Publishing.

Dunbar, Robin (1991). 'Sociobiological theory and the Cheyenne case'. *Current Anthropology* 32: 169–73.

Dunbar, Robin (2012). *The Science of Love and Betrayal*. London: Faber and Faber.

Dunbar, Robin (2018). 'The anatomy of friendship'. *Trends in Cognitive Sciences* 22: 32–51.

Dunbar, Robin (2020). 'Structure and function in human and primate social networks: implications for diffusion, network stability and health'. *Proceedings of the Royal Society* 476A: 20200446.

Dunbar, Robin (2021). *Friends: Understanding the Power of our Most Important Relationships*. London: Little Brown.（ロビン・ダンバー『なぜ私たちは友だちをつくるのか――進化心理学から考える人類にとって一番重要な関係』吉嶺英美訳、青土社、2021年）

Katz, Richard (1982). 'Accepting "Boiling Energy": the experience of !Kia-healing among the !Kung'. *Ethos* 10: 344–68.

Kisala, Robert (2009). 'Schisms in Japanese new religious movements' in James R. Lewis & Sarah M. Lewis (eds.) *Sacred Schisms: How Religions Divide*, pp. 83–105. Cambridge: Cambridge University Press.

Lockhart, Alastair (2019). *Personal Religion and Spiritual Healing: The Panacea Society in the Twentieth Century*. Albany, NY: State University of New York Press.

Lockhart, Alastair (2020). 'New religious movements and quasireligion: cognitive science of religion at the margins'. *Archive for the Psychology of Religion* 42: 101–22.

Lucia, Amanda (2018). 'Guru sex: charisma, proxemic desire, and the haptic logics of the guru-disciple relationship'. *Journal of the American Academy of Religion* 86: 953–88.

McNamara, Patrick (2009). *The Neuroscience of Religious Experience*. Cambridge: Cambridge University Press.

Miller, Timothy (ed.). (1991). *When Prophets Die: The Postcharismatic Fate of New Religious Movements*. Albany, NY: State University of New York

Willey, P. (2016). *Prehistoric Warfare on the Great Plains: Skeletal Analysis of the Crow Creek Massacre Victims*. London: Routledge.

Wrangham, Richard, Wilson, M. L. & Muller, M. N. (2006). 'Comparative rates of violence in chimpanzees and humans'. *Primates* 47(1): 14–26.

Zerjal, T., Xue, Y., Bertorelle, G., Wells, R. S., et al. (2003). 'The genetic legacy of the Mongols'. *American Journal of Human Genetics* 72: 717–21.

第9章　カルト、セクト、カリスマ

Aron, Arthur, Aron, Elaine N. & Smollan, Danny (1992). 'Inclusion of Other in the Self Scale and the structure of interpersonal closeness'. *Journal of Personality and Social Psychology* 63: 596–612.

Bryant, J. M. (2009). 'Persecution and schismogenesis: how a penitential crisis over mass apostacy facilitated the triumph of Catholic Christianity in the Roman Empire' in James R. Lewis & Sarah M. Lewis (eds.) *Sacred Schisms: How Religions Divide*, pp. 147–68. Cambridge: Cambridge University Press.

Chidester, David (1991). *Salvation and Suicide: Jim Jones, the Peoples Temple, and Jonestown*. Bloomington, IN: Indiana University Press.

*Cohn, Norman (1970). *The Pursuit of the Millennium: Revolutionary Millenarians and Mystical Anarchists of the Middle Ages*. Oxford: Oxford University Press.（ノーマン・コーン『千年王国の追求』江河徹訳、紀伊國屋書店、2008年）

Dávid-Barrett, Tamás & Dunbar, Robin (2014). 'Social elites emerge naturally in an agent-based framework when interaction patterns are constrained'. *Behavioral Ecology* 25: 58–68.

Dávid-Barrett, Tamás, Rotkirch, A., Carney, J., Behncke Izquierdo, I., et al. (2015). 'Women favour dyadic relationships, but men prefer clubs'. *PLoS One* 10: e0118329.

Davis, W. (2000). 'Heaven's Gate: A study of religious obedience'. *Nova Religio* 3: 241–67.

Dawson, Lorne L. (ed.) (2006). *Cults and New Religious Movements*. Oxford: Blackwell Publishing.

Dien, Simon (2019). 'Schizophrenia, evolution and selftranscendence' in

Oliver, Douglas L. (1955). *Solomon Island Society: Kinship and Leadership among the Siuai of Bougainville*. Cambridge, MA: Harvard University Press.

Roser, Max (2013). 'Ethnographic and archaeological evidence on violent deaths'. https://ourworldindata.org/ethnographic-andarchaeological-evidence-on-violent-deaths#share-of-violentdeaths-in-prehistoric-archeological-state-and-non-state-societies

Thomas, Elizabeth Marshall (2007). *The Old Way: A Story of the First People*. London: Picador.

Thomas, Mark, Stumpf, M. P. & Härke, H. (2006). 'Evidence for an apartheid-like social structure in early Anglo-Saxon England'. *Proceedings of the Royal Society* 273B: 2651–7.

Wade, James (2019). 'Ego-centred networks, community size and cohesion: Dunbar's Number and a Mandara Mountains conundrum' in David Shankland (ed.), *Dunbar's Number*, pp. 105–24. Royal Anthropological Institute Occasional Papers No. 45. Canon Pyon: Kingston Publishing.

Wahl, J., & Trautmann, I. (2012). 'The Neolithic massacre at Talheim: a pivotal find in conflict archaeology' in Rick J. Schulting & Linda Fibiger (eds.) *Sticks, Stones, and Broken Bones: Neolithic Violence in a European Perspective*, pp. 77–100. Oxford: Oxford University Press.

Walker, R. S. & Bailey, D. H. (2013). 'Body counts in lowland South American violence'. *Evolution and Human Behavior* 34: 29–34.

Watts, Joseph, Greenhill, S. J., Atkinson, Q. D., Currie, T. E., et al. (2015). 'Broad supernatural punishment but not moralizing high gods precede the evolution of political complexity in Austronesia'. *Proceedings of the Royal Society* 282B: 20142556.

Watts, Joseph, Sheehan, O., Atkinson, Q. D., Bulbulia, J. & Gray, R. D. (2016). 'Ritual human sacrifice promoted and sustained the evolution of stratified societies'. *Nature* 532: 228–31.

Whitehouse, Harvey, Francois, P., Savage, P. E., Currie, T. E., et al. (2021). 'Big Gods did not drive the rise of big societies throughout world history'. https://doi.org/10.31219/osf.io/mbnvg.

Wiessner, Polly (2005). 'Norm enforcement among the Ju/'hoansi Bushmen'. *Human Nature* 16: 115–45.

Katz, Richard (1982). 'Accepting "Boiling Energy": the experience of !Kia-healing among the !Kung'. *Ethos* 10: 344–68.

Knauft, Bruce (1987). 'Reconsidering violence in simple human societies: homicide among the Gebusi of New Guinea'. *Current Anthropology* 28: 457–500.

Lehmann, J., Lee, P. & Dunbar, Robin (2014). 'Unravelling the evolutionary function of communities' in Robin Dunbar, Clive Gamble & J. A. J. Gowlett (eds.) *Lucy to Language: The Benchmark Papers*, pp. 245–76. Oxford: Oxford University Press.

Liebmann, Matthew, Ferguson, T. & Preucel, Robert (2005). 'Pueblo settlement, architecture, and social change in the Pueblo Revolt era, AD 1680 to 1696'. *Journal of Field Archaeology* 30: 45–60.

MacEachern, Scott (2011). 'Enslavement and everyday life: living with slave raiding in the north-eastern Mandara Mountains of Cameroon' in Paul Lane & Kevin C. MacDonald (eds.), *Slavery in Africa: Archaeology and Memory*, pp. 109–24. London: Taylor and Francis.

Meador, Betty De Shong (2000). *Inanna, Lady of Largest Heart: Poems of the Sumerian High Priestess Enheduanna*. Austin, TX: University of Texas Press.

Meyer, C., Lohr, C., Gronenborn, D. & Alt, K. W. (2015). 'The massacre mass grave of Schöneck-Kilianstädten reveals new insights into collective violence in Early Neolithic Central Europe'. *Proceedings of the National Academy of Sciences*, USA, 112: 11217–22.

van Neer, W., Alhaique, F., Wouters, W., Dierickx, K., et al. (2020). 'Aquatic fauna from the Takarkori rock shelter reveals the Holocene central Saharan climate and palaeohydrography'. *PLoS One* 15(2): e0228588.

Nelson, Margaret & Schachner, Gregson (2002). 'Understanding abandonments in the North American southwest'. *Journal of Archaeological Research* 10: 167–206.

Nettle, Daniel (1998). 'Explaining global patterns of language diversity'. *Journal of Anthropological Archaeology* 17: 354–74.

Neuberg, Steven, Warner, C. M., Mistler, S. A., Berlin, A., et al. (2014). 'Religion and intergroup conflict: findings from the global group relations project'. *Psychological Science* 25: 198–206.

[forthcoming]
Dunbar, Robin & MacCarron, P. (2019). 'Group size as a trade-off between fertility and predation risk: implications for social evolution'. *Journal of Zoology* 308: 9–15.
Dunbar, Robin & Shultz, S. (2021). 'The infertility trap: the costs of group-living and mammalian social evolution'. *Frontiers in Ecology and Evolution*.
Dunbar, Robin, MacCarron, P. & Robertson, C. (2018). 'Tradeoff between fertility and predation risk drives a geometric sequence in the pattern of group sizes in baboons'. *Biology Letters* 14: 20170700.
Dunbar, Robin, MacCarron, P. & Shultz, S. (2018). 'Primate social group sizes exhibit a regular scaling pattern with natural attractors'. *Biology Letters* 14: 20170490.
Fausto, Carlos (2012). *Warfare and Shamanism in Amazonia*. Cambridge: Cambridge University Press.
Fincher, Corrie & Thornhill, Randy (2008). 'Assortative sociality, limited dispersal, infectious disease and the genesis of the global pattern of religion diversity'. *Proceedings of the Royal Society* 27B: 2587–94.
Fincher, Corrie & Thornhill, Randy (2012). 'Parasite-stress promotes in-group assortative sociality: the cases of strong family ties and heightened religiosity'. *Behavioral and Brain Sciences* 35: 61–79.
Fincher, Corrie, Thornhill, Randy, Murray, D. R. & Schaller, M. (2008). 'Pathogen prevalence predicts human cross-cultural variability in individualism/collectivism'. *Proceedings of the Royal Society* 275B: 1279–85.
Håkanson, L. & Boulion, V. V. (2001). 'A practical approach to predict the duration of the growing season for European lakes'. *Ecological Modelling* 140: 235–45.
*Johnson, Allen & Earle, Timothy (2001). *The Evolution of Human Societies: From Foraging Group to Agrarian State*. 2nd edition. Palo Alto, CA: Stanford University Press.
Johnson, Dominic (2005). 'God's punishment and public goods: a test of the supernatural punishment hypothesis in 186 world cultures'. *Human Nature* 16: 410–46.

Bandy, Matthew (2004). 'Fissioning, scalar stress, and social evolution in early village societies'. *American Anthropologist* 106: 322–33.

Baumard, Nicholas, Hyafil, A., Morris, I. & Boyer, P. (2015). 'Increased affluence explains the emergence of ascetic wisdoms and moralizing religions'. *Current Biology* 25: 10–15.

Bonds, M. H., Dobson, A. P. and Keenan, D. C. (2012). 'Disease ecology, biodiversity, and the latitudinal gradient in income'. *PLoS Biology* 10(12): e1001456.

Bowles, Sam (2009). 'Did warfare among ancestral huntergatherers affect the evolution of human social behaviors?' *Science* 324: 1293–8.

Bowles, Sam (2011). 'Cultivation of cereals by the first farmers was not more productive than foraging'. *Proceedings of the National Academy of Sciences*, USA, 108: 4760–65.

Bradley, Kenneth (1943). *The Diary of a District Officer*. London: Harrap.

Chagnon, Napoleon & Bugos, Paul (1979). 'Kin selection and conflict: an analysis of a Yanomamö ax fight' in Napoleon Chagnon & William Irons (eds.) *Evolutionary Biology and Human Social Behavior*, pp. 213–38. London: Duxbury.

Daly, Martin & Wilson, Margo (1983). *Sex, Evolution, and Behavior*, 1st edition. Boston: Willard Grant Press.

Dietrich, Oliver & Dietrich, Laura (2019). 'Rituals and feasting as incentives for cooperative action at early Neolithic Göbekli Tepe' in Kimberley Hockings & Robin Dunbar (eds.) *Alcohol and Humans: A Long and Social Affair*, pp. 93–114. Oxford: Oxford University Press.

Dietrich, Oliver, Heun, M., Notroff, J., Schmidt, K. & Zarnkow, M. (2012). 'The role of cult and feasting in the emergence of Neolithic communities. New evidence from Göbekli Tepe, south-eastern Turkey'. *Antiquity* 86: 674–95.

Dunbar, Robin (2019). 'Fertility as a constraint on group size in African great apes'. *Biological Journal of the Linnean Society* 129: 1–13.

Dunbar, Robin (2020). 'Structure and function in human and primate social networks: implications for diffusion, network stability and health'. *Proceedings of the Royal Society* 476A: 20200446.

Dunbar, Robin (2021). 'Homicide rates and the transition to village life'.

humans'. *Proceedings of the Royal Society* 280B: 1471–81.

Pearce, E., Shuttleworth, A., Grove, M. J. & Layton, R. H. (2014). 'The costs of being a high-latitude hominin' in Robin Dunbar, Clive Gamble & J. A. J. Gowlett (eds.) *Lucy to Language: The Benchmark Papers*, pp. 356–79. Oxford: Oxford University Press.

Peoples, Hervey & Marlowe, Frank (2012). 'Subsistence and the evolution of religion'. *Human Nature* 23: 253–69.

Peoples, Hervey, Duda, Pavel & Marlowe, Frank (2016). 'Huntergatherers and the origins of religion'. *Human Nature* 27: 261–82.

*Pettitt, Paul (2013). *The Palaeolithic Origins of Human Burial*. London: Routledge.

Pomeroy, E., Bennett, P., Hunt, C. O., Reynolds, T., et al. (2020). 'New Neanderthal remains associated with the "flower burial" at Shanidar Cave'. *Antiquity* 94: 11–26.

Randolph-Quinney, P. S. (2015). 'A new star rising: biology and mortuary behaviour of *Homo naledi*'. *South African Journal of Science* 111: 1–4.

Rusch, Neil (2020). 'Controlled fermentation, honey, bees and alcohol: archaeological and ethnohistorical evidence from southern Africa'. *South African Humanities* 33: 1–31.

Turner, S. E., Fedigan, L. M., Matthews, H. D. & Nakamichi, M. (2014). 'Social consequences of disability in a nonhuman primate'. *Journal of Human Evolution* 68: 47–57.

第8章　新石器時代に起きた危機

Adler, M. A., & Wilshusen, R. H. (1990). 'Large-scale integrative facilities in tribal societies: cross-cultural and southwestern US examples'. *World Archaeology* 22: 133–46.

Alt, K. W., Rodríguez, C. T., Nicklisch, N., Roth, D., et al. (2020). 'A massacre of early Neolithic farmers in the high Pyrenees at Els Trocs, Spain'. *Scientific Reports* 10: 1–10.

Atkinson, Quentin, Gray, Russell, & Drummond, Alexei (2009). 'Bayesian coalescent inference of major human mitochondrial DNA haplogroup expansions in Africa'. *Proceedings of the Royal Society* 276B: 367–73.

Dunbar, Robin (2021). 'Homicide rates and the transition to village life'. [forthcoming].

Guerra-Doce, E. (2015). 'Psychoactive substances in prehistoric times: examining the archaeological evidence'. *Time and Mind* 8: 91–112.

Hockings, Kimberley & Dunbar, Robin (eds.) (2019). *Alcohol and Humans: A Long and Social Affair*. Oxford: Oxford University Press.

Huffman, Michael, Gotoh, S., Turner, L. A., Hamai, M. & Yoshida, K. (1997). 'Seasonal trends in intestinal nematode infection and medicinal plant use among chimpanzees in the Mahale Mountains, Tanzania'. *Primates* 38: 111–25.

Knauft, Bruce (1987). 'Reconsidering violence in simple human societies: homicide among the Gebusi of New Guinea'. *Current Anthropology* 28: 457–500.

*Lewis-Williams, David (2002). *A Cosmos in Stone: Interpreting Religion and Society Through Rock Art*. Rowman Altamira.

McGovern, Patrick (2019). 'Uncorking the past: alcoholic fermentation as humankind's first biotechnology' in Kimberley Hockings & Robin Dunbar (eds.) *Alcohol and Humans: A Long and Social Affair*, pp. 81–92. Oxford: Oxford University Press.

*Mithen, Stephen (2005). *The Singing Neanderthals: The Origins of Music, Language, Mind and Body*. Cambridge, MA: Harvard University Press. (スティーヴン・ミズン『歌うネアンデルタール——音楽と言語から見るヒトの進化』熊谷淳子訳、早川書房、2006年)

Moggi-Cecchi, J. & Collard, M. (2002). 'A fossil stapes from Sterkfontein, South Africa, and the hearing capabilities of early hominids'. *Journal of Human Evolution* 42: 259–65.

Oesch, Nathan & Dunbar, Robin (2017). 'The emergence of recursion in human language: mentalising predicts recursive syntax task performance'. *Journal of Neurolinguistics* 43: 95–106.

Pearce, E. & Bridge, H. (2013). 'Is orbital volume associated with eyeball and visual cortex volume in humans?' *Annals of Human Biology* 40: 531–40.

Pearce, E., Stringer, C. & Dunbar, R. (2013). 'New insights into differences in brain organisation between Neanderthals and anatomically modern

synchrony and action dynamics in large groups'. *Frontiers in Psychology* 7: 2034.

第7章　先史時代の宗教

Carney, James, Wlodarski, Rafael & Dunbar, Robin (2014). 'Inference or enaction? The influence of genre on the narrative processing of other minds'. *PLoS One* 9: e114172.

Conde-Valverde, M., Martínez, I., Quam, R. M., Bonmatí, A., et al. (2019). 'The cochlea of the Sima de los Huesos hominins (Sierra de Atapuerca, Spain): new insights into cochlear evolution in the genus Homo'. *Journal of Human Evolution* 136: 102641.

Devaine, Marie, San-Galli, A., Trapanese, C., Bardino, G., et al. (2017). 'Reading wild minds: a computational assay of Theory of Mind sophistication across seven primate species'. *PLoS Computational Biology* 13: e1005833.

Dietrich, Oliver, Heun, M., Notroff, J., Schmidt, K. & Zarnkow, M. (2012). 'The role of cult and feasting in the emergence of Neolithic communities. New evidence from Göbekli Tepe, south-eastern Turkey'. *Antiquity* 86: 674–95.

Dietrich, Oliver & Dietrich, Laura (2019). 'Rituals and feasting as incentives for cooperative action at early Neolithic Göbekli Tepe' in Kimberley Hockings & Robin Dunbar (eds.) *Alcohol and Humans: A Long and Social Affair*, pp. 93–114. Oxford: Oxford University Press.

Dunbar, Robin (2009). 'Why only humans have language' in Rudolph Botha & Chris Knight (eds.) *The Prehistory of Language*, pp. 12–35. Oxford: Oxford University Press.

*Dunbar, Robin (2014a). *Human Evolution*. London: Penguin and New York: Oxford University Press.（ロビン・ダンバー『人類進化の謎を解き明かす』鍛原多惠子訳、インターシフト、2016年）

Dunbar, Robin (2014b). 'Mind the gap: or why humans aren't just great apes' in Robin Dunbar, Clive Gamble & J. A. J. Gowlett (eds.) *Lucy to Language: The Benchmark Papers*, pp. 3–18. Oxford: Oxford University Press.

Human Nature 29: 418–41.

Lang, Martin, Bahna, V., Shaver, J. H., Reddish, P. & Xygalatas, D. (2017). 'Sync to link: Endorphin-mediated synchrony effects on cooperation'. *Biological Psychology* 127: 191–7.

Lawrie, Louisa, Jackson, M. C., & Phillips, L. H. (2019). 'Effects of induced sad mood on facial emotion perception in young and older adults'. *Aging, Neuropsychology, and Cognition* 26: 319–35.

Lewis, Z. & Sullivan, P. J. (2018). 'The effect of group size and synchrony on pain threshold changes'. *Small Group Research* 49: 723–38.

Mogan, R., Fischer, R. & Bulbulia, J. A. (2017). 'To be in synchrony or not? A meta-analysis of synchrony's effects on behavior, perception, cognition and affect'. *Journal of Experimental Social Psychology* 72: 13–20.

Neher, Andrew (1962). 'A physiological explanation of unusual behavior in ceremonies involving drums'. *Human Biology* 34: 151–60.

Price, Michael, & Launay, Jacques (2018). 'Increased wellbeing from social interaction in a secular congregation'. *Secularism and Nonreligion* 7: 1–9.

Reddish, Paul, Fischer, Ronald & Bulbulia, Joseph (2013). 'Let's dance together: synchrony, shared intentionality and cooperation'. *PloS One* 8: e71182.

Sosis, Rich & Alcorta, Candace (2003). 'Signaling, solidarity, and the sacred: the evolution of religious behavior'. *Evolutionary Anthropology* 12: 264–74.

Tarr, Bronwyn, Launay, Jacques, Cohen, Emma & Dunbar, Robin (2015). 'Synchrony and exertion during dance independently raise pain threshold and encourage social bonding'. *Biology Letters* 11: 20150767.

Tarr, Bronwyn, Launay, Jacques & Dunbar, Robin (2016). 'Silent disco: dancing in synchrony leads to elevated pain thresholds and social closeness'. *Evolution and Human Behavior* 37: 343–9.

Walter, V. J. & Grey Walter, W. (1949). 'The central effects of rhythmic sensory stimulation'. *EEG and Clinical Neurophysiology* 1: 57–86.

Wyczesany, Miroslaw, Ligeza, T., Tymorek, A. & Adamczyk, A. (2018). 'The influence of mood on visual perception of neutral material'. *Acta Neurobiologiae Experimentalis* 78(2): 163–72.

von Zimmermann, Jorina & Richardson, Daniel C. (2016). 'Verbal

bonding and affect'. *PLoS One* 16(1): e0242546.
Charles, Sarah, van Mulukom, Valerie, Saraswati, Ambikananda, Watts, Fraser, Dunbar, Robin & Farias, Miguel (2021). 'Bending and bonding: a 5-week study exploring social bonding during spiritual and secular yoga'. [forthcoming]
Cohen, Emma, Ejsmond-Frey, Robin, Knight, Nicola, & Dunbar, Robin (2010). 'Rowers' high: behavioural synchrony is correlated with elevated pain thresholds'. *Biology Letters* 6: 106–8.
Dávid-Barrett, Tamás, Rotkirch, Anna, Carney, James, Behncke Izquierdo, Isabel, et al. (2015). 'Women favour dyadic relationships, but men prefer clubs'. *PLoS One* 10: e0118329.
Dunbar, Robin (2021). *Friends: Understanding the Power of our Most Important Relationships*. London: Little Brown.（ロビン・ダンバー『なぜ私たちは友だちをつくるのか――進化心理学から考える人類にとって一番重要な関係』吉嶺英美訳、青土社、2021 年）
Dunbar, Robin, Kaskatis, K., MacDonald, I. & Barra, V. (2012). 'Performance of music elevates pain threshold and positive affect'. *Evolutionary Psychology* 10: 688–702.
Fischer, Ronald, Callander, Rohan, Reddish, Paul & Bulbulia, Joseph (2013). 'How do rituals affect cooperation? An experimental field study comparing nine ritual types'. *Human Nature* 24: 115–25.
Fischer, Ronald & Xygalatas, D. (2014). 'Extreme rituals as social technologies'. *Journal of Cognition and Culture* 14: 345–55.
Hobson, N. M., Schroeder, J., Risen, J. L., Xygalatas, D. & Inzlicht, M. (2018). 'The psychology of rituals: an integrative review and process-based framework'. *Personality and Social Psychology Review* 22: 260–84.
Hove, M. J. & Risen, J. L. (2009). 'It's all in the timing: interpersonal synchrony increases affiliation'. *Social Cognition* 27: 949–60.
Jackson, Joshua, Jong, J., Bilkey, D., Whitehouse, H., et al. (2018). 'Synchrony and physiological arousal increase cohesion and cooperation in large naturalistic groups'. *Scientific Reports* 8: 1–8.
Jilek, Wolfgang (1982). 'Altered states of consciousness in North American Indian ceremonials'. *Ethos* 10: 326–43.
Karl, J. A. & Fischer, R. (2018). 'Rituals, repetitiveness and cognitive load'.

Human Behavior and Physiology 3: 241–54.

Watts, J., Passmore, S., Rzymski, C. & Dunbar, Robin (2020). 'Text analysis shows conceptual overlap as well as domain-specific differences in Christian and secular worldviews'. *Cognition* 201: 104290.

Weinstein, Daniel, Launay, Jacques, Pearce, Eiluned, Dunbar, Robin & Stewart, Lauren (2014). 'Singing and social bonding: changes in connectivity and pain threshold as a function of group size'. *Evolution and Human Behavior* 37: 152–8.

Wlodarski, Rafael & Pearce, Ellie (2016). 'The God allusion: individual variation in agency detection, mentalizing and schizotypy and their association with religious beliefs and behavior'. *Human Nature* 27: 160–72.

第6章　儀式と同調

Bachorowski, J.-A. & Owren, M. J. (2001). 'Not all laughs are alike: voiced but not unvoiced laughter readily elicits positive affect'. *Psychological Science* 12, 252–7.

Bannan, Nicholas, Bamford, Joshua & Dunbar, Robin (2021). 'The evolution of gender dimorphism in the human voice: the role of octave equivalence'. *Current Anthropology* (in press).

Bastian, Brock, Jetten, Jolanda & Fasoli, Fabio (2011). 'Cleansing the soul by hurting the flesh: the guilt-reducing effect of pain'. *Psychological Science* 22: 334–5.

*Bellah, Robert (2011). *Religion in Human Evolution*. Cambridge, MA: Harvard University Press.

Burton, Chad & King, Laura (2004). 'The health benefits of writing about intensely positive experiences'. *Journal of Research in Personality* 38: 150–63.

Charles, Sarah, Farias, Miguel, van Mulukom, Valerie, Saraswati, Ambikananda, et al. (2020a). 'Blocking mu-opioid receptors inhibits social bonding in rituals'. *Biology Letters* 16: 20200485.

Charles, Sarah, van Mulukom, Valerie, Brown, Jennifer, Watts, Fraser, et al. (2020b). 'United on Sunday: the effects of secular rituals on social

Prefrontal Cortex: Anatomy, Evolution, and the Origin of Insight. Oxford: Oxford University Press.

Pearce, Eiluned, Launay, Jacques & Dunbar, Robin (2015). 'The ice-breaker effect: singing mediates fast social bonding'. *Royal Society Open Science* 2: 150221.

Pearce, Ellie, Machin, Anna & Dunbar, Robin (2021). 'Sex differences in intimacy levels in best friendships and romantic partnerships'. *Adaptative Human Behavior and Physiology* 7: 1–16.

Powell, Joanne, Lewis, Penny, Dunbar, Robin, García-Fiñana, Marcia, & Roberts, Neil. (2010). 'Orbital prefrontal cortex volume correlates with social cognitive competence'. *Neuropsychologia* 48: 3554–62.

Powell, Joanne, Lewis, Penny, Roberts, Neil, García-Fiñana, Marcia & Dunbar, Robin (2012). 'Orbital prefrontal cortex volume predicts social network size: an imaging study of individual differences in humans'. *Proceedings of the Royal Society* 279B: 2157–62.

Roberts, Sam & Dunbar, Robin (2015). 'Managing relationship decay: network, gender, and contextual effects'. *Human Nature* 26: 426–50.

Stiller, James & Dunbar, Robin (2007). 'Perspective-taking and memory capacity predict social network size'. *Social Networks* 29: 93–104.

Sutcliffe, Alistair, Dunbar, Robin, Binder, Jens & Arrow, Holly (2012). 'Relationships and the social brain: integrating psychological and evolutionary perspectives'. *British Journal of Psychology* 103: 149–68.

Suvilehto, Juulia, Glerean, Enrico, Dunbar, Robin, Hari, Riitta & Nummenmaa, Lauri (2015). 'Topography of social touching depends on emotional bonds between humans'. *Proceedings of the National Academy of Sciences*, USA, 112: 13811–16.

Suvilehto, Juulia, Nummenmaa, Lauri, Harada, Tokiko, Dunbar, Robin, et al. (2019). 'Cross-cultural similarity in relationship-specific social touching'. *Proceedings of the Royal Society* 286B: 20190467.

Tarr, Bronwyn, Launay, Jacques & Dunbar, Robin (2014). 'Silent disco: dancing in synchrony leads to elevated pain thresholds and social closeness'. *Evolution and Human Behavior* 37: 343–9.

Tarr, Bronwyn, Launay, Jacques & Dunbar, Robin (2017). 'Naltrexone blocks endorphins released when dancing in synchrony'. *Adaptive*

Cambridge: Cambridge University Press.
McPherson, M., Smith-Lovin, L. & Cook, J. M. (2001). 'Birds of a feather: homophily in social networks'. *Annual Review of Sociology* 27: 415–44.
Mandler, R. N., Biddison, W. E., Mandler, R. A. Y. A. & Serrate, S. A. (1986). 'ß-endorphin augments the cytolytic activity and interferon production of natural killer cells'. *Journal of Immunology* 136: 934–9.
Manninen, S., Tuominen, L., Dunbar, Robin, Karjalainen, T., et al. (2017). 'Social laughter triggers endogenous opioid release in humans'. *Journal of Neuroscience* 37: 6125–31.
Masters, Alexander (2006). *Stuart: A Life Backwards*. New York: Delacorte Press.（アレクサンダー・マスターズ『崩壊ホームレス――ある崖っぷちの人生』清野栄一訳、河出書房新社、2008年）
Mathews, P. M., Froelich, C. J., Sibbitt, W. L. & Bankhurst, A. D. (1983). 'Enhancement of natural cytotoxicity by beta-endorphin'. *Journal of Immunology* 130: 1658–62.
Newberg, Andrew, d'Aquili, Eugene & Rause, Vince (2001). *Why God Won't Go Away*. New York: Ballantine Books.（アンドリュー・ニューバーグほか『脳はいかにして〈神〉を見るか――宗教体験のブレイン・サイエンス』茂木健一郎 監訳、木村俊雄訳、PHP研究所、2003年）
Norenzayan, Ara, Gervais, Will M. & Trzesniewski, Kali (2012). 'Mentalizing deficits constrain belief in a personal God'. *PloS One* 7: e36880.
Nummenmaa, Lauri, Tuominen, L., Dunbar, Robin, Hirvonen, J., et al. (2016). 'Reinforcing social bonds by touching modulates endogenous μ-opioid system activity in humans'. *NeuroImage* 138: 242–7.
Oesch, Nathan & Dunbar, Robin (2017). 'The emergence of recursion in human language: mentalising predicts recursive syntax task performance'. *Journal of Neurolinguistics* 43: 95–106.
Olausson, H., Wessberg, J., Morrison, I., McGlone, F. & Vallbo, A. (2010). 'The neurophysiology of unmyelinated tactile afferents'. *Neuroscience and Biobehavioral Reviews* 34: 185–91.
van Overwalle, F. (2009). 'Social cognition and the brain: a metaanalysis'. *Human Brain Mapping* 30: 829–58.
Passingham, Richard E., & Wise, Steven P. (2012). *The Neurobiology of the*

(2016). 'Emotional arousal when watching drama increases pain threshold and social bonding'. *Royal Society Open Science* 3: 160288.
Ferguson, Michael A., Nielsen, Jared A., King, Jace, Dai, Li, et al. (2018). 'Reward, salience, and attentional networks are activated by religious experience in devout Mormons'. *Social Neuroscience* 13: 104–16.
Gursul, D., Goksan, S., Hartley, C., Mellado, G. S., et al. (2018). 'Stroking modulates noxious-evoked brain activity in human infants'. *Current Biology* 28: R1380–81.
Hall, J. A. (2019). 'How many hours does it take to make a friend?' *Journal of Social and Personal Relationships* 36: 1278–96.
Hove, M. J. & Risen, J. L. (2009). 'It's all in the timing: interpersonal synchrony increases affiliation'. *Social Cognition* 27: 949–60.
Keverne, E. B., Martensz, N. & Tuite, B. (1989). 'Beta-endorphin concentrations in cerebrospinal fluid of monkeys are influenced by grooming relationships'. *Psychoneuroendocrinology* 14: 155–61.
Krems, Jaimie, Neuberg, Steven, & Dunbar, Robin (2016). 'Something to talk about: are conversation sizes constrained by mental modeling abilities?' *Evolution and Human Behavior* 37: 423–8.
Launay, Jacques & Dunbar, Robin (2015). 'Does implied community size predict likeability of a similar stranger?' *Evolution and Human Behavior* 36: 32–7.
Launay, Jacques & Dunbar, Robin (2016). 'Playing with strangers: which shared traits attract us most to new people?' *PLoS One* 10: e0129688.
Lehmann, J., Korstjens, A. & Dunbar, Robin (2007). 'Group size, grooming and social cohesion in primates'. *Animal Behaviour* 74: 1617–29.
Lewis, P. A., Rezaie, R., Browne, R., Roberts, N. & Dunbar, Robin (2011). 'Ventromedial prefrontal volume predicts understanding of others and social network size'. *NeuroImage* 57: 1624–9.
Lewis, Penny, Birch, Amy, Hall, Alexander, & Dunbar, Robin (2017). 'Higher order intentionality tasks are cognitively more demanding'. *Social Cognitive and Affective Neuroscience* 12: 1063–71.
Machin, Anna & Dunbar, Robin (2011). 'The brain opioid theory of social attachment: a review of the evidence'. *Behaviour* 148: 985–1025.
*McNamara, Patrick (2009). *The Neuroscience of Religious Experience*.

the Extreme Male Brain. London: Penguin.（サイモン・バロン＝コーエン『共感する女脳、システム化する男脳』三宅真砂子訳、NHK 出版、2005 年）
Bartels, Andreas & Zeki, Samir (2000). 'The neural basis of romantic love'. *NeuroReport* 11: 3829–34.
Carney, James, Wlodarski, Rafael & Dunbar, Robin (2014). 'Inference or enaction? The influence of genre on the narrative processing of other minds'. *PLoS One* 9: e114172.
Carrington, S. J. & Bailey, A. J. (2009). 'Are there theory of mind regions in the brain? A review of the neuroimaging literature'. *Human Brain Mapping* 30: 2313–35.
Dávid-Barrett, Tamás, Rotkirch, Anna, Carney, James, Behncke Izquierdo, Isabel, et al. (2015). 'Women favour dyadic relationships, but men prefer clubs'. *PLoS One* 10: e0118329.
*Dennett, Daniel (1978). 'Beliefs about beliefs'. *Behavioral and Brain Sciences* 1: 568–70.
Dezecache, Guillaume & Dunbar, Robin (2012). 'Sharing the joke: the size of natural laughter groups'. *Evolution and Human Behavior* 33: 775–9.
Dunbar, Robin (2012). *The Science of Love and Betrayal*. London: Faber and Faber.
Dunbar, Robin (2017). 'Breaking bread: the functions of social eating'. *Adaptive Human Behavior and Physiology* 3: 198–211.
Dunbar, Robin (2018). 'The anatomy of friendship'. *Trends in Cognitive Sciences* 22: 32–51.
Dunbar, Robin (2020). 'Structure and function in human and primate social networks: implications for diffusion, network stability and health'. *Proceedings of the Royal Society* 476A: 20200446.
*Dunbar, Robin (2021). *Friends: Understanding the Power of our Most Important Relationships*. London: Little Brown.（ロビン・ダンバー『なぜ私たちは友だちをつくるのか——進化心理学から考える人類にとって一番重要な関係』吉嶺英美訳、青土社、2021 年）
Dunbar, Robin, Baron, Rebecca, Frangou, Anna, Pearce, Eiluned, et al. (2012). 'Social laughter is correlated with an elevated pain threshold'. *Proceedings of the Royal Society 279B,* 1161–7.
Dunbar, Robin, Teasdale, Ben, Thompson, Jackie, Budelmann, Felix, et al.

Roberts, Sam & Dunbar, Robin (2015). 'Managing relationship decay: network, gender, and contextual effects'. *Human Nature* 26: 426–50.
Rothauge, Arlin J. (1982). *Sizing Up a Congregation for New Member Ministry*. Congregational Development Services.
Snyder, Howard (2017). 'The church and Dunbar's number'. https://www.seedbed.com/the-church-and-dunbarsnumber/
Stonebraker, Robert (1993). 'Optimal church size: the bigger the better?' *Journal for the Scientific Study of Religion* 32: 231–41.
Stroope, Samuel & Baker, Joseph (2014). 'Structural and cultural sources of community in American congregations'. *Social Science Research* 45: 1–17.
Sutcliffe, Alistair, Dunbar, Robin, Binder, Jens & Arrow, Holly (2012). 'Relationships and the social brain: integrating psychological and evolutionary perspectives'. *British Journal of Psychology* 103: 149–68.
Wasdell, David (1974). 'Let my people grow' (Work Paper 1). London: Urban Church Project.
Webber, Emily & Dunbar, Robin (2020). 'The fractal structure of communities of practice: implications for business organization'. *PLoS One* 15: e0232204.
Wicker, Allan W. (1969). 'Size of church membership and members' support of church behavior settings'. *Journal of Personality and Social Psychology* 13: 278–88.
Wicker, Allan W., & Mehler, Anne (1971). 'Assimilation of new members in a large and a small church'. *Journal of Applied Psychology* 55: 151–6.
Zhou, Wei-Xing, Sornette, D., Hill, R. A. & Dunbar, Robin (2005). 'Discrete hierarchical organization of social group sizes'. *Proceedings of the Royal Society* 272B: 439–44.

第5章　社会的な脳と宗教的な心

Azari, Nina & Slors, Marc (2007). 'From brain imaging religious experience to explaining religion: a critique'. *Archive for the Psychology of Religion* 29: 67–85.
Baron-Cohen, Simon (2003). *The Essential Difference: Men, Women and*

resource stress'. *Journal for the Scientific Study of Religion* 26: 81–91.

Hill, Russell, Bentley, Alex & Dunbar, Robin (2008). 'Network scaling reveals consistent fractal pattern in hierarchical mammalian societies'. *Biology Letters* 4: 748–51.

Kanai, R., Bahrami, B., Roylance, R. & Rees, G. (2012). 'Online social network size is reflected in human brain structure'. *Proceedings of the Royal Society* 279B: 1327–34.

Kwak, S., Joo, W. T., Youm, Y. & Chey, J. (2018). 'Social brain volume is associated with in-degree social network size among older adults'. *Proceedings of the Royal Society* 285B: 20172708.

Lehmann, Julia, Lee, Phyllis, & Dunbar, Robin (2014). 'Unravelling the evolutionary function of communities' in Robin Dunbar, Clive Gamble & John Gowlett (eds.), *Lucy to Language: The Benchmark Papers*, pp. 245–76. Oxford: Oxford University Press.

Lewis, Penny, Birch, Amy, Hall, Alexander, & Dunbar, Robin (2017). 'Higher order intentionality tasks are cognitively more demanding'. *Social, Cognitive and Affective Neuroscience* 12: 1063–71.

Lohfink, Gerhard (1999). *Does God Need the Church? Toward a Theology of the People of God*. Wilmington, DE: Michael Glazier.

Luhrmann, T. M. (2020). 'Thinking about thinking: the mind's porosity and the presence of the gods'. *Journal of the Royal Anthropological Institute* 26: 148–62.

McClure, Jennifer (2015). 'The cost of being lost in the crowd: how congregational size and social networks shape attenders' involvement in community organizations'. *Review of Religious Research* 57: 269–86.

Mann, Alice (1998). *The In-Between Church: Navigating Size Transitions in Congregations*. Durham, NC: Alban Institute.

Murray, John (1995). 'Human capital in religious communes: literacy and selection of nineteenth century Shakers'. *Explorations in Economic History* 32: 217–35.

Powell, Joanne, Lewis, Penny, Roberts, Neil, García-Fiñana, Marcia, & Dunbar, Robin (2012). 'Orbital prefrontal cortex volume predicts social network size: an imaging study of individual differences in humans'. *Proceedings of the Royal Society* 279B: 2157–62.

church growth'. *Archive for the Psychology of Religion* 42: 63–76.

Curry, Oliver, Roberts, Sam & Dunbar, Robin (2013). 'Altruism in social networks: evidence for a "kinship premium"'. *British Journal of Psychology* 104: 283–95

Dunbar, Robin (1995). 'On the evolution of language and kinship' in J. Steele & S. Shennan (eds.) *The Archaeology of Human Ancestry: Power, Sex and Tradition*, pp. 380–96. London: Routledge.

Dunbar, Robin (1998). 'The social brain hypothesis'. *Evolutionary Anthropology* 6: 178–90.

Dunbar, Robin (2014a). *Human Evolution*. London: Penguin and New York: Oxford University Press.（ロビン・ダンバー『人類進化の謎を解き明かす』鍛原多惠子訳、インターシフト、2016年）

Dunbar, Robin (2018). 'The anatomy of friendship'. *Trends in Cognitive Sciences* 22: 32–51.

Dunbar, Robin (2019). 'Feasting and its role in human community formation' in Kimberley Hockings & Robin Dunbar (eds.) *Alcohol and Humans: A Long and Social Affair*, pp. 163–77. Oxford: Oxford University Press.

Dunbar, Robin (2020). 'Structure and function in human and primate social networks: implications for diffusion, network stability and health'. *Proceedings of the Royal Society* 476A: 20200446.

*Dunbar, Robin (2021). *Friends: Understanding the Power of Our Most Important Relationships*. London: Little Brown.（ロビン・ダンバー『なぜ私たちは友だちをつくるのか――進化心理学から考える人類にとって一番重要な関係』吉嶺英美訳、青土社、2021年）

Dunbar, Robin & Shultz, Susanne (2017). 'Why are there so many explanations for primate brain evolution?' *Philosophical Transactions of the Royal Society* 244B: 201602244.

Dunbar, Robin & Sosis, Rich (2018). 'Optimising human community sizes'. *Evolution and Human Behavior* 39: 106–11.

Hamilton, Marcus, Milne, B. T., Walker, R. S., Burger, O. & Brown, J. H. (2007). 'The complex structure of huntergatherer social networks'. *Proceedings of the Royal Society* 274B: 2195–2202.

Hayden, B. (1987). 'Alliances and ritual ecstasy: human responses to

sacred: the evolution of religious behavior'. *Evolutionary Anthropology* 12: 264–74.

Sosis, Rich & Ruffle, Bradley (2003). 'Religious ritual and cooperation: testing for a relationship on Israeli religious and secular kibbutzim'. *Current Anthropology* 44: 713–22.

Tan, Jonathan & Vogel, Claudia (2008). 'Religion and trust: an experimental study'. *Journal of Economic Psychology* 29: 832–48.

Turner, Victor (1995). *The Ritual Process*. Chicago: Aldine de Gruyter. （ヴィクター・W・ターナー『儀礼の過程』冨倉光雄訳、ちくま学芸文庫、2020年）

Voland, E. (1988). 'Differential infant and child mortality in evolutionary perspective: data from 17th to 19th century Ostfriesland (Germany)' in L. Betzig, M. Borgerhoff-Mulder & P. W. Turke (eds.) *Human Reproductive Behaviour*, pp. 253–62. Cambridge: Cambridge University Press.

Voland, E., Dunbar, Robin, Engel, C. & Stephan, P. (1997). 'Population increase and sex-biased parental investment in humans: evidence from 18th-and 19th-century Germany'. *Current Anthropology* 38: 129–35.

Watts, Joseph, Sheehan, O., Atkinson, Q. D., Bulbulia, J. & Gray, R. D. (2016). 'Ritual human sacrifice promoted and sustained the evolution of stratified societies'. *Nature* 532: 228–31.

Webber, Emily & Dunbar, Robin (2020). 'The fractal structure of communities of practice: implications for business organization'. *PLoS One* 15: e0232204.

Williams, David & Sternthal, Michelle (2007). 'Spirituality, religion and health: evidence and research directions'. *Medical Journal of Australia* 186: S47–50.

Winkelman, Michael (2013). 'Shamanism in cross-cultural perspective'. *International Journal of Transpersonal Studies* 31: 47–62.

第4章　共同体と信者集団

Bretherton, Roger & Dunbar, Robin (2020). 'Dunbar's number goes to church: the social brain hypothesis as a third strand in the study of *and Health: Psychoneuroimmunology and the Faith Factor*. Oxford: Oxford University Press.

Lang, Martin, Purzycki, B. G., Apicella, C. L., Atkinson, Q. D., et al. (2019). 'Moralizing gods, impartiality and religious parochialism across 15 societies'. *Proceedings of the Royal Society* 286B: 20190202.

Le Beau, Bryan (2016). *The Story of the Salem Witch Trials*. London: Routledge.

McCullough, Michael, Hoyt, William, Larson, David, Koenig, Harold & Thoresen, Carl (2000). 'Religious involvement and mortality: a meta-analytic review'. *Health Psychology* 19: 211–22.

Madsen, Elaine, Tunney, R., Fieldman, G., Plotkin, H., Dunbar, Robin, et al. (2007). 'Kinship and altruism: a cross-cultural experimental study'. *British Journal of Psychology* 98: 339–59.

Norenzayan, Ara & Shariff, Azim F. (2008). 'The origin and evolution of religious prosociality'. *Science* 322: 58–62.

Norenzayan, Ara, Shariff, Azim F., Gervais, Will M., Willard, Aiyana K., et al. (2016). 'The cultural evolution of prosocial religions'. *Behavioral and Brain Sciences* 39: 1–65.

Panter-Brick, Catherine (1989). 'Motherhood and subsistence work: the Tamang of rural Nepal'. *Human Ecology* 17: 205–28.

Peires, J. B. (1989). *The Dead Will Arise: Nongqawuse and the Great Xhosa Cattle–Killing Movement of 1856–7*. Bloomington, IN: Indiana University Press.

Preston, J. L. & Ritter, R. S. (2013). 'Different effects of religion and God on prosociality with the ingroup and outgroup'. *Personality and Social Psychology Bulletin* 39: 1471–83.

Purzycki, B. G., Apicella, C., Atkinson, Q. D., Cohen, E., et al. (2016). 'Moralistic gods, supernatural punishment and the expansion of human sociality'. *Nature* 530: 327–30.

Purzycki, B. G., Henrich, J., Apicella, C., Atkinson, Q. D., et al. (2018). 'The evolution of religion and morality: a synthesis of ethnographic and experimental evidence from eight societies'. *Religion, Brain & Behavior* 8: 101–32.

Sosis, Rich & Alcorta, Candace (2003). 'Signaling, solidarity, and the

Frontiers in Psychology 6:1365.

Gureje, O., Nortje, G., Makanjuola, V., Oladeji, B. D., Seedat, S. & Jenkins, R. (2015). 'The role of global traditional and complementary systems of medicine in the treatment of mental health disorders'. *Lancet Psychiatry* 2: 168–77.

Hames, Raymond (1987). 'Garden labour exchange among the Ye'kwana'. *Ethology and Sociobiology* 8: 259–84.

Henrich, Joe, Ensminger, J., McElreath, R., Barr, A., Barrett, C., Bolyanatz, A., Cardenas, J., Gurven, M. et al. (2010). 'Markets, religion, community size, and the evolution of fairness and punishment'. *Science* 327: 1480–84.

Herrmann, B., Thöni, C. & Gächter, S. (2008). 'Antisocial punishment across societies'. *Science* 319: 1362–7.

Huffman, Michael, Gotoh, S., Turner, L. A., Hamai, M. & Yoshida, K. (1997). 'Seasonal trends in intestinal nematode infection and medicinal plant use among chimpanzees in the Mahale Mountains, Tanzania'. *Primates* 38: 111–25.

Incayawar, Mario (2008). 'Efficacy of Quichua healers as psychiatric diagnosticians'. *British Journal of Psychiatry* 192: 390–91.

Johnson, Dominic (2005). 'God's punishment and public goods: a test of the supernatural punishment hypothesis in 186 world cultures'. *Human Nature* 16: 410–46.

Johnson, Dominic & Bering, Jesse (2009). 'Hand of God, mind of man', in J. Schloss & M. J. Murray (eds.) *The Believing Primate: Scientific, Philosophical, and Theological Reflections on the Origin of Religion*, pp. 26–44. Oxford: Oxford University Press.

Katz, Richard (1982). 'Accepting "Boiling Energy": the experience of !Kia-healing among the !Kung'. *Ethos* 10: 344–68.

Knauft, Bruce (1987). 'Reconsidering violence in simple human societies: homicide among the Gebusi of New Guinea'. *Current Anthropology* 28: 457–500.

Koenig, Harold G. (2013). 'Religion and mental health' in *Is Religion Good for Your Health?* pp. 63–90. London: Routledge.

Koenig, Harold G. & Cohen, Harvey J. (2001). *The Link between Religion*

Brown, Dee (1991). *Bury My Heart at Wounded Knee: An Indian History of the American West.* London: Vintage.
Chatters, L. M. (2000). 'Religion and health: public health research and practice'. *Annual Review of Public Health* 21: 335–67.
Crook, John & Osmaston, Henry (eds.) (1994). *Himalayan Buddhist Villages: Environment, Resources, Society and Religious Life in Zangskar, Ladakh*. Delhi: Motilal Banarsidass Publishers.
Curry, Oliver, Roberts, Sam & Dunbar, Robin (2013). 'Altruism in social networks: evidence for a "kinship premium"'. *British Journal of Psychology* 104: 283–95
Dávid-Barrett, Tamás & Dunbar, Robin (2014). 'Social elites emerge naturally in an agent-based framework when interaction patterns are constrained'. *Behavioral Ecology* 25: 58–68.
Deady, Denis, Smith, Miriam Law, Kent, John P. & Dunbar, Robin (2006). 'Is priesthood an adaptive strategy?' *Human Nature* 17: 393–404.
Dunbar, Robin (1995). *The Trouble With Science.* London: Faber and Faber. (ロビン・ダンバー『科学がきらわれる理由』松浦俊輔訳、青土社、1997年)
Dunbar, Robin (2020). *Evolution: What Everyone Needs To Know.* New York: Oxford University Press.
Dunbar, Robin (2021a). 'Homicide rates and the transition to village life'.
Dunbar, Robin (2021b). 'Religiosity and religious attendance as factors in wellbeing and social engagement'. *Religion, Brain & Behavior* 11: 17–26.
Dunbar, Robin, Clark, Amanda & Hurst, Nicola (1995). 'Conflict and cooperation among the Vikings: contingent behavioural decisions'. *Ethology and Sociobiology* 16: 233–46.
Dunbar, Robin, and Shultz, Susanne (2021). 'The infertility trap: the fertility costs of group-living in mammalian social evolution'. *Frontiers in Ecology and Evolution* (in press).
Durkheim, Émile ([1912] 2008). *The Elementary Forms of the Religious Life*. Oxford: Oxford University Press. (エミル・デュルケム『宗教生活の原初形態』上下、古野清人訳、岩波文庫、1975年)
van Elk, Michiel, Matzke, D., Gronau, Q. F., Guan, M., Vandekerckhove, J. & Wagenmakers, E.-J. (2015). 'Metaanalyses are no substitute for registered replications: a skeptical perspective on religious priming'.

of Exploration. London: Faber and Faber.
Prince, R. (1982). 'Shamans and endorphins: hypotheses for a synthesis'. *Ethos* 10: 409–23.
Singh, Manvir (2018). 'The cultural evolution of shamanism'. *Behavioral and Brain Sciences* 41: E66.
Thomas, Elizabeth Marshall (2007). *The Old Way: A Story of the First People*. London: Picador.
*Winkelman, Michael (2000). *Shamanism: The Neural Ecology of Consciousness and Healing*. Westport, CT: Greenwood.
Winkelman, Michael (2013). 'Shamanism in cross-cultural perspective'. *International Journal of Transpersonal Studies* 31: 47–62.

第3章　信じる者はなぜ救われるのか？

Akiri, M. (2017). 'Magical water versus bullets: the Maji Maji uprising as a religious movement'. *African Journal for Transformational Scholarship* 3: 31–9.
Atkinson, Quentin, & Bourrat, Pierrick (2011). 'Beliefs about God, the afterlife and morality support the role of supernatural policing in human cooperation'. *Evolution and Human Behavior* 32: 41–9.
Atran, Scott & Norenzayan, Ara (2004). 'Religion's evolutionary landscape: counterintuition, commitment, compassion, communion'. *Behavioral and Brain Sciences* 27: 713–30.
Billingsley, Joseph, Gomes, C. M. & McCullough, M. E. (2018). 'Implicit and explicit influences of religious cognition on Dictator Game transfers'. *Royal Society Open Science* 5: 170238.
Boone, James (1988). 'Parental investment, social subordination and population processes among the 15th and 16th Century Portuguese nobility' in L. Betzig, M. Borgerhoff Mulder and P. Turke (eds.) *Human Reproductive Behaviour: A Darwinian Perspective*, pp. 83–96. Cambridge: Cambridge University Press.
Bourrat, Pierrick, Atkinson, Quentin & Dunbar, Robin (2011). 'Supernatural punishment and individual social compliance across cultures'. *Religion, Brain & Behavior* 1: 119–34.

第2章　神秘志向

Bartels, Andreas & Zeki, Samir (2000). 'The neural basis of romantic love'. *NeuroReport* 11: 3829–34.

*Bourguignon, Erika (1976). *Possession*. San Francisco, CA: Chandler & Sharpe.

Doblin, R. (1991). 'Pahnke's "Good Friday experiment": a longterm follow-up and methodological critique'. *Journal of Transpersonal Psychology* 23: 1–28.

Dulin, John (2020). 'Vulnerable minds, bodily thoughts, and sensory spirits: local theory of mind and spiritual experience in Ghana'. *Journal of the Royal Anthropological Institute (NS)*, 61–76.

Dunbar, Robin (2020). 'Religion, the social brain and the mystical stance'. *Archive for the Psychology of Religion* 42: 46–62.

*Eliade, Mircea (2004). *Shamanism: Archaic Techniques of Ecstasy*. Princeton, NJ: Princeton University Press. (ミルチア・エリアーデ『シャーマニズム』上下、堀一郎訳、ちくま学芸文庫、2004年)

Frecska, E. & Kulcsar, Z. (1989). 'Social bonding in the modulation of the physiology of ritual trance'. *Ethos* 17: 70–87.

Guerra-Doce, E. (2015). 'Psychoactive substances in prehistoric times: examining the archaeological evidence'. *Time and Mind* 8: 91–112.

Henry, J. L. (1982). 'Possible involvement of endorphins in altered states of consciousness'. *Ethos* 10: 394–408.

Jilek, Wolfgang (1982). 'Altered states of consciousness in North American Indian ceremonials'. *Ethos* 10: 326–43.

Katz, Richard (1982). 'Accepting "Boiling Energy": the experience of !Kia-healing among the !Kung'. *Ethos* 10: 344–68.

*Knox, Ronald (1950). *Enthusiasm: A Chapter in the History of Religion*. Oxford: Oxford University Press.

Noyes, Russell (1980). 'Attitude change following near-death experiences'. *Psychiatry* 43: 234–42.

Oppenheimer, Stephen (1998). *East of Eden: The Drowned Continent of Southeast Asia*. London: Weidenfeld & Nicolson.

Perham, Margery & Simmons, J. (1952). *African Discovery: An Anthology*

Eliade, Mircea (1985). *A History of Religious Ideas*, vols. 1–3. Oxford: Blackwell Publishing.

Eliade, Mircea (2004). *Shamanism: Archaic Techniques of Ecstasy*. Princeton, NJ: Princeton University Press.（ミルチア・エリアーデ『シャーマニズム』上下、堀一郎訳、ちくま学芸文庫、2004年）

Evans-Pritchard, E. E. (1965). *Theories of Primitive Religion*. Oxford: Oxford University Press.（E.E. エヴァンス＝プリチャード『宗教人類学の基礎理論』佐々木宏幹・大森元吉訳、世界書院、1967年）

Hamilton, Malcolm (2001). *The Sociology of Religion*. London: Routledge.

Huxley, Aldous (2010). *The Doors of Perception; And Heaven and Hell*. London: Random House.（オルダス・ハックスレー『知覚の扉・天国と地獄』今村光一訳、河出書房新社、1984年）

James, William ([1902] 1985). *The Varieties of Religious Experience*. Cambridge, MA: Harvard University Press.（ウィリアム・ジェイムズ『宗教的経験の諸相』上下、桝田啓三郎訳、岩波文庫、1969年）

Jones, James (2020). 'How ritual might create religion: a neuropsychological exploration'. *Archive for the Psychology of Religion* 4: 29–45.

*Kellett, E. E. (1962). *A Short History of Religions*. Harmondsworth: Penguin Books.

Stringer, M. D. (1999). 'Rethinking animism: thoughts from the infancy of our discipline'. *Journal of the Royal Anthropological Institute (NS)* 5: 541–55.

Tinbergen, N. (1963). 'On the aims and methods of ethology'. *Zeitschrift* für *Tierpsychologie* 20: 410–33.

Trinkaus, Erik, Buzhilova, Alexandra P., Mednikova, Maria B. & Dobrovolskaia, Maria V. (2014). *The People of Sunghir: Burials, Bodies, and Behavior in the Earlier Upper Paleolithic*. New York: Oxford University Press.

Westwood, Jennifer & Kingshill, Sophia (2009). *The Lore of Scotland: A Guide to Scottish Legends*. London: Random House.

参考文献

*マークは全般的な情報源を示す

第1章　宗教をどう研究するか

*Atran, Scott & Norenzayan, Ara (2004). 'Religion's evolutionary landscape: counterintuition, commitment, compassion, communion', *Behavioral and Brain Sciences* 27: 713–30.

*Barrett, Justin L. (2004). *Why Would Anyone Believe in God?* Lanham, MD: AltaMira Press.

Bering, Jesse (2006). 'The folk psychology of souls', *Behavioral and Brain Sciences* 29: 453–98.

*Bering, Jesse (2013). *The God Instinct*. London: Nicholas Brearley Publishing.

Bird-David, N. (1999). '"Animism" revisited: personhood, environment, and relational epistemology'. *Current Anthropology* 40(S1): S67–S91.

*Boyer, Pascal (2001). *Religion Explained*. New York: Basic Books.（パスカル・ボイヤー『神はなぜいるのか?』鈴木光太郎・中村潔訳、NTT出版、2008年）

Dulin, John (2020). 'Vulnerable minds, bodily thoughts, and sensory spirits: local theory of mind and spiritual experience in Ghana'. *Journal of the Royal Anthropological Institute (NS)*, 61–76.

Dunbar, Robin (1995). *The Trouble With Science*. London: Faber and Faber.（ロビン・ダンバー『科学がきらわれる理由』松浦俊輔訳、青土社、1997年）

*Dunbar, Robin (2020). *Evolution: What Everyone Needs To Know*. New York: Oxford University Press.

Dunbar, Robin (2020). 'Religion, the social brain and the mystical stance'. *Archives of the Psychology of Religion* 42: 46–62.

Durkheim, Émile ([1912] 2008). *The Elementary Forms of the Religious Life*. Oxford: Oxford University Press.（エミル・デュルケム『宗教生活の原初形態』上下、古野清人訳、岩波文庫、1975年）

【ま　行】

【や　行】

【ら・わ　行】

【な 行】

【は 行】

【た　行】

【さ　行】

索引

【著者略歴】

ロビン・ダンバー（Robin Dunbar）

オックスフォード大学進化心理学名誉教授。

人類学者、進化心理学者。霊長類行動の世界的権威。

イギリス霊長類学会会長、オックスフォード大学認知・進化人類学研究所所長を歴任後、現在、英国学士院、王立人類学協会特別会員。世界最高峰の科学者だけが選ばれるフィンランド科学・文学アカデミー外国人会員でもある。1994年にオスマン・ヒル勲章を受賞、2015年には人類学における最高の栄誉で「人類学のノーベル賞」と称されるトマス・ハクスリー記念賞を受賞。人間にとって安定的な集団サイズの上限である「ダンバー数」を導き出したことで世界的に評価される。著書に『ことばの起源』『なぜ私たちは友だちをつくるのか』（以上、青土社）、『友達の数は何人？』『人類進化の謎を解き明かす』（以上、インターシフト）など。


【解説者略歴】

長谷川眞理子（はせがわ・まりこ）

進化生物学者、総合研究大学院大学名誉教授。

総合研究大学院大学学長を退任後、現在、日本芸術文化振興会理事長。

日本動物行動学会会長、日本進化学会会長、日本人間行動進化学会会長を歴任。主著に、『進化とは何だろうか』『私が進化生物学者になった理由』（以上、岩波書店）、『生き物をめぐる4つの「なぜ」』（集英社）、『クジャクの雄はなぜ美しい？　増補改訂版』（紀伊國屋書店）、『人間の由来（上・下）』（訳、講談社）、『進化的人間考』（東京大学出版会、2023年）ほか多数。

【訳者略歴】
小田哲（おだ・さとし）
翻訳家。

ISBN 978-4-8269-0248-9

宗教《しゅうきょう》の起源《きげん》 私《わたし》たちにはなぜ〈神《かみ》〉が必要《ひつよう》だったのか

二〇二三年十月二十九日 第一版第一刷発行
二〇二四年八月 八 日 第一版第七刷発行

著　者 ロビン・ダンバー
訳　者 小《お》田《だ》 哲《さとし》
解　説 長《は》谷《せ》川《がわ》眞《ま》理《り》子《こ》
発行者 中村幸慈
発行所 株式会社 白揚社 ©2023 in Japan by Hakuyosha
〒101-0062 東京都千代田区神田駿河台1-7
電話03-5281-9772 振替00130-1-25400
装　幀 大倉真一郎
印刷・製本 中央精版印刷株式会社

マイケル・グラツィアーノ著　鈴木光太郎訳

意識はなぜ生まれたか

その起源から人工意識まで

生命進化の過程で〈意識〉はいつ生まれたのか？　私たちの〈心〉はどのようにして形づくられるのか？　〈機械〉に意識を宿らせることは可能なのか？　ユニークな工学的アプローチで脳が心を生むメカニズムを描き出す。　四六判　３０４ページ　本体価格３０００円

ジョセフ・ヘンリック著　今西康子訳

文化がヒトを進化させた

人類の繁栄と〈文化－遺伝子革命〉

ヒトはいかにしてヒトになったのか？　進化論では軽視されてきた文化の力に光を当て、人類史最大の謎に斬新な理論を提唱する。タブー、儀式、言語が体や心に刻んだ進化の痕跡から見えてくる、新しい人類進化の物語。　四六判　６０５ページ　本体価格３６００円

ダニエル・L・エヴェレット著　松浦俊輔訳

言語の起源

人類の最も偉大な発明

言葉はなぜ、生まれたのか？　動物のコミュニケーションと人間の言語は何が違うのか？　ピダハン語の研究で一躍有名となった言語学者が、人類学、考古学、脳科学などの知見をもとに言語にまつわる様々な謎に迫る。　四六判　４４８ページ　本体価格３５００円

リチャード・C・フランシス著　西尾香苗訳

家畜化という進化

人間はいかに動物を変えたか

ヒトの手で進化が加速する！　オオカミをイヌに、イノシシをブタに変えた「家畜化」。その仕組みを解き明かすことで、人類と動物の進化の過程が見えてくる。家畜化という壮大な「進化実験」の全貌を読み解く力作。　四六判　５６０ページ　本体価格３５００円

クリストファー・ボーム著　斉藤隆央訳

モラルの起源

道徳、良心、利他行動はどのように進化したのか

なぜ人間にだけモラルが生まれたのか？　気鋭の進化人類学者が進化論、動物行動学、考古学、霊長類のフィールドワーク、狩猟採集民の民族誌など、さまざまな知見を駆使し、エレガントで斬新な新理論を提唱する。　四六判　４８８ページ　本体価格３６００円

経済情勢により、価格に多少の変更があることもありますのでご了承ください。
表示の価格に別途消費税がかかります。